情绪敏捷的大脑

掌握驱动自我的12种情绪需求

[美] J.D.平卡斯（J.D. Pincus） 著

宋丽珏 译

The
Emotionally Agile
Brain
Mastering the 12
Emotional Needs that Drive Us

机械工业出版社
CHINA MACHINE PRESS

本书是一部深入探讨人类情感与动机的著作。本书以作者多年的研究成果为基础，提出了一种创新的心理学模型——"敏捷大脑"，旨在帮助读者理解和量化情感需求，从而实现个人成长与积极变革。本书将人类动机划分为四大领域：自我领域、物质领域、社会领域和精神领域，并进一步细分为12种核心情感需求，如安全感、真实性、潜能、自主性、沉浸、成功、归属、关怀、认可、正义、伦理和超越。本书通过丰富的案例和实证研究，揭示了这些情感需求如何驱动人类行为，并展示了如何通过满足这些需求来提升生活质量和人际关系。本书不仅是一部理论性强的心理学著作，更是一本实用的指南。它为读者提供了一种全新的视角来审视自己的情感世界，帮助读者在个人生活、职业发展以及组织管理中实现更高效的情绪管理和更积极的行为改变。无论是心理学爱好者、企业管理者还是教育工作者，都能从这本书中获得有价值的启示和实用的工具。

J.D. Pincus, The Emotionally Agile Brain: Mastering the 12 Emotional Needs that Drive Us
ISBN 9781538188781

Copyright © J.D. Pincus 2025

Published by agreement with Bloomsbury Publishing, Inc., c/o The Globe Pequot Publishing Group, Inc., through the Chinese Connection Agency, a division of Beijing XinGuangCanLan ShuKan Distribution Company Ltd., a.k.a Sino-Star.

Simplified Chinese Translation Copyright ©2025 by China Machine Press. This edition is authorized for sale in the world.

All rights reserved.

本书中文简体字版由 J.D. Pincus 授权机械工业出版社在全球独家出版发行。未经出版者书面许可，不得以任何方式抄袭、复制或节录本书中的任何部分。

北京市版权局著作权合同登记　图字：01-2025-0499号。

图书在版编目（CIP）数据

情绪敏捷的大脑：掌握驱动自我的12种情绪需求 /（美）J. D. 平卡斯（J. D. Pincus）著；宋丽珏译. --北京：机械工业出版社，2025.9. -- ISBN 978-7-111-79027-3

Ⅰ. B842.6-49

中国国家版本馆CIP数据核字第202562MP04号

机械工业出版社（北京市百万庄大街22号　邮政编码100037）
策划编辑：坚喜斌　　　　　责任编辑：坚喜斌　朱婧琬
责任校对：丁梦卓　王　延　　责任印制：刘　媛
三河市宏达印刷有限公司印刷
2025年9月第1版第1次印刷
160mm×235mm・23.5印张・1插页・302千字
标准书号：ISBN 978-7-111-79027-3
定价：79.00元

电话服务　　　　　　　　　网络服务
客服电话：010-88361066　　机　工　官　网：www.cmpbook.com
　　　　　010-88379833　　机　工　官　博：weibo.com/cmp1952
　　　　　010-68326294　　金　　书　　网：www.golden-book.com
封底无防伪标均为盗版　　　机工教育服务网：www.cmpedu.com

前　言

本书无疑是一部必读佳作，在当今人类情感世界面临诸多挑战的背景下，作者提出了一种引人深思的新观点。本书不仅内容生动有趣，而且以深入浅出的方式探讨了核心主题。它更是一部实用的指南，适合常备案头，既可以作为个人生活转变的参考，也可以作为改善人际关系、优化组织管理的便捷工具。

我与J.D.平卡斯博士（Dr. J.D. Pincus）的缘分始于近25年前，初次合作便让我意识到他是一位值得长期合作的伙伴。当时，我正担任某上市房地产公司的企业战略总监，并聘请平卡斯博士来构建客户研究体系。他的研究成果卓越，使我们得以从全新的视角理解客户并预测其行为。公司被收购后，正如预期，收购方解散了我们的研究团队，但多年来我与平卡斯博士一直保持着联系——我们时常共进晚餐，探讨他最新的思想火花，并酝酿合作机会。

2019年底，我迎来了职业生涯中的一个重要转折点。那时，我开始负责管理一家小型研究机构，而正是在这个时间节点，我联系上了平卡斯博士，他当时也在寻找新的挑战。在我们机构，他遇到了首席科学家、杰出的心理学家比尔·诺伦博士（Dr. Bill Nolen）。两人志趣相投，既是思想上的知音，也是学术上的挚友。然而，当时我们面临的核心任务依然是如何提升研究效能。

真正的变革始于2020年。新冠疫情肆虐全球之际，我们的业务全面停摆。面对团队，我直言现状："账面资金仅能支撑六个月，在这仅剩的时间里，我们能做些什么真正改变世界的事？"

数周后，平卡斯博士向团队宣布："我想我找到了量化情感的方法。"

"得了吧！"我记得自己当时反驳道，"情感量化根本是学界未解之谜！"

我转向诺伦博士征询意见（这是我的惯常做法）。"如果真能实现，这将是颠覆性突破。"他立即回应，随即剖析当下研究领域的困境：认知偏差泛滥、问卷调研疲态渐显、应答率持续走低、误差范围不断扩大……更凸显情感研究在当下的特殊意义。这位素来冷静的心理学家难得显露兴奋，我当即意识到：我们抓到了关键突破点。

六周后，原型系统诞生，我们也有了新的使命：通过赋能人类理解情感价值，驱动积极变革。我们命名该系统为"敏捷大脑"，其核心是一种心理学模型，用于整合繁杂的情感理论（测量内容）与基于神经科学的图像选择实验（测量方法）。过去四年间，团队持续推进系统进化：诺伦博士主导八项大规模的模型测试研究，实证该方法的强大效能；平卡斯博士在顶级心理学期刊发表九篇（而且还在持续增加）同行评审论文；卡尔（Karl）与帕姆（Pam）搭建并测试了SaaS平台；彼得（Peter）、艾丽（Ali）、萨拉（Sara）、丽萨（Lisa）、玛戈特（Margot）、卡伦（Karen）等众多成员则助力平卡斯博士化理论为实践。这部著作给我们征程的首个阶段增添了一个完美注脚。与此同时，平卡斯博士正在筹划个人事业的全新布局，并拓展核心竞争力的新方向——理解人类动机并揭示其背后的驱动情感。

当情感可被量化，商业机遇与伦理责任便如影随形。毕竟情感需求人人皆有，却非人人可负担。作为首席执行官，我始终在商业价值与社会效益间寻求平衡：既有偿承接关于疫苗态度、健康的社会决定因素、员工敬业度、学生福祉、孤独感，甚至消费者需求等重要议题的情感研究，也在官网 AgileBrain 上开放免费基础版"敏捷大脑"模型，同时为教练、心理咨询师和专业顾问开发订阅服务。如今"敏捷大脑"解决方案已应用于企业、院校及医疗机构，支持多语言版本，并为退役军人、难民及其他高风险群体提供公益服务。

某种变革性力量正在觉醒。"敏捷大脑"练习所捕捉的情绪数据解释力极为强大，其相关性常达传统方法的数倍（严谨验证研究可佐证）。这不仅为情感相关领域带来深度洞察，更突破了人们对其研究测量技术的传统定位——系统将 125 年来的百余种心理学理论熔铸为"四域三层"的精妙框架，为教育工作者及从业者提供了可操作性极强的干预语言来帮助他人。这种直指人心的情感对话术，你我求学时何曾习得？值得欣慰的是，如今已有学童在校园接触这套体系。在我们首批合作学校中，"敏捷大脑"心理健康内容深受学生青睐，稳居首选；在这些学生中，有 1/3 的受访者主动表示希望继续与心理咨询师进行沟通，而其中大多数人此前从未去过学校的心理咨询中心！

最后，请允许我借助"敏感大脑"框架中的 12 项情感需求来描述作者本人。J.D. 平卡斯求知若渴（潜能），为人正直（伦理），富有同理心（关怀）；喜欢喝啤酒（虽不在框架范畴但仍值得称赞），常带家人游迪士尼（归属）；信仰坚定，并多次凭借这种信念（正义）克服挑战（安全感）。总而言之，平卡斯践行了真我，成就了一番非凡事业。"敏捷大脑"框架也很好地诠释了他在本书创作中的卓越成就（以及我们的绵薄贡献）：我们赋予他创作自主权（自主性），他全情投入（沉浸），最终呈现出这部精彩之作（成功）。

我很自豪地称平卡斯为朋友和同事。他赢得了我的敬意（认可），更值得各位细品其作。

——约翰·R.彭罗斯（John R. Penrose）

Leading Indicator Systems 公司（AgileBrain 运营方）首席执行官

致　谢

虽然写书通常是相对独立的过程，但绝非闭门造车。对我而言，本书的完成离不开我挚爱的妻子 Sherry Pincus，以及儿子 Benjamin、女儿 Talia，他们给予我关怀与支持，贯穿始终，超越此刻。没有 John Penrose 的帮助，本书更难以问世。这位挚友、同事、CEO 兼前客户，在我经历困境时，不仅给予我情感上的鼓励，更提供了经济支持，使本书最终成形。同样，我要感谢长期合作的朋友兼同事比尔·诺伦博士，他始终支持我，不遗余力地评估这一框架及其心理测量属性。特别感谢 AgileBrain® 团队的同仁，他们以我始料未及的热情投入这项工作中，尤其是 Pamela Argandoña、Carl Nergararian、Karen Haskell、Peter Sidewater、Leah Graves、Richard Clark、Scott Moss 和 Ali Rayfield。同时，我也衷心感谢众多教练、治疗师和顾问，他们身体力行，踊跃成为 AgileBrain® 的"早期采用者"，包括 Michelle Diederich、Lynn Turner、Rob Salafia、Margot Haglund、David Papini、Leslie Mizerak、Lori Block、Oleg Lavrynovych、Denys Kotseba、Alla Baranova、Viktoriia Kopylova、Elena Semenchuk、Nicoleta Petrescu、Natalia Sherementa、Alexandra Perekrest、Daria Poddubniak、Michelle Dorner、Margot Moses、Roger Hughes、Daniel Murphy、Denise Russo、Ivan Tishyn、Galyna Omelchenko、Lisa Marie Campagnoli、Marianna Lead、Keyaunoosh Kassauei-Nayer、Barry Bettman、TJ

Bennett、Eduardo Villegas、Julian Johnson、Shannon Mumblo、Lynn Hankins、Karl Laird、Paul Muench、Katie Drake、David Miller、Ofelia Olivero、Nicole Kleeman、Desiree Briel Rodi、Shanna Teel、Michelle Ambrose、Patti Neuhold-Ravikumar、校长 Randall VanWagoner 和 MVCC 整个团队以及众多无法一一列举的 AgileBrain® 从业者,你们的支持至关重要。

同时,我非常荣幸收到了众多顾问给予的巨大鼓励,对此表示衷心感谢,包括 David Casullo、Lisa King、Sara Ravesi、Ken Beller、Demirhan Yenigun、Jay Mandel、Scott Dolny、Judy Verhave、Frank Santisi、Tim Kelley、Jamie Akiki 和 Ken Accardi。

感谢我的经纪人 Ken Lizotte,以及来自埃默森咨询集团的作者代表 Elena Petricone。感谢 Rowman & Littlefield 的编辑团队——编辑 Jacqueline Flynn、助理编辑 Joanna Wattenberg、Mary Wheelehan 和 Victoria Shi——他们深刻理解本书的愿景,并帮助其成为现实。

我怀着深深的感激,向父母致敬,他们启发了我对人类心理学的热爱——无论是神经学基础(Jonathan H. Pincus 博士),还是精神层面(Cynthia Pincus Russell 博士)。感谢我的大家庭:给予我无尽支持的叔叔 Matthew R. Pincus 博士、婶婶 Naomi Pincus;我的兄弟 Adam 及其妻子 Ayelet,以及他们八个出色的孩子 Raishete、Maor、Hannah、Joseph、Achikam、Achinoam、Halleli 和 Dvir;我的兄弟 Daniel 及其四个孩子 Tory、Daniel、Sarah 和 Andrew。感谢我的亲家——Tom Lehnen、Tracy Lehnen、Lucas Lehnen 和 Kennedy Lehnen;Brian Blass、Nikki Blass、Mitchell Blass,以及 Noah Shippa、Myles Shippa 和 Savannah Shippa。特别感谢我的岳父岳母 Bob Blass 和 Judy Blass,他们无私奉献,为家庭付出良多。最后,感谢我的挚友 Stephanie Weissman、Max Hasenauer 和 Amanda Hasenauer,以及 Terri Messina、Peter Messina 和 Bella Messina,他们始终不离不弃。特别感激 Myra

Perez 的爱，她因新冠疫情过早离世。同时，也感谢她的丈夫 Mike 和儿子 Joe。

我的理论是站在巨人肩膀上的，其中不乏家喻户晓的名字，如 Maslow、Piage、Freud、Erickson、Kohlberg、James，以及其他虽不广为人知但在动机理论领域至关重要的学者，他们的研究在本书中均有所引用。追溯更近的渊源，我在这一领域的研究始于 20 世纪 90 年代初在康涅狄格大学与动机理论家 Ross Buck 的合作。当时，我在他的实验室中进行情绪诱发实验，使用快速呈现图像的方法探索情绪反应。这一经历促使我进一步研究基于需求的动机本质，并在 2004 年发表于《消费者行为学杂志》(Journal of Consumer Behaviour) 的论文中进行了总结。后来，我与 David Forbes 展开合作，提出了一个关键问题，"为什么没有一个系统的方法来根据动机对人群进行分类"。基于这一问题，我们共同开发了福布斯模型。Forbes 在 2011 年发表于《普通心理学评论》(Review of General Psychology) 的文章以及 2015 年出版的《为何而动》(The Science of Why) 一书中都特别感谢了我们的密切合作，我对此深表感激。在 Forbes 出售公司后，我重新投入研究，最终构建了"人类动机的统一金字塔"，涵盖 12 种情感需求。关于这一体系的形成，我可以确定的是，我父亲对正义的一腔热忱和母亲对精神世界是通往幸福的必经之路的坚信，对我影响深远，使我无法忽视正义、伦理和更高目标在塑造人类动机方面的深远作用。尽管我们在理论上存在分歧，但我十分珍视这段富有成效的合作经历。我们的激烈讨论不仅加深了我的思考，也极大地推动了这一理论体系的完善。

最后，我要向你——本书的读者——表达由衷的敬意。你愿意投入时间和精力去理解并掌控自己的情感需求，这种探索本身就是对我的莫大鼓舞。

目 录

前 言

致 谢

第1章 何为动机 / 001

第2章 动机的多样性 / 028

第3章 人类动机的统一金字塔 / 052

01 第一部分 自我领域的动机

第4章 安全感 / 066

第5章 真实性 / 080

第6章 潜能 / 097

02 第二部分 物质领域的动机

第7章 自主性 / 121

第8章 沉浸 / 136

第9章 成功 / 154

03 第三部分 社会领域的动机

第 10 章 归属 / 177
第 11 章 关怀 / 198
第 12 章 认可 / 216

04 第四部分 精神领域的动机

第 13 章 正义 / 240
第 14 章 伦理 / 260
第 15 章 超越 / 280

05 第五部分 与动机协作

第 16 章 动机如何协同作用 / 302
第 17 章 与情绪需求共处 / 317
第 18 章 测量动机 / 329

结束语 / 340

附录 A 进化能否带来更高层次的动机 / 342

附录 B 生活的八条法则 / 350

参考文献 / 352

第 1 章
何为动机

> 有意识的自我所能做的,不过是构思愿望,而后由那些它几乎无法控制、完全无法理解的力量去实现。
>
> ——阿道司·赫胥黎(Aldous Huxley)

本书的核心论点是,识别并明确自身深层的情感需求,不是一种消遣性的心理游戏,而是关乎身心健康,甚至决定人生意义的重要实践。正如接下来的章节将探讨的,你在任何时刻都可能有几种不同的情感需求,它们渴望得到满足,并将以某种方式实现,无论是积极的还是消极的。

我们的意识倾向于关注最直接的生理需求,如睡眠、饥饿和口渴。一旦这些需求得到满足,注意力便会转向更抽象的目标,如归属感、独立性和掌控力等目标。我们大脑最紧迫的任务之一是保护我们免受痛苦,尤其是对现实的痛苦认知,它善于用替代性的方式掩饰我们难以直面的需求。弗洛伊德在心理学领域的奠基贡献之一就是洞察到我们有强烈的倾向去压抑未满足的需求,并以各种潜意识的方式进行补偿。一个重要的观点是,无论我们是压抑、投射还是升华这些需求,它们都不会消失。它们会一直困扰我们,直到得到满足。

因此，本书的使命就是毫无保留地探讨人类情感需求的全貌，无论是美好的，还是不堪的。我坚信，唯有全面理解所有可能性，全身心地体验每一种需求，我们才能形成一种全面而深刻的认知，从而明晰自己真正想要的人生。拥有这种认知之后，我们便可以迈出切实可行的步伐，去追求情感的充实与满足。

动机，最近为何缺席

当代应用心理学视角下的驱动力研究

在公共健康干预、心理学研究、人力资源管理乃至市场营销等领域，动机始终是人类行为研究的核心概念，因为其关乎我们目的和行为背后的终极原因。动机（motive）的定义是"作用于意志并促使其行动的欲望情绪"（Merriam-Webster Dictionary，2024）。作为驱动行为的核心"引擎"，动机理论长期以来在心理学史上占据着重要位置，并衍生出该领域最广为人知的理论，包括弗洛伊德关于本我（id）、自我（ego）和超我（superego）的动力学，以及马斯洛的需求层次理论。

在如此悠久而深远的理论体系下，你可能会问：为什么我们还需要另一本关于动机和情感的书？近年来，社会心理学家、行为经济学家（即社会心理学家的新名称）以及其他深谙人类行为的研究者，如丹尼尔·卡尼曼（Daniel Kahneman）、乔纳森·海特（Jonathan Haidt）、罗伯特·西奥迪尼（Robert Cialdini）、约翰·巴奇（John Bargh）、理查德·塞勒（Richard Thaler）、卡斯·桑斯坦（Cass Sunstein）、约舒亚·格林（Joshua Greene）、丹·艾瑞里（Dan Ariely）、丽莎·米勒（Lisa Miller）、马尔科姆·格拉德威尔（Malcolm Gladwell）、安杰拉·达克沃斯（Angela Duckworth）、乔纳·伯杰（Jonah Berger）、丹尼尔·平克（Daniel Pink）、保罗·布卢姆（Paul Bloom）、查尔斯·都希格（Charles Duhigg）、奇普·希思

（Chip Heath）、丹·希思（Dan Heath）、伦纳德·蒙洛迪诺（Leonard Mlodinow）、丹尼尔·西格尔（Daniel Siegel）、斯科特·巴里·考夫曼（Scott Barry Kaufman）、丹尼尔·戈尔曼（Daniel Goleman）等，已经向我们展示了一个事实：我们的决策并不完全受意识控制。[1] 这些研究者形象地揭示了，人类行为具有极大的可塑性，甚至可以通过极其简单的干预手段产生巨大的影响。例如，仅仅通过调整默认选项，便可利用人类的惰性、犹豫和不作为来引导决策，改变我们面对选择时的心理框架（例如，将某项决策描述为"损失"或"收益"），或是通过优化环境来消除决策障碍（例如，在超市收银台附近放置水果和蔬菜，以促进健康饮食）。在这种"微小干预带来巨大改变"的理念下，近年来的畅销心理学书籍往往倾向于使用单词作为书名，例如《瞬变》（*Switch*）、《助推》（*Nudge*）、《眨眼之间》（*Blink*）、《超越》（*Transcend*）、《驱动力》（*Drive*）等。本书的目标，则是超越这些策略性的微调，深入探索情感需求如何塑造我们的内在动力，以及如何利用这一认知，真正实现自我驱动的人生。

思考与感受

在心理学和决策科学的发展历程中，学者们始终试图区分两类决策——一类是经过深思熟虑的选择，另一类则是无意识中做出的决定。理查德·佩蒂（Richard Petty）与约翰·卡乔波（John Cacioppo）提出的"精细加工可能性模型"（Elaboration Likelihood Model，ELM），在20世纪80年代及之后长期主导着社会心理学与传播学领域。该理论认为，人类的态度可以通过两种途径形成或改变："中心路径"（central route），即依赖理性思考进行判断；以及"边缘路径"（peripheral route），即基于除理性分析之外的各种因素。进入21世纪，丹尼尔·卡尼曼因"前景理论"（prospect theory）荣获2002年诺贝尔经济学奖，这一理论的广泛传播再次激发了学界对这一决策模式的浓厚兴趣。这一次，人们用"系统1"与"系统2"的概念重新定义了这一区分：系统1代表快速的、直觉式的、情感驱动的思考过程，而系统2则指较慢的、依赖深思熟虑的理性思考过程。

如果说20世纪80年代仍处于"认知革命"影响下，尚未受到神经科学启发的"边缘路径"仅仅是"陪跑选手"，那么21世纪以来，"系统1"的地位大幅跃升，成为影响人类行为研究的核心概念。这一视角的变革不仅体现了学术思潮的更迭，也标志着人类对决策机制的理解进入了全新的阶段。

非理性时代

卡尼曼荣获诺贝尔奖，标志着心理学认知革命的终结，以及神经科学时代的崛起。随着功能性磁共振成像（fMRI）技术的应用，以及神经心理学、神经经济学、神经营销学等学科的快速发展，科学家们每周都带来新的发现。人类决策的"自动化、本能、直觉、情感化、无意识"特征，再次成为研究的焦点。

这一趋势之所以广受欢迎，原因有二：首先，实验结果往往出人意料、充满趣味；其次，研究对象不仅包括传统的大学生实验群体，还扩展至各领域的决策专家——从公共卫生管理者到葡萄酒品鉴师，无一例外地揭示出理性决策的脆弱性，就像一场反复上演的魔术，每一次都能轻松拆穿理性思维的幻象。

商业狂潮

学术研究的兴起，自然也引发了商业与媒体的热潮。TED演讲迅速流行，各路"魔术师"登台亮相，向观众展示令人惊叹的顿悟。美国全国公共广播电台（NPR）推出《隐藏的大脑》（*Hidden Brain*）和《放射实验室》（*Radiolab*）等节目，播客产业蓬勃发展，诞生了《脑影响》（*Brainfluence*）、《幸福实验室》（*The Happiness Lab*）、《脑科学》

（Brain Science）、《选择学》（Choiceology）等众多热门节目。

与此同时，商业咨询领域也迎来了前所未有的重塑。市场研究机构和公共政策顾问纷纷调整战略，迎合这一新的范式，大量新兴企业涌现，例如 BASES Neuro（前身为尼尔森消费者神经科学部）、Innerscope、Affectiva、Empatica、RealEyes、Sticky、iMotions、BEworks、ALULA，以及无数咨询公司和大型企业内部的"助推团队"（nudge unit），竞相将神经科学与行为经济学应用于营销与政策设计。

这段话揭示了现代商业中普遍存在的"助推"策略——通过利用人类决策的弱点来盈利。在无线套餐对比、汽车租赁条款解读和取消订阅流程中，我们都能看到这种精心设计的认知陷阱。作者明确指出，这种系统性的心理操控不应被视为社会进步。相关著作如《买入性大脑：向潜意识推销的秘密》（*The Buying Brain: Secrets of Selling to the Unconscious Mind*）、《潜意识》（*Subliminal*）和《买》（*Buyology*）生动描绘了这种商业思维，卢克·芒恩（Luke Munn）的新著《情感逻辑：技术资本化的情感追求》（*The Logic of Feeling: Technology's Quest to Capitalize Emotion*）更是一针见血地指出，现代科技正在将人类情感转化为可开采资源。这种令人不安的情感商业化趋势已渗透至流行文化：在 Apple TV 的《人生切割术》（*Severance*，2022）中，Lumon 工业公司地下室员工从事着"神秘而重要"的情感数字分类工作；奈飞的《不要抬头》（*Don't Look Up*，2021）里，BASH 公司推出的 LiiF 手机通过实时监测用户情绪状态，自动推送安抚性内容。这些虚构情节恰恰是现实世界的扭曲镜像，折射出资本对人性弱点的系统性开发已从商业策略上升到文化症候。

迷途

在我看来，这一领域的大多数应用性研究不过是利用人类进化形成的决策偏见，以获取商业利益的廉价把戏。这些手段不过是操控规则的新篇章，与"幼崽效应""婴儿吸引力"以及"性别营销"（sex sell）等经典策略如出一辙。即便是那些学术界最顶尖的神经行为学家，也纷纷涌向商业公司和机构，竞相提供最有效的误导手段，以迎合市场需求。

然而，在这场商业喧嚣之中，我们本应收获的真正的个人成长与满足却悄然被遗忘。真正的幸福，不是风倍清、可口可乐、Coors 啤酒或 White Claw 汽水酒承诺的"纯粹清爽"，它不是一个屏幕上醒目的"购买"按钮所能立刻获得的，更不是任何商品可以简单换取的。

当然，这并不是什么新鲜事。整个商业世界，无时无刻不在试图让人们偏离自己真正的需求。走进超市，每一个中心货架上都摆满了过度加糖、加盐、富含饱和脂肪的即食食品，它们被精心设计来迎合你的生理弱点，让你欲罢不能。

社交媒体也未能幸免。Meta、Instagram、Snapchat、TikTok 等平台利用人类天生的社交比较心理，为用户提供一连串精心策划的、与现实严重偏离的"理想生活"展示。它们像个人公关公司一般，时刻监控和塑造着人们的社交形象。但比起被浪费的注意力和时间，更令人忧虑的是社交媒体对人们心理健康的深远影响。研究表明，社交媒体的使用与更高水平的孤独感存在直接关联。即便控制了压力、焦虑、抑郁等可能导致孤独感的心理变量，这一效应依然显著，足以证明其真实存在。而且，这一现象已在全球范围内被反复验证，甚至连 Instagram 的母公司 Meta（前 Facebook）的行为科学家们也得出了相同的结论——这一事实最终被吹哨人揭露，并呈现在美国国会的听证会上。如果我们足够宽容，或许可以相信社交媒体的初衷是"让人们更加紧密地联系在一起"。但事实却截然相反——它无可置疑地加深了人与人之间的疏离。令人毫不意外的是，Meta 作为社交媒体领域的巨头，正是商业神经科学研究的最大消费者之一。[2]

不仅仅是商业公司，如今很多国家也开始利用这一套方法，打着

"提升公众福祉"的旗号，试图通过收集和使用敏感个人信息，引导公众接受官方认可的行为，远离官方不支持的行为。但问题是，西方国家的政府真的有足够的自律性，以公众福祉为优先，而不掺杂政治利益考量吗？这些政府希望通过"助推"让公众迈向何种目标？这样的政府是否可以被信任去推动更高的选民投票率？这听起来并不现实。[3]

为什么没有系统性资源被投入以真正理解人类内心深处的需求？这个问题的答案或许再简单不过，因为它无法被权力或商业利益所利用。这一事实正好证明了，这样的研究才真正值得被重视和推进。

重回正道

我们如何才能利用诺贝尔奖级的研究成果和功能性磁共振成像技术，让更多人更公平、更高效地追求真正的个人满足感？

答案至少有两个方面。首先，我们需要一个清晰的框架，全面归纳人类的各种追求，建立一套系统化的需求分类，明确人们真正渴望实现的目标。其次，我们要借助神经科学的研究，帮助人们认识并理解自己的真实需求。如果方法得当，这或许能够让人们不再被物质诱惑所左右，回归内心真正的渴望——这一点，恐怕会让市场营销专家感到不安。

本书围绕这两个目标展开。在第3章，我们将提出一个关于人类高阶需求的结构模型，也就是那些可能成为"人生目标"的终极追求。这一模型的目标，是像元素周期表那样，完整而精准地界定人类的核心需求，甚至在理论上预测某些尚未被发现的需求。当然，我相信在目前的人类进化阶段，我们已经识别出所有主要的动机，但它们彼此间的复杂关系，仍然值得深入探索。

后面的章节将介绍一种基于神经科学的测量方法，以定量、可复制的方式对这些动机进行分析。这一研究方法深受世界知名神经科学家安东尼奥·达马西奥（Antonio Damasio）及其团队的研究成果启发。

达马西奥长期致力于研究情感与大脑的关系，尤其是情感如何在意识中被体验和呈现。他的研究为我们提供了重要的理论基础，让我们能够更科学、更系统地理解人类的情感需求。

在这里，我想分享一段与这一主题相关的个人经历。达马西奥与我的父亲乔纳森·平卡斯（Jonathan Pincus）博士相识已久。我的父亲曾是耶鲁大学的神经学教授，后担任乔治城大学及华盛顿退伍军人事务部的神经科主任。他与加里·塔克（Gary Tucker）合著了一本有关行为神经学的书，是最早将行为异常追溯至特定神经功能缺陷的专家之一。父亲因研究暴力行为的神经学机制而闻名，特别是与精神病学家多萝西·奥特诺·刘易斯（Dorothy Otnow Lewis）博士合作研究杀人犯的案例。这项研究不仅被收录在他所著的《本能冲动：杀手为何杀人》（*Base Instincts: What Makes Killers Kill*）一书中，还被拍摄成 HBO 纪录片《疯狂不疯癫》（*Crazy Not Insane*），收录在刘易斯博士的著作《因疯狂无罪》（*Guilty by Reason of Insanity*）中，并曾受到马尔科姆·格拉德威尔在《纽约客》（*New Yorker*）的专题报道，甚至被布里奥尼·莱弗里（Bryony Lavery）改编为戏剧《冰封》（*Frozen*）。

我的父亲是世界上最早的情绪神经科学家之一，他坚信我们的思想、意识、行为，乃至整个"自我"，都可以追溯到大脑的神经活动。他的教科书以希波克拉底（Hippocrates，公元前 400 年）的一句话开篇：

> 无论是快乐、欢笑、愉悦，还是悲伤、痛苦、焦虑、泪水，所有这些都源于大脑。正是大脑使我们得以思考、感知、听闻，并区分美与丑、善与恶、可喜与可憎。有时，我们会根据现实情况做出判断。而疯狂与谵妄，也同样起源于大脑……所有这些都源于大脑的失衡。

他详细研究了暴力、癫痫、帕金森病及其他运动障碍、精神分裂症、痴呆症、脑损伤疾病、情绪障碍以及强迫症等,并特别关注这些疾病的情绪影响。从我童年时坐在拼车后座听他讲解,到长大后成为一名社会心理学家,我们一直在探讨情感、思想、行为的神经基础,以及自由意志的概念及其对精神层面的影响。对于这些经历,我永远心怀感激,而我的母亲——一位精神科社会工作者(他们在哥伦比亚大学因共同负责一个患者而结识)——同样对我产生了深远的影响,我将在后续章节中详细探讨她的影响。

真正的动机是什么

在这里,我们需要引入一些正式的定义。本书将重点探讨"高阶人类动机"这一概念,而这个概念本身就引发了一系列问题。

首先,什么是动机?简单来说,动机就是驱动你一切行为的引擎,是所有行动背后的"为什么"。每一个行为背后,我们都可以问"为什么",而对于这个问题的每一个答案,我们似乎都可以继续追问"为什么",如此反复,直到最终追溯到最根本的动因。

举个威廉·詹姆斯(William James)虚构的故事。

> 一次,在一场关于宇宙学和太阳系结构的讲座后,威廉遇到了一位年迈的女士。
> "詹姆斯先生,你的理论听起来很有道理,你说太阳是太阳系的中心,地球围绕它旋转,这确实很有说服力。但你的理论是错的。我有一个更好的解释。"这位女士说道。
> "哦?请讲。"詹姆斯礼貌地询问。
> "我们所居住的大地,其实建立在一只巨大的乌龟背上。"
> 詹姆斯不愿直接反驳她的理论,而是尝试用温和的方式让她意识到其中的问题。

> "那么，这只乌龟站在什么上面呢？"詹姆斯问道。
>
> "你是个聪明人，詹姆斯先生，这确实是个好问题。"那位女士回答，"但我也有答案。第一只乌龟站在另一只更大的乌龟背上。"
>
> "那么，第二只乌龟又站在什么上呢？"詹姆斯耐心追问。
>
> 那位女士得意地回答："不用问了，詹姆斯先生——一直都是乌龟，一直往下都是乌龟！"
>
> ——J.R. 罗斯（J.R.Ross），《句法变量约束》
> (*Constraints on Variables in Syntax*, 1967)

问题的关键在于：世界并不是由无穷无尽的"乌龟"支撑的。在最深处，总有一个不可再简化的"为什么"。本书所讨论的"动机"，正是这一终极驱动力。换句话说，终极动机就像粒子物理学中的费米子（fermion），是推动所有高阶人类动机的基本单位。正如我们将在后文看到的，12种"费米子"动机相互作用，类似于玻色子（boson）的相互作用机制。[4]

动机的常见用法

在日常语境中，"动机"往往被过度使用，尤其是指某种刻意努力以取得成功的意愿，例如那些陈词滥调的"成功学"海报，标榜团队合作、质量提升之类的口号。然而，艺术家、诗人和哲学家也深刻地揭示了这一概念的不同维度。

想一下下列引用。

> 亲爱的布鲁图斯，错误不在我们的星辰，而在我们自己。
>
> ——威廉·莎士比亚
> (William Shakespeare, 2002, p.1305)

> 我在寻找，我在努力，我全身心投入其中。如果停止追寻，那么我将万劫不复。这就是我的信念——无论发生什么，都要坚持下去。
>
> ——文森特·凡·高
> （Vincent van Gogh，1963，p.148）
>
> 我被教导要不断努力，并非因为成功有任何保障，而是因为努力本身才是对生命保持信仰的唯一方式。
>
> ——马德琳·奥尔布赖特
> （Madeleine Albright，2003，p.512）

这些话语都体现了一种有意识的努力，是我们能够察觉到的主动追求。然而，动机的更深层含义，关乎生命本身的维系。

动机的定义：生命体的最优运作

在最广义的定义下，动机可以被视为一种潜在能量，一旦释放，便会指向某个目标。[5]安东尼奥·达马西奥进一步提出，所有动机服务于一个终极目标——优化生命体的运作，以确保其生存。他认为，动机和情绪的本质，是一种状态的变化，即从一个状态过渡到另一个状态，以维持动态平衡（homeostasis），确保机体的各个部分始终处于适合生存与最佳运作的水平。这一定义的关键在于，它完全不要求动机必须是有意的，甚至不必是有意识的。换句话说，动机并不仅仅是某种主动的追求，而是生命体内在的生存机制之一，是一种自发驱动力，即使我们未曾察觉，它依然在推动我们前行。

动机源于无意识的动态平衡机制

大量研究表明，绝大多数维持动态平衡的动机系统都是无意识的。即使是变形虫（amoeba）这样低等的单细胞生物，在没有神经系统的情况下，也会本能地朝向食物移动，并远离有毒物质。这些最基本的动态平衡系统，通过细胞核、细胞骨架和细胞膜协同运作，维持细胞的生存。安东尼奥·达马西奥指出，单细胞生物可以被看作包括人类在内的所有动物的简化模型。它们与人类在多个层面存在对应关系：都有结构支撑，细胞依靠细胞骨架维持形态，人类依靠骨骼肌系统支撑身体；都有外部屏障，细胞由细胞膜包围，人类则依赖皮肤作为边界；能量供应方面，细胞通过线粒体等细胞器将燃料转化为能量，人类则依靠消化系统完成同样的功能；指挥中枢方面，细胞的细胞核负责调控，人体则由大脑掌控一切。从某种意义上说，单细胞生物是复杂生物的缩影，它们通过分形（fractal）关系在不同层面上展现出相似的运行模式。关键在于，正如单细胞生物在完全无意识的情况下依靠复杂的调节机制维持自身存续，人类作为由数十亿个细胞构成的生物体，同样依赖庞杂的无意识调节系统维持生命运作。

　　人类在特定时刻的情绪状态，实际上是多个动态平衡模块的信息汇总。正如所有进化形成的调节机制一样，情绪是建立在更基础的动态平衡过程中积累而来的显现的过程。人体的核心任务是维持内部环境的稳定，以确保正常运作，因此，会针对各种生理和化学变量设定固定平衡点。最基础的背景情绪（background feeling），就像一个仪表盘，实时显示当前生理状态是否偏离这些平衡点，例如体温、血糖水平、体内 pH 值、细胞内离子浓度、血压。当身体偏离平衡点时，神经系统会触发纠正机制。例如，如果体温过高，外周神经会将信号传递至下丘脑（hypothalamus），启动降温机制；如果血糖过低，大脑会将这种状态表现为能量流失和饥饿感，进而促使个体摄取食物。一个典型例子是"饥饿"与"愤怒"之间的密切关系（即"饥怒"现象，hangry）。这种现象清楚地展示了动态平衡机制如何影响情绪。从神经科学（neurology）的角度来看，这些内部状态的数据会被映射至脑干（brainstem）和脑岛（insula），从而形成我们主观感知到的情绪状态。

动机与情绪：复杂的动态平衡过程

"动机"（motivation）与"情绪"（emotion）二词皆源自拉丁语"motivus"，意为驱动运动、引发行动、促使某物或某人移动。动机与情绪本质上都与运动息息相关。这一强调激发和变化的概念，虽然在当时缺乏科学依据，但具有直觉性和前瞻性。尽管这一联系早在17世纪由巴鲁赫·斯宾诺莎（Baruch Spinoza）提出，并在19世纪由威廉·詹姆斯进一步阐述，但直到近代神经科学才真正揭示其中的科学原理。神经科学家安东尼奥·达马西奥的研究表明，复杂的动态平衡过程构成了所有基本驱动力（如口渴、饥饿、睡眠、性欲）的神经基础，同时也向上延伸，成为基础情绪，如喜悦、惊讶、悲伤、恐惧、愤怒和厌恶的根源。情绪本质上是由身体变化触发并维持的行动程序，其最终目的仍是作为调节机制，提升生存概率。罗斯·巴克（Ross Buck）的"Prime理论"提供了一种极具哲学吸引力的现代动机定义，即潜在能量。在巴克的理论体系中，甚至植物和无生命物体也可被视为蕴含着促使其向平衡或动态稳定状态趋近的能量，例如紧绷的弹簧、山顶上的圆形巨石和高压电线等。在这一框架下，情绪可被视为动机状态的"读取结果"（reading out）。这一观点与达马西奥的动态平衡理论完美契合。

动机与情绪的哲学解读

为了进一步区分动机与情绪，可以回溯至心灵哲学领域的讨论。英国20世纪最具影响力的哲学家之一，牛津学者吉尔伯特·赖尔（Gilbert Ryle）在其代表作《心的概念》（*The Concept of Mind*）中对这一区别进行了深入探讨。他的核心目标是澄清心灵与身体概念之间的关系，并在此过程中批判了勒内·笛卡尔（René Descartes）等二元论者的错误。赖尔在其理论中将动机定义为"倾向"或"潜在性"，情绪则被描述为"激荡""骚动"或"感受"（2009，p.114）。

在赖尔看来，动机决定了个体的高级行为，它设定了个体向某个目标状态靠近的预设倾向，类似于玻璃的脆性——玻璃本身不会破碎，但在适当条件下易碎的特性使其可能破裂。同样地，当个体致力于达成某一目标状态时，若这一需求得到了满足，其心理不会感到焦虑或不安，而是进入心流（flow）状态，此时动机可被认为已得到满足。当个体的需求满足受到阻碍时，注意力和情绪会被引导至内部冲突或紧张状态，从而产生强烈的需求感。[6]

正如赖尔所言，"需求受阻的两种根本形式如下：一是目标冲突，即一种倾向与另一种倾向相互对立；二是目标受阻，即个体的倾向受到外部现实的阻碍。"在这种张力的作用下，情绪或感受便应运而生。在赖尔的理论框架中，情绪的产生以动机的存在为前提，但动机本身并不等同于情绪，正如漩涡的存在以水流为前提，而水流本身并非漩涡。

在赖尔看来，情绪的表现可以从温和到剧烈不等，动机则可能强弱不同。更进一步，强烈的动机可能占据主导地位，凌驾于其他所有倾向之上。值得注意的是，动机过度强化可能会导致心理失衡。正如赖尔指出的，当个体即便有意识地试图采取不同行动，但仍被某一强烈倾向所支配时，该倾向便过于强烈。

情绪的优先性

作为生物学上的基本构造单元，情绪往往先于意识发挥作用。情绪运作早于个体产生主观感受，因此，感受只是情绪运作的"回响"。从进化史来看，这一观点已有坚实的证据支持：许多现存生物能够以情绪引导行为，但缺乏体验主观感受的神经结构，意识及主观感受的发展远远滞后于情绪本能。

尽管这一进化论观点相当稳固，但在20世纪80年代，社会心理学家罗伯特·扎伊翁茨（Robert Zajonc）与理查德·拉扎勒斯（Richard Lazarus）曾展开激烈争论，争议的核心在于情绪是否优先于认知。扎伊翁茨认为情绪优先,拉扎勒斯则主张某种程度的认知评估是情绪发生的前提。然而,如同许多学术争论一样,这场争议最终演变为语义问题,并随着"认知评估"概念的外延扩展到潜意识层面的感知机制,而逐渐消解。尽管如此,时至今日,仍有不少优秀的心理学家错误地认为情绪是认知推理的结果。当然,认知推理确实可以触发情绪,这一点毋庸置疑。然而,真正的问题在于:认知推理是不是情绪触发的必要条件?[7]

最有力的证据表明,在人类心理活动中,情绪优先于认知的观点来自临床神经学研究。法国神经学家伊夫·阿吉德(Yves Agid)曾对一名无抑郁病史的患者进行大脑电刺激实验,结果在短时间内诱发了典型的自杀性抑郁发作。患者在刺激前情绪平稳,并无任何消极倾向或想法,但在接受电刺激后,她突然陷入极度绝望,情绪低落至极端状态,并表现出明确的自杀意念:"我不想活了,我已经绝望了,我受够了,我不想再活下去了"(Damasio, 2003, p.68)。然而,当电刺激被关闭后,她的负面想法瞬间消失,情绪恢复如常。这一实验的启示极为清晰:个体的情绪决定了其思维模式,而非相反。换句话说,情绪触发后,大脑才会主动寻找符合该情绪的认知解释。

类似的案例在临床神经学中屡见不鲜。例如,对左额叶辅助运动区进行电刺激,可能诱发自发性大笑,并伴随毫无缘由的极度欣喜(如"你们真的太有趣了……站在那里就让我想笑")。此外,部分脑干中风患者会在无情绪触发的情况下,自发地产生哭泣或大笑,并随之体验到悲伤或喜悦。再比如,在实验中被要求回忆情绪事件的正常受试者,在意识到自己情绪变化之前,其皮肤电导率已先行发生改变。这些案例无一例外地指向一个结论:大脑的情绪——动机程序先于意识觉知被触发,我们的理性思维则是事后才试图解释情绪体验的。

雅克·潘克塞普(Jaak Panksepp)和肯特·贝里奇(Kent Berridge)的研究表明,多巴胺奖赏通路在大脑中扮演着至关重要的角色,支配着人类的"行动中的期待"（anticipation-in-action），即探索、渴望与欲望的驱动力。这些神经奖赏机制不仅与性欲、浪漫情感、养育子女的本能密切相关，也决定了人类建立社会情感联结的能力。此外，他们还研究了一种广泛存在于人类和动物中的驱动力——探索与游戏的动机。这一动机不仅在儿童成长过程中至关重要，更是人类创造力与创新能力的基础。可以说，正是这种探索与游戏的天性，使得人类社会得以持续进步。

这些原初的神经与化学机制在不断精细化和复杂化的相互作用下，构成了社会调节的所有自稳机制的基础。情绪不仅调节个体行为，更是社会关系的基础。人类的社会情绪，如羞耻、骄傲、同情、共情等，在复杂的社会互动中发挥着调节作用。这些社会情绪进一步奠定了人类高级道德观念，包括正义、公平、伦理与人生意义，甚至涉及世俗与宗教信仰之间的张力。正如神经科学家安东尼奥·达马西奥所言："人类的情绪不仅关乎性快感或对蛇的恐惧，它还涉及目睹痛苦时的恐惧，以及见证正义得以伸张时的满足。"[8]

动机的两极性

以痛苦与快乐为核心的情绪与动机运行原理

对于通过脑干和脑岛进入意识的情绪与动机而言，其核心特征之一便是它们或多或少都会被体验为痛苦或快乐。对于拥有神经系统的生物而言，"痛苦－快乐"这一二元对立关系是其最根本的行为指导原则。这种体验可以在从轻微到剧烈的连续谱上任意浮动，其中，痛苦通常伴随着惩罚、退缩与僵滞，快乐则与奖励、接近和探索相联系。正如理查德·戴维森（Richard Davidson）及其同事的研究所揭示的，这种趋近与回避的区别可以通过脑电图（EEG）中额叶的不对称活动直接测量。[9]然而，痛苦本身并不是一种情绪，事实上，痛觉的感知与痛苦情感（即对生理疼痛的负面情绪反应）可以完全分离。同样，快乐本身也不是情绪，但与痛苦一样，它构成了某些情绪感受的关键部分。痛苦与快乐的体验能够触发相应的负面或正面情绪，并在整体情绪背景中提供基本的情感基调。

正如丹尼尔·卡尼曼与阿莫斯·特沃斯基（Amos Tversky）所深刻揭示的，痛苦与快乐在激励作用上并不对等。卡尼曼曾言："坏事的影响比好事更强烈。"这意味着，负面事件对个体心理状态与行为的影响远远超过正面事件。在进化视角下，这种不对称性也不难理解——愉悦状态往往是短暂的，负面状态则可能意味着生存威胁。因此，人类通常更倾向于竭力规避不幸，而非主动追求幸福。大量跨文化研究已反复验证了这一结论。例如，心理学研究表明，在一段关系中，若要维持健康稳定，至少需要保持五次积极互动抵消一次消极互动的比例——或许，现在正是送一束鲜花的好时机。

值得注意的是，痛苦与快乐这对"对立双生面孔"在解释高阶动机时尤为重要。对于任何特定动机——无论是养育、安全、成就、自我实现、归属感，还是意义感——人们的行为既可能源于对"更多美好"的追求，也可能出于对"减少痛苦"的渴望。这一二元对立的概念在不同理论家和普通大众的描述中呈现出多种表达方式。社会心理学家 E. 托里·希金斯（E.Tory Higgins）在其调节定向理论（regulatory focus theory）中提出了促进性需求与预防性需求之间的区分，而这一理论被社会心理学家理查德·瑞安（Richard Ryan）和爱德华·德西（Edward Deci）广泛应用于他们具有深远影响的自我决定理论（self-determination theory）之中。在日常生活中，这一概念最常见于销售与市场营销领域。例如，人们对某种产品或服务的需求究竟是"拉力"（源于对某种正向目标的追求），还是"推力"（源于消除某种负面状态）？购买最新款 iPhone 是"拉力"，而购买人寿保险是"推力"。在市场营销的语言体系中，这一对立关系往往被表述为一个问题：消费者是在寻找"维生素",还是"止痛药"?

如果我们接受丹尼尔·卡尼曼提出的结论——"坏的影响力强于好的影响力",那么相比于促进性需求,预防性需求所触发的动机驱动力通常更强。从电学的角度来看,动机的两极性可以类比于电压——电子从负极流向正极。同理,负面需求状态通常会优先得到满足。如果一个人感到不安全、受困、被排斥或遭受歧视,那么这些需求将优先被关注,并且主导其意图,而不会被那些已经享有基本稳定、独立、归属感和公平感的个体所追求的更高层次的需求所取代。马斯洛的需求层次理论同样指出,某些需求必须先被满足,其他需求才会变得突出。然而,我认为支撑马斯洛这一理论的机制更接近于"极性"变化,而非类别划分。换句话说,任何类别的需求在进入正向追求阶段之前,往往需要先解决其负面状态。

动机的两极性在现实中的应用

在特定时间点,个体可能会面临某种情感需求,例如尊重。但这一需求的表现可能是促进性的(萨姆希望自己受到更多尊重),也可能是预防性的(萨姆希望自己不再被轻视),甚至可能同时包含正向与负向两种驱动力(萨姆既希望自己受到更多尊重,同时也希望减少被贬低的体验)。需求的类型并未改变,始终是"尊重",但需求的性质会发生变化。

为了更直观地理解这一点,我们来看另一个例子。

> 艾米莉迫切希望在人群中脱颖而出,因此她投入大量资金购置全新的服饰,改变发型和发色,并佩戴独特的首饰和进行文身。杰森则对他所就读的私立高中感到不满,他认为学校的严格规定——要求学生穿统一校服、参加指定活动、接受一致的价值观——对个体的自由形成了极大束缚。

尽管二者的行为表现截然不同，但他们的基本需求都是一致的——寻求自我身份的确立与认同。不同的是，艾米莉的动机是促进性的（主动追求个性化表达），杰森的动机则是预防性的（试图逃离外界对个性的压制）。这再次验证了动机的两极性不仅存在于概念层面，也深刻影响着个体的现实选择。在艾米莉和杰森的案例中，他们的动机都源自对真实性（authenticity）的追求，旨在展现个性化身份。然而，杰森的动机是由消极情绪驱动的（主观上感受到来自群体同化的压力），而艾米莉的动机则是一种内在的积极力量（主动优化自我认同的愿望）。

从"痛苦与快乐"到"善与恶"

所有促进生物体更好运作的变化都会带来愉悦和奖励，我们会认为它们是"善"（good）；而所有导致生物体功能退化的变化都会带来痛苦和惩罚，我们会将其归为"恶"（bad），甚至认定为"错误"（wrong）或"邪恶"（evil）。因此，动机的本质体现了生物体朝向"善"而远离"恶"的本能驱动。

如前所述，生物体的稳态调节机制关注的核心问题是如何区分"好"与"坏"，其判断标准基于生存和最优健康状态。在这一体系下，被认定为"好"的事物有助于生存和功能优化，而被认定为"坏"的事物则会削弱机体功能，甚至导致死亡。虽然进化心理学直到最近才系统性地研究这一公式，但类似的观念早在公元前 1200 年左右就已出现。例如，《申命记》（Deuteronomy 30:15-20）明确将"善"等同于"生存"，而"恶"等同于"死亡"：

> 看哪，我今日将生与福，死与祸，陈明在你面前……我今日呼天唤地向你作见证。我将生死福祸陈明在你面前，所以你要拣选生命，使你和你的后裔都得以存活。

由于我们的意识是由持续不断的情感流构建的,这意味着每一个人、事、物和经历都会被赋予"好"或"坏"的情感标签,这一判断基于它们是否有助于稳态调节。个体的基本问题包括:这件事物是奖励还是惩罚?它带来的是快乐还是痛苦?我应该接近还是远离?它能否支持生存,还是会导致死亡?它是"善"还是"恶"?

正如神经科学家达马西奥所指出的,稳态调节是人类正义(justice)、伦理(ethics)和道德(morality)概念的根源。他写道:"流畅的生命状态带来正面感受,因此被视为'善';紧张或受阻的生命状态带来负面感受,因此被视为'恶'。"(p.132)当我们发现并接近"好的"事物或状态(例如食物、休息、社交、性),便会感到愉悦。然而,当"好的"事物被阻碍或剥夺时,个体便会产生挫败感、愤怒和焦虑。因此,"善"与"恶"并非绝对的道德判断,而是生存需求塑造的价值认知。从本质上看,生存与繁衍的需求决定了一切事物的价值,而个体的需求强度决定了其当前的幸福感。得失、奖惩构成了人类认知世界的基本框架,它们是价值体系的原始智慧(prisca sapientia),也是动机与情感的基石。

动机是有意识的吗

在过去几十年间,关于动机、情绪和意识的神经学基础的研究不断深入,希望这些研究成果能帮助我们解答这样一个问题:动机和情绪的运作是必须依赖意识,还是它们可以在无意识状态下进行?

正如我们之前所讨论的,稳态调节是所有动机和情绪的基本原则。从进化角度来看,在意识出现之前,动机和情绪系统作为一系列固定的行为模式,已经存在并发挥作用。换句话说,意识的产生是为了让生物体能够感知自身内外部生理状态的变化,并赋予其更大的环境适应灵活性。但这并不意味着动机-情绪系统的运作必须依赖意识。事实上，我们的身体已经设定了一系列"反射性策略"（reflexive policy），这些策略允许我们在无须思考的情况下做出行为反应。例如：当手接触到炽热的炉灶时，我们会本能地缩手，而不需要经过任何有意识的思考。这种无意识的比较机制会不断测量当前状态与最优状态之间的差距，并在关键阈值（critical threshold）被触发时，驱使身体寻找方法来弥合这种差距，而无须意识或自我的介入。

近年来，临床神经学和社会心理学的一系列研究发现，许多强大的动机因素实际上是在无意识状态下驱动行为的。这些研究揭示了一些值得深入探讨的案例。

达马西奥的研究团队曾进行过一项关于决策与情绪反应的实验，实验内容如下：受试者参与一场扑克牌游戏，游戏规定，"好牌堆"（good decks）有更高的获胜概率；"坏牌堆"（bad decks）有更高的失败概率。实验结果表明，在受试者"意识到牌堆之间的区别之前"，他们在抽取"坏牌堆"中的牌时，皮肤电导就已经发生了显著变化。这意味着，即便个体的意识尚未察觉到风险，其身体已经在无意识层面做出了情绪化的反应，并试图规避损失。[10] 这一实验清楚地表明，避免失败所带来的心理痛苦的动机可以在无意识层面驱动行为，甚至先于个体的有意识决策。

达马西奥还研究过一位名叫大卫的患者，大卫的双侧颞叶（temporal lobes）和海马（hippocampus）受损，导致他完全无法形成新的记忆，即便接触新信息，也无法在脑海中存储下来。研究人员让大卫在一周内分别接触三位陌生人："友善者"（good guy），性格温暖、乐观，待人大方友善；"中立者"（neutral guy），态度普通，无明显倾向性；"冷漠者"（bad guy），态度冷淡、言语简短，并要求大卫接受一系列枯燥的测试。为了提高实验难度，研究人员特意安排了一位年轻、友善且外表出众的女神经心理学家扮演"冷漠者"，而按照正常情况，大卫本应对这位女性颇有好感。[11] 在实验结束后，研究人员向大卫展示了这三个人的照片（他对此毫无记忆），并询问："如果你需要帮助，你会求助于谁？你认为谁是你的朋友？"尽管大卫没有任何意识层面的记忆，但他在 80% 的情况下选择了"友善者"，而从未选择"冷漠者"。这一实验结果在面孔失认症（prosopagnosia）患者身上也得到了重复验证。这些患者虽然已经丧失了对熟悉面孔的有意识识别的能力，但他们在面对熟悉与陌生面孔时，依然表现出显著不同的皮肤电反应（electrodermal response）。这一现象表明，无意识的动机力量可以影响个体对他人的有意识偏好。

耶鲁大学社会心理学家约翰·巴奇一直致力于研究无意识启动效应（nonconscious priming effect）对社会判断和动机的影响，并在自动性认知、动机与评估实验室 [Automaticity in Cognition, Motivation, and Evaluation（ACME）Lab] 中进行了大量实验。以下是其中一些著名研究。

- 受试者在实验中完成了一项单词搜索任务，其中包含与美国传统老年人相关的单词，如"bingo""wrinkle"和"Florida"。结果发现，完成任务后，受试者离开实验室时的步速显著放缓，仿佛他们真的变老了一样。

- 受试者在实验过程中手持不同温度的饮品，随后对一位陌生人的性格进行评估。研究发现：手持冷饮的受试者更倾向于认为该陌生人性格冷漠；手持热饮的受试者则更倾向于表现出更温暖的人际互动。在另一项实验中，手持热咖啡的受试者在面对他人时，行为举止比对照组更加友善。

- 在被启动了亲社会概念（prosocial concept）的情况下，受试者在实验中的亲社会行为（prosocial behavior）明显增加。此外，功能性磁共振成像研究显示，被启动的受试者内侧前额叶皮质（medial prefrontal cortex）活跃度显著提升，该脑区已被证实与社会行为调控密切相关。

这些实验表明，无意识启动效应可以直接影响个体的外显行为，其作用机制可能涉及非意识的认知-情绪-行为神经回路（nonconscious cognitive-emotional-behavioral neural circuit）的激活。

在我们讨论无意识动机时，不能忽视一篇奠基性的经典论文：《我们比自己知道的说得更多——心理过程的言语报告》（Telling More Than We Can Know: Verbal Reports on Mental Processes）。该论文由理查德·尼斯贝特（Richard Nisbett）和蒂莫西·威尔逊（Timothy Wilson）于 1977 年发表在《心理学评论》（Psychological Review）上，他们通过大量实验提出了一个极具颠覆性的观点：尽管我们总是愿意为自己的行为编织理由，并给出各种解释，但事实上，我们几乎无法直接接触到自身更高阶的认知过程。他们的研究表明，在实验过程中，许多受试者完全没有察觉到某些关键刺激因素的存在，甚至根本意识不到这些刺激因素已经对他们的行为产生了深远影响。这一研究的核心结论是：我们所认为的"有意识的决策"很可能只是事后构造出的合理化解释，而真正驱动行为的往往是我们无法直接感知的无意识过程。他们在论文结尾处大胆推测，为什么我们如此迫切地相信自己知道自己的行为动机：

> 一个最终可能促使我们坚持相信自我内省能力的因素是动机本身。从预测未来和保持对自身行为的控制感而言，认为自己具备直接内省的能力无疑更具吸引力。相反，如果意识到自己对自身思维活动的了解，竟然不比一个熟知自己过往经历和外部刺激的旁观者更深入，这种认知将令人不寒而栗。（p.257）

这些研究结果清晰地表明，动机可以在无意识的情况下被激发和引导。在接下来的章节中，我们将探讨大脑如何沿着意识觉察的梯度处理动机与情绪状态，并在此过程中揭示测量人类动机的关键线索。

图像的力量

20世纪最重要的神经科学发现之一，当属戴维·胡贝尔（David Hubel）和托尔斯滕·威塞尔（Torsten Wiesel）因研究视觉神经系统的分层结构而获得诺贝尔奖。他们的研究揭示，大脑中的单个神经元可以对视觉对象的角度等特定特征做出选择性反应，这一发现为大脑如何在内部重现外部世界提供了确凿证据——我们的感知世界实际上是以内部投射的心理图像形式映射出来的。基于这一理论，研究人员如今甚至可以根据神经元的激活模式，重建个体大脑中所呈现的视觉图像。麻省理工学院的罗杰·图特尔（Roger Tootell）博士及其团队通过研究视皮质（visual cortex）中的视网膜拓扑投射图（retinotopic mapping），成功预测了恒河猴和人类所看到的具体形状。这一发现的潜在影响令人震撼，甚至接近科幻小说的情节——如果科学家能够直接读取和重建个体的大脑视觉图像，那么这一技术将带来深远的伦理与社会挑战。然而，视觉系统仅仅是大脑多感官映射（multisensory mapping）的一个例子。事实上，我们的大脑不仅将外部世界的信息（视觉、听觉、嗅觉、味觉、触觉）映射至意识，同时也对自身内部状态进行映射。

神经科学家安东尼奥·达马西奥将这些大脑映射（brain mapping）称为"图像"（image），他指出："在像人类这样复杂的生命体中，大脑的调控运作依赖于在意识流（mind）中创建并操控心理图像（mental image），这些图像可以表现为想法（idea）或思维（thought）。感知外部或内部的物体与事件，离不开图像。无论是自动化反应还是深思熟虑后的决策，都依赖于图像的形成。同样，对未来行为的预测与规划，也离不开图像的参与……这些图像的本质是动态神经模式，它们映射并记录了身体内部正在进行的各类活动（2003, pp. 194-95）。"

达马西奥提出，构建这些心理图像的过程是一种物理、生物学现象，涉及图像的创建、编辑与同步整合，最终形成他所谓的"大脑电影"（brain movie）。这些图像并非镜像反射，而是等距的、真实的表征（representation），更类似于照片。在他看来，意识体验的本质，正是外部世界与自我图像流的融合。他用一句话总结道："自我以图像的形式浮现于心。"

如前所述，我们的大脑会为每一个感知对象和事件赋予情绪价值，判断它们对生存的利害关系。这意味着，所有被唤起的心理图像都天然带有情绪属性。事实上，情绪的触发过程始于对刺激的快速检测、评估与分类（好/坏），无论该刺激发生于当下还是源于记忆，无论它是外在的还是内在的。图像的情绪特征，往往体现在它的质感、颜色、光影、形状、重量、可举性、可坐性等多个维度。这一点可以通过 J. J. 吉布森（J.J.Gibson）提出的"可供性理论"（affordance theory）来解释：生物会直接感知物体及事件所提供的"可供性"，即它们对个体而言的用途及意义。例如，一块石头对某些生物而言是庇护所，对另一些生物而言可能是障碍物。物理刺激的特性本身就蕴含着它们对个体需求的帮助或伤害信息，因此，我们所处的世界并非中立，而是充满主观意义的。

这一观点的另一层启示是，存在一套非语言的情绪词汇，作为心理图像的"语言"，负责唤起并传递情感。这一词汇系统不仅编码了"好"与"坏"，还涉及情绪的强弱程度。关于图像与情绪之间的联系，已有大量研究。其中，国际情绪图片系统（International Affective Picture System, IAPS）是情绪研究者最常用的工具之一。该系统由佛罗里达大学的玛格丽特·布拉德利（Margaret Bradley）和彼得·朗（Peter Lang）开发，包含大量用于引发强烈情绪反应的标准化图片。[12]IAPS 通过愉悦度（pleasure）、唤醒度（arousal）和支配感（dominance）三个维度，对图像的情绪影响进行规范化评级。这一系统的价值在于：研究者可以提前预测某个刺激将引发的情绪类型及其强度，从而为情绪研究提供可靠的实验基准。佛罗里达大学的研究团队进一步创建了一个规范化的情绪关联词汇数据库，即英语词汇情绪规范库（Affective Norms for English Words, ANEW）。[13] 通过该数据库，我得知英语中最令人愉悦的词是"天堂"（paradise）和"凯旋"（triumphant），而最不愉悦的词则包括"灾难"（disaster）和"葬礼"（funeral）。此外，英语中最不具恐惧感的词竟然是"松饼"（muffin）。这一研究表明，我们可以系统地设计一组特定刺激，以有效激活人类大脑中特定类型的情绪心理图像。达马西奥将这种能稳定引发特定情绪反应的刺激称为"情绪能动性刺激"（emotionally competent stimuli）。由此，我们开始思考：是否可以创建一套这样的刺激，以反映不同的情绪需求？

动机意识的时间进程

大脑能以多快的速度"进入动机状态"？大量证据表明，大脑的战斗-逃跑中心（fight-or-flight center）能够直接接收来自视网膜和耳蜗的信号，以便在意识处理开始之前，就能探测到与恐惧相关的刺激。换言之，无论我们是否有意关注，这一过程都会迅速启动。这一发现主要来自纽约大学神经科学中心，由神经科学家约瑟夫·勒杜（Joseph LeDoux）领导的实验室。他不仅是该领域的权威，还在业余时间组建了一支名为"杏仁核乐队"（Amygdaloids）的摇滚乐队。

尽管这一快速反应过程主要在潜意识层面进行，并且几乎是瞬时完成的，但通常（但非总是）会伴随较慢的"共评估"（co-evaluation）意识过程。那么，是什么触发了这个快速反应系统？行为生态学家将这些情绪能动性刺激称为"释放器"（releaser），即具有生物学意义的形状和声音，可充当警报信号，促使我们立即采取行动。从视觉层面看，包括高耸的悬崖、血迹、蛇、蜘蛛、敌意的面部表情等。从听觉层面看，包括恐惧或疼痛的尖叫、突然的巨大撞击声或爆炸声等。快速反应系统的核心目标是确保生存，较慢的系统则试图理解当前环境，但两者都会构建和调整相应的心理图像。快速系统触发的情绪会引发一系列后续的情感体验，然而这些情感可能不会上升到意识层面。这种现象正是"直觉"（intuition）的本质——个体会体验到一种背景性的感觉，但并没有清晰的理性认知来解释其来源。

快速系统尤其擅长检测"负面"信息，即潜在威胁。神经科学家拉尔夫·阿道夫斯（Ralph Adophs）的研究表明，眶内侧前额叶皮质（ventromedial prefrontal cortex）能够区分愉悦的和不愉悦的图像内容，且对不愉悦内容的处理速度显著更快。研究发现：负面图像可以在短至 120ms 内被大脑检测到，这个时间几乎等同于我们意识到眼前有一张图片所需的时间。与理查德·戴维森的左右脑不对称理论一致：不愉悦的图像会激活右半球；愉悦的图像会激活左额叶皮质（left frontal cortex）。这些研究表明，大脑的警觉机制高度偏向于负面刺激，以确保个体生存。

利用脑磁图（magnetoencephalography, MEG），达马西奥的同事戴维·鲁德罗夫（David Rudrauf）详细研究了个体在面对愉悦的或不愉悦的视觉刺激时，其情绪和认知反应的时间进程。研究发现，从视觉皮质处理刺激到受试者首次报告情绪体验，大约需要 500ms。在主观感知上，半秒的时间似乎非常短暂，但从神经活动的角度来看，这一过程却相对缓慢，因为单个神经元仅需 5ms 即可完成一次放电。情绪体验进入意识的时间节点，大致为 120ms（大脑检测到图像存在）到 800ms（大脑完成有意识的概念处理）。如果受试者需要感知情绪，并通过运动反应（如按下按钮）来报告情绪体验，则整个过程大约需要 1000ms（即 1s）。这是因为长距离传输信号的神经轴突（axons）往往缺乏髓鞘（unmyelinated axons），导致神经信号从大脑传输至远离大脑的身体部位需要约 1s 的时间。这一时间进程引发了一个关键问题：如果我们能够设计一种方法，使受试者仅凭情绪对情绪能动性刺激做出反应，而不受认知因素的干扰，会发生什么？

第 2 章
动机的多样性

随机游走法:动机的多维收集

动机理论的演进,经历了从单一的生物学视角,到更为复杂的社会–认知动机模型。纵观动机理论的发展历程,各理论范式之间相互影响,塑造了当代的动机研究框架。本节将对主要动机理论模型进行简要回顾,并将其归纳为两大类:强调自动化/潜意识、生物学本能及驱力的理论;强调社会认知过程和个体特质的理论。

论题:低阶动机理论——本能、驱力与精神分析

本能理论

本能理论(instinct theory)诞生于查尔斯·达尔文(Charles Darwin)提出的进化论思想之后,认为生物体天生具备某些有助于生存的本能行为。这些先天行为模式在进化过程中得以保留,是因为它们对于个体及种群的存续至关重要。虽然达尔文最广为人知的成就是进化论的奠基,但他在动机与情绪领域同样贡献卓著。他在《人和动物的感情表达》(*The Expression of the Emotions in Man and Animals*,

1872）一书中系统探讨了情绪和动机的进化功能，这是他在《物种起源》(On the Origin of Species, 1859)和《人类的由来》(The Descent of Man, 1871)之后，关于进化理论的第三部重要著作。达尔文强调了世界各地不同文化中人类情绪表达的相似性，并进一步指出，人类与动物在情绪表达上的诸多共性。不过，为了迎合维多利亚时代的社会观念，他巧妙地避免了直接将人类与动物类比，而是将动物的情绪表达称作"类人"特质，从而避免冒犯当时的社会敏感性。然而，他的结论却不容回避——既然动物在缺乏人类高级意识的情况下，依然能够以固定模式表达情绪和动机，而这些模式又与人类的情绪表达相吻合，那么这些行为必然源自生物学机制。这些固有的行为模式并非后天习得，而是天生便存在于生物结构中，并且能够被特定的刺激信号激活，无论这些信号是视觉、听觉、嗅觉，还是动觉。

19世纪末，心理学家威廉·詹姆斯在其1884年的论文《什么是情绪》(What Is an Emotion?)中，将达尔文的理论引入心理学研究。詹姆斯的观点深受达尔文影响，认为情绪的本质是一种对生理变化的生理性反应。20世纪初，这一理论得到了进一步发展。沃尔特·坎农（Walter Cannon）提出了"战斗或逃跑反应"(fight or flight response)的概念，用以描述面对威胁刺激时的典型愤怒-恐惧情绪反应。与此同时，威廉·麦克杜格尔（William McDougall）[1]提出了"冲动心理学"(hormic psychology)（"hormic"源自希腊语Hormē，意为"冲动"）。他强调，所有有目的的行为都由目标（如饥饿、好斗、性欲、群居倾向等）驱动，并且依赖于内在本能所激发的能量。

如果你曾修读过心理学入门课程，你可能看过一段黑白影像：奥地利动物行为学家康拉德·洛伦茨（Konrad Lorenz）被一群刚孵化的小鹅跟随，因为它们在破壳后便将洛伦茨"印刻"成了母亲。这一

---

[1] 或译为威廉·麦独孤。——译者注

心理学分支可谓达尔文理论的最直接继承者。动物行为学的核心观点之一是，复杂的、天生的、无须学习的行为模式，即固定行动模式（fixed action pattern）存在于所有同种生物个体中，并且能够被"触发性刺激"所激活。在人类情绪与动机的研究中，这一概念的对应物十分清晰——人类的情绪本质上也是固定行动模式，由特定信号或行为所触发。这些信号或行为在不同理论框架下有不同名称，如情绪能动性刺激、可供性、触发器、符号、原型符号等。

驱力理论

由于情绪需求大多处于意识之外，动机过程难以直接测量。行为主义者试图回避这一难题，主张无须探究中介性的动机过程，只需关注可观察到的行为及奖惩机制。在他们看来，只要能够操控奖励与惩罚，便能塑造行为，而无须关心个体内部的心理机制。然而，这一理论最终被证伪。大量无法用奖惩机制解释的人类和动物行为证明了行为主义的局限性，推动了更为复杂的动机理论的诞生。

驱力理论（drive theory）诞生于行为主义的黄金时代，是基于观察的行为主义与推测性的动机理论之间的二元桥梁。该理论认为，"需求"是一种由生理缺乏引起的生理状态，"驱力"则是一种促使个体朝向目标行动的心理状态。驱力理论早于现代神经科学观点，提出动机的根本在于动态平衡，即生物体会自发地维持内部环境的平衡，而这种平衡一旦被打破，就会促使个体采取行动以恢复平衡。

20世纪40年代，克拉克·赫尔（Clark Hull）提出了行为驱力理论，认为原始驱力（primary drive）是一种激发行为的动力，其作用机制是当生理器官受到刺激（如缺氧、饥饿、口渴、缺乏睡眠或疼痛）时，个体会产生相应的驱力，从而促使个体采取行动以缓解刺激。此外，赫尔还提出，原始驱力可以通过联结作用衍生出次级驱力（secondary drive），例如逃避（escape）的需求。在赫尔的模型中，食物短缺会引发饥饿驱力（hunger drive），促使个体采取觅食行为（food-seeking behavior），当个体达到饱腹状态时，驱力被解除，并强化食物的奖赏价值。然而，由于赫尔的模型引入了无法直接观察的动机概念，它遭到了20世纪30~50年代行为主义者的广泛批评，因为该学派主张仅研究可观察到的外显行为，而非不可见的心理过程。

在与行为主义学派的对抗中，罗伯特·伍德沃斯（Robert Woodworth）于20世纪50年代提出了"动态心理学"（dynamic psychology），其核心观点是区分"机制"（mechanism，即行为的功能性过程）与"驱力"（drive，即动机力量），并主张机制可以通过重复练习获得动机属性。伍德沃斯的理论为"内在动机"（intrinsic motivation）奠定了基础。所谓内在动机，指的是个体因活动本身带来的满足感而获得驱动力，例如"我喜欢修剪草坪，因为这项活动本身让我感到愉悦"。这一观点在爱德华·德西和理查德·瑞安提出的"自我决定理论"中成为主流视角，并广泛应用于现代动机研究领域。与此同时，让·皮亚杰（Jean Piaget）在研究儿童游戏行为时发现，儿童在没有任何外部奖励或明显目标的情况下，仍会主动参与游戏。基于这一现象，皮亚杰提出，一旦生理和社会需求得到满足，人类会本能地追求与环境的有效互动。心理学家罗伯特·怀特（Robert White）在回顾精神分析学派的本能与驱力理论后，发现旧理论无法充分解释这种探索行为和感官刺激寻求行为。因此，怀特提出了一种新的动机概念——"效能动机"（effectance motivation），认为这种动机源自神经系统的固有设计和运作机制，它与"内在动机"密切相关，共同推动个体自主探索和学习。

精神分析理论

在讨论西格蒙德·弗洛伊德（Sigmund Freud）时，我们常常忽略他最初是一名神经学家。弗洛伊德的理论主要基于他对精神病学和神经病学患者的临床观察，彼时精神病学与神经病学尚未形成严格区分，如今这两个学科再次呈现融合趋势。西格蒙德·弗洛伊德的理论所涉及的性动机观念，在他所处的维多利亚时代是极具冲击性的，但这一理论至今仍能为心理动机的起源与机制提供强有力的隐喻。弗洛伊德提出，"心理能量"（psychic energy）（即动机或驱力）分为两大类：力比多（libido）或爱欲（eros），即自我保存、本能欲望及性驱力；死本能（thanatos），即毁灭冲动、憎恨和攻击性。根据弗洛伊德的观点，心理能量由无意识的本我（id）产生，再由自我（ego）引导，以符合社会规范的方式达成目标。按照驱力理论，心理能量的累积会给个体带来不适甚至痛苦，而释放则会带来快感，这一观点在当代神经心理学的解释框架下仍然成立。

新弗洛伊德学派（Neo-Freudians）的代表人物卡伦·霍妮（Karen Horney）和哈里·斯塔克·沙利文（Harry Stack Sullivan）在20世纪三四十年代的布鲁克林心理治疗实践中，对弗洛伊德的本我驱力概念进行了调整，使其更符合临床治疗的需求。沙利文提出，动机来源于两类紧张状态：需求（needs），与生理基础相关，满足需求会带来愉悦感；焦虑（anxiety），会干扰正常的需求认知与满足过程，缓解焦虑则会带来安全感。霍妮则将动机进一步细化，并提出十大由焦虑或神经症驱动的人类需求：亲情/认可（affection/approval）、爱（love）、认可/声望（recognition/prestige）、钦佩（admiration）、权力（power）、剥削（exploitation）、成就（achievement）、独立/自主（independence/autonomy）、完美（perfection）、隐匿（inconspicuousness）。霍妮将这十种需求归为三大类别。前四类（亲情至钦佩）是向他人靠拢的应对策略，即社会需求；中间两类（权力与剥削）是对抗他人以谋取物质利益的策略；后四类（成就至隐匿）是远离他人的回避策略。这一分类体系反映了心理治疗学派对人际关系的侧重，但从动机研究的角度来看，其他分类方法同样可能具有研究价值，甚至能带来更具启发性的洞见。

对低阶动机理论的思考

上述所有低阶动机理论都有一个共同点：试图在单一理论框架下解释从次皮层反射（subcortical reflex）到生理驱力（physiological drives）、认知模式（modes of thinking），再到社会和道德动机（social and moral motivations）的全范围动机系统。其起点通常是维持生理稳态的基本需求，如体温调节、食物、水分、睡眠等。

将生理学与心理学的概念整合到统一框架中，是一种追求理论简约性的崇高尝试，但在我们尚未彻底解析意识的生物学基础之前，这一目标仍然面临挑战。生理稳态的潜意识驱动力，虽然可以被视为"动机"，但其自动化与反射性特征，却使其与道德认知、社会认可或自我实现等更高阶的心理需求格格不入。问题的关键在于分析单位的不同：在生理层面，稳态驱动力可用神经元的放电模式和激素分泌机制来描述。这些机制如同专门化系统，用于纠正机体失衡并促使个体采取补偿性行为。在社会心理层面，分析单位则转换为文化框架，涉及个体、群体、社会规范、态度等动态变量。这些系统更类似通用系统，为个体提供多种可能的思维、意图和行为选项。

为了避免在生物学层面与社会心理学层面之间产生不必要的张力，本书将重点关注后者，即作为心理现实呈现的高阶动机。毕竟，高阶动机是区分人类与大多数其他动物的重要特征。相信大多数读者都会发现，探讨这些复杂的心理动机，比单纯描述饥饿机制的生物学原理更具吸引力和实际价值。

反论：高阶动机理论——格式塔、认知与人格理论

前文回顾的低阶动机理论，我们会发现存在一个核心缺陷：它们无法解释那些明显独立于生理需求或功能的人类动机，尤其是探索性

学习等无法简单归因于驱力消减的行为。人类天生具有好奇心，并会主动探索环境，这一洞见推动了心理学向认知模型和应用心理研究方向发展，同时也促使学界开始关注个体在动机因素上的差异性。这些新兴理论突破了传统行为主义的局限，使心理学家得以承认，动机不仅可以源自生理需求，还可以源自社会与认知需求。

社会－认知平衡理论

在20世纪五六十年代的社会心理学研究中，一系列理论逐步形成，推动了人类动机研究从生物学基础转向社会关系的复杂性，从而彻底突破了行为主义传统。在社会动机理论的发展历程中，几项具有深远影响的理论对人类行为的认知方式产生了重大影响。弗里茨·海德（Fritz Heider）的平衡理论（balance theory）。该理论认为，社会关系要么处于平衡状态，要么处于失衡状态，而失衡会引发心理不适，促使个体采取行为或态度调整以恢复平衡。库尔特·勒温（Kurt Lewin）的场论（field theory）。勒温借鉴物理学概念，提出未满足的心理或生理需求会导致紧张状态增加，进而赋予原本中性的刺激一个"效价"，其强度取决于需求的迫切程度。例如，刚出炉的甜甜圈对一个饥饿者的吸引力显然比对刚吃饱的人更强。利昂·费斯廷格（Leon Festinger）的认知失调理论（cognitive dissonance theory）与社会比较理论（social comparison theory）。费斯廷格主张，人类普遍受到动机驱使，需要通过与他人比较来验证自身的观点与能力，从而减少认知上的不一致感（即认知失调）。杰克·布雷姆（Jack Brehm）的心理抗拒理论（reactance theory）。该理论是大众熟知的"反向心理"（reverse psychology），进一步提取了人类的情感需求，认为个体具有基本的自由意志需求，并会对任何被感知为限制自由的情况产生抗拒。

人本主义与发展心理学

在动机理论的研究中，有一个名字无须介绍——亚伯拉罕·马斯洛（Abraham Maslow）。受哈佛大学心理学家亨利·默里（Henry Murray）的影响，马斯洛提出了六个层级的需求分类，构建出著名的需求层次理论。该理论认为，人类的动机依赖于未被满足的需求层级，并按照以下层级递进。生理需求，包括食物、水、睡眠等基本生存需求；安全需求，包括对稳定、安全的渴望；社交需求，包括归属感、亲密关系；尊重需求，包括成就感、能力独立；自我实现需求，包括追求个人潜力的最大化。马斯洛的理论强调，人类的主要动机在于满足最低层次的未满足需求，只有当某一层次需求得到满足后，个体才会被更高层次的需求驱动。这一定律不仅适用于个体，也可用于分析群体、社区乃至整个人类社会的主要动机。

值得注意的是，大多数心理学教材未提及马斯洛需求层次中的第六层——超越自我。同样，劳伦斯·科尔伯格（Lawrence Kohlberg）的道德发展阶段理论（stages of moral development）也包含了一个最高层级，也被命名为"超越"，但同样在教材中被刻意省略。这一现象引发了一个值得深思的问题：教材编写者究竟是在"保护"学生不受何种理念的影响？

随着自我实现、内在动机和效能动机等高级需求理论的提出，心理学研究者纷纷抢占理论高地，试图通过构建各类"迷你理论"来界定一系列新的动机。其中，最具影响力的学术谱系可追溯至哈佛大学的亨利·默里。默里在学术心理学界最广为人知的成就，是主题统觉测验（Thematic Apperception Test, TAT）的创建。该测验的插图由其具精神分析取向的情人克里斯蒂安娜·摩根（Christiana Morgan）绘制，而正是摩根促成了默里在瑞士与卡尔·荣格（Carl Jung）的会面。

然而，默里本人可谓是一个极具争议的人物。他最初在哥伦比亚大学接受医学训练，随后转向心理学研究。在第二次世界大战（以下简称"二战"）期间，默里受雇于美国战略情报局，这一机构是美国中央情报局（CIA）的前身。他在该机构主持撰写了《希特勒性格分析报告》（Analysis of the Personality of Adolph Hitler），在报告中指出希特勒可能是同性恋，并预测了其最终的自杀结局。战后，默里回到哈佛大学，除了指导"迷幻药实验"（psychedelic experiment）研究外，他还对22名哈佛大学本科生开展了一系列极不道德的心理学实验。这些实验旨在通过"激烈、全面且带有个人侮辱性"的言语攻击，让被试承受极端心理压力。许多人认为，这项研究与CIA的"MKUltra"洗脑控制项目有关。其中一名实验参与者，正是当时年仅17岁的数学天才泰德·卡钦斯基（Ted Kaczynski），他后来成为臭名昭著的"大学炸弹客"（Unabomber）。

默里的研究吸引了戴维·麦克利兰（David McClelland），当时他是哈佛大学心理学系的新成员。麦克利兰基于默里的主题统觉测验，创建了一套评分系统，并在此基础上发展出成就动机理论（need for achievement theory）。他在卫斯理安大学任教期间，影响了约翰·阿特金森（John Atkinson），后者终身致力于动机研究，并最终成为密歇根大学心理学教授。与此同时，麦克利兰在哈佛大学的学生戴维·温特（David Winter）也深受其影响，继承了这一学术传统，并加入密歇根大学安娜堡分校的心理学系。

这一学术流派最终描述了一系列不同类型的人类动机，包括成就需求，即个体对卓越成就的渴望，或希望获得外界认可；归属需求，即个体对群体归属感和社会认同的需求；权力需求，即个体对控制或影响他人的需求。此外，阿特金森还提出了人类存在的恐惧、性、冒险和攻击性等心理需求，尽管将"动机"直接等同于特定行为（如性、冒险、攻击）或情绪（如恐惧）的做法颇具争议。[1] 随着心理学家对动机定义的探索不断深入，新的动机理论不断涌现。例如，阿瑟·科恩

(Arthur Cohen)、埃兹拉·斯托兰（Ezra Stotland）和唐纳德·沃尔夫（Donald Wolfe）等心理学家提出了"认知需求"这一独立概念，即个体对思考的渴望。这一理论随后激发了更多关于"道德认知需求"的研究，即个体对于伦理道德问题的思考需求。

价值观研究

在20世纪50至70年代，人本主义心理学逐渐兴起，推动了社会心理学家对种族歧视问题的深入研究。这些研究进一步扩展为对态度形成机制及其如何影响行为的探讨。其中一个重要方向是寻找"主导态度"，即那些决定个体特定观点和偏好的更高层次倾向。例如，一个人对疫苗安全性的质疑，可能源于其更广泛的怀疑精神或独立价值观。随着研究的深入，"价值观"逐渐成为心理学研究的一个重要领域。价值观被定义为更高阶的心理结构，它们组织和合理化个体的低阶态度和具体偏好。这一理论首先由社会心理学家米尔顿·罗基奇（Milton Rokeach）提出并系统化研究。

罗基奇因一项极具争议的心理实验而广为人知：他将三名都自称为"拿撒勒的耶稣"（Jesus of Nazareth）的精神病患者安排在一起，希望他们在面对彼此时，能够意识到自己信念的矛盾性，并因此改变态度。然而，实验的结果出乎意料——三人均坚守自己的妄想，毫不动摇。这一实验后来被写成书《伊普西兰帝的三位基督》（The Three Christs of Ypsilanti），并被改编为电影、剧本、歌剧和舞台剧。在此之后，罗基奇深入研究美国南方的种族隔离社会环境，试图探寻种族主义态度的形成原因。最终，他提出了"18种终极价值观"（即指导人生方向的核心原则）以及"18种工具性价值观"（即实现终极价值观的行为方式）。这些价值观构成了他所提出的价值观系统理论（value system theory）。在罗基奇的基础上，荷兰社会心理学家吉尔特·霍夫斯泰德（Geert Hofstede）的跨文化研究进一步拓展了价值观理论。而沙洛姆·施瓦茨（Shalom Schwartz）提出了一份更为精练的价值观清单，其中包括10种核心终极价值观，并声称这些价值观在全球各社会中均有所体现，只是程度不同。

在心理学研究中，"需求"与"价值观"的区别一直是一个有争议的话题。二者均涉及个体认定的重要目标，并对行为起到驱动作用。但持不同观点的学者通常用以下方式加以区分：需求普遍适用，由生物决定；价值观因人而异，属于更高阶层次。有些学者进一步认为，需求是与生俱来的，价值观则是个体主动选择的。然而，这一观点缺乏实证支持。确实，如果将生理需求（如氧气、水、食物等）与抽象价值观（如国家安全等）进行比较，这一区分似乎成立；但当讨论更复杂的心理需求（如归属需求、尊重需求等）时，需求与价值观之间的界限便显得模糊不清。当我们将高阶情感需求作为研究领域时，需求与价值观之间的界限几乎完全消失。从这个角度来看，心理学家在过去几十年间所提出的各种价值观清单与动机理论之间存在高度重叠（见表2-1），这一现象极具研究价值。沙洛姆·施瓦茨在其研究中也指出，他的十大价值观实际上与潜在的动机紧密相关。因此，在探索高阶动机体系的过程中，这些价值观清单可以作为重要的参考数据。

表 2-1　价值观和道德基础理论

罗基奇终极价值观		罗基奇工具性价值观		施瓦茨核心终极价值观	海特道德基础理论
真挚的友谊	智慧	开朗	想象力	自我导向	关爱/伤害
成熟的爱	救赎	进取心	独立	刺激	自由/压迫
自尊	家庭安全	爱	智力	享乐主义	公平/欺骗
幸福	国家安全	清洁	心胸开阔	成就	忠诚/背叛
内在和谐	成就感	自我控制	逻辑	权力	权威/颠覆
平等	美好世界	能力	服从	安全感	圣洁/堕落

(续)

罗基奇终极价值观		罗基奇工具性价值观		施瓦茨核心终极价值观	海特道德基础理论
自由	和平世界	勇气	乐于助人	遵从	
快乐	舒适生活	礼貌	责任	传统	
社会认可	刺激生活	诚实	宽恕	仁慈	
				普遍性	

人格特质：动机倾向的个体差异

如果说价值观被认为是个体化（idiosyncratic）的，那么人格特质（personality trait）就更是如此。在二战后动机理论迅速发展的时期，许多心理学家致力于总结和归纳不同个体的性格特征。人格心理学（personality psychology）本身就是一个庞大而复杂的研究领域，足以独立成册。然而，在本研究的框架下，我们只需关注一个核心观点：人格特质可被视为一组稳定的特性，这些特性使个体更容易发展出特定的高阶情感需求或动机。经过数十年的研究，心理学家们发现，成人个体的人格特质可以被归纳为五个核心维度，并且这些维度在不同文化和人群中都具有较高的稳定性和区分度。

这五大人格特质通常以 OCEAN 或 CANOE 的缩写呈现，这两种缩写皆暗含"水"的意象，十分独特：

1. 开放性（openness to experience）
2. 尽责性（conscientiousness）
3. 外向性（extraversion）
4. 宜人性（agreeableness）
5. 神经质（neuroticism）

开放性指的是个体对新体验、感觉、探索、想象和多样性的偏好。高开放性个体通常具有创造力、求知欲、对美的敏感性，并愿意尝试新事物,即使这些行为可能存在一定的风险。从动机的角度来看,高开放性个体往往具有以下特点。①强烈的真实性需求:他们渴望表达自我,拒绝受到社会压力的束缚。②高度沉浸的需求:他们倾向于深入体验事物,而不仅仅是浮于表面。③强烈的关怀需求:他们容易对人类情感产生共鸣,注重人与人之间的深层联系。④高度的伦理需求:他们对于道德和价值观十分敏感,追求内在的正义感。此外,高开放性个体往往更容易受到超越性体验的吸引,他们更倾向于关注精神世界,对物质主义的兴趣较低。由于他们倾向于全局思维,他们可能对各种动机的希望与恐惧都表现出高度敏感,但也可能因此较少感受到未被满足的情感需求。

尽责性指个体展现意志力与自律的倾向,主要体现在遵循外部标准追求成就的过程中。因此,高尽责性个体通常重视细节、严谨有序,并倾向于严格遵守既定程序。心理学家沃尔特·米歇尔(Walter Mischel)在斯坦福大学进行的"棉花糖实验"(marshmallow experiment),是尽责性影响力的经典例证。在实验中,儿童可以选择立即获得一个小奖励,或等待一段时间后获得双倍奖励。研究者离开约15分钟后返回,并追踪这些儿童的长期发展情况。后续研究发现,能够延迟满足的儿童,在学术表现(SAT成绩)、教育水平和身体健康(BMI指数)等方面,普遍优于那些选择即时奖励的儿童。从动机的角度来看,高尽责性个体往往重视公平与正义,倾向于履行自己的责任与义务;关注安全需求,努力为家人和依赖者提供稳定的保障;追求自我提升,不懈努力以实现更高成就。此外,高尽责性个体通常对社会规范容忍度较高,个性表达的需求较低。他们更倾向于遵循"好孩子"伦理,因此较容易受到社会归属、关怀和认可的驱动。

外向性指个体倾向于寻求外部刺激,特别是社会互动的特征。外向者通常外向活跃、精力充沛,更喜欢与他人交往,内向者则更关注内在世界。由于外向者更关注外界环境，他们通常未被满足的情感需求较少。此外，作为积极的社交参与者，外向者在以下动机方面表现更为突出：社会归属，即渴望成为群体的一部分；亲密关系，即享受与他人的深度情感联结；认可需求，即喜欢成为关注的焦点，尤其是受到他人肯定与赞赏。与此同时，外向者通常对心理安全的需求较低，内向者则倾向于更谨慎地处理社交环境。

宜人性指个体更倾向于优先维护社会和谐，而非坚持自我利益或原则。因此，高宜人性个体往往表现出随和、信任、乐于助人，并愿意妥协立场以维持良好关系。然而，宜人性的本质是一种应对策略，其核心动机并非真正的亲密关系，而是降低自身的不安全感。这意味着宜人性个体高度渴望社会归属与外界认可；但他们的合作往往是表层化的，并不一定追求真正的亲密关系；他们可能通过"迎合他人"来缓解内心的不安，同时会表现出一定的自主性需求与成功驱动力，以建立对自我的掌控感。

神经质主要指个体容易体验负面情绪的倾向，例如焦虑和抑郁。神经质的个体往往情绪敏感，易受压力影响，并且更倾向于将普通情境解读为对自身的威胁。由于神经质这一特质本质上具有极端化的定义方式，因此具有较高神经质水平的人通常表现出强烈的预防性动机，即倾向于避免负面体验。其中最显著的动机包括减少焦虑、降低无力感、减少排斥感、避免羞耻、防止被拒绝，以及寻找人生意义。

研究数据明确支持这些假设关系，表明人格特质与高阶动机之间存在清晰但往往被忽视的联系。然而，需要特别强调的是，人格特质与动机并不能作为等价的解释机制。

- 动机是最终驱动力，或者借用罗基奇的说法，它们是终极因素，决定了个体行为的最终目标。人格特质主要描述行为应对风格，例如热衷社交与喜欢独处，随大流与坚持原则，延迟满足与及时行乐，喜欢新鲜事物与偏好熟悉环境。从这个角度来看，人格特质最多只能被视为实现高阶动机的中介方式，而不是决定个体终极目标的因素。

- 人格特质基于个体的生理机制与神经化学，因此其可变性受限于神经可塑性。换句话说，人格特质在很大程度上是稳定的，难以改变。如果我们仅仅关注这些相对固定的特质，该如何应用这些信息呢？目前的主要做法包括增强自我认知，让个体对自身特质有所了解；与他人共享特质信息，以便在社交或工作场合设定合理预期；理论上（但实际上并不现实），基于所谓的"特质匹配"（compatibility）进行个体组合。然而，这种方法的实际效用极为有限，甚至可能弊大于利。斯坦福大学社会心理学家卡罗尔·德韦克（Carol Dweck）的研究揭示了成长型思维与固定型思维之间的显著差异，并有力证明，前者与一系列积极结果高度相关，后者则与负面结果密切相关。在此背景下，将个体划分为"固定特质"类型并向其本人及同事传递相关信息，显然是站不住脚的。
- 理解高阶动机比认识人格特质更重要。相比之下，理解个体的高阶动机才是真正掌握改变之钥的方式，原因如下：动机是一种状态，而非特质；动机并非一成不变，而是取决于个体所处的具体环境；动机因情境而变化，而非一刀切。理解个体在某个特定时间和环境下真正想要从项目、情境、工作或关系中获得什么，意味着可以更有针对性地调整角色、职责以及环境特征，以满足其情感需求。动机并非固定不变的特质，而是会随着时间和情境的变化而调整，并且可以灵活管理。更重要的是，高阶动机本质上关乎变化，是推动个人积极成长的路径。

动机是一种情感需求，理论上它可以在生命的某个阶段保持稳定，但并非必须如此。当动机长期保持稳定时，它可能表现得类似于人格特质或价值观；然而，一旦被满足，这些动机往往会引发更高层次的需求。例如，长期的社交需求可能表现为外向性；持续寻求认可与验证的需求可能表现为讨好型人格，进而与宜人性相关；对真理、真实性、意义和目标的持续追求可能与开放性相关；对安全感的长期需求可能表现为神经质。在所有情况下，真正驱动个体行为的并非人格特质，而是这些深层次的动机本身。人格特质只是个体应对机制的一种表现形式，而动机才是根本性的驱动力。

动机理论的碎片化发展

如果有一件事是明确的，那就是心理学家如何理解动机，取决于他们的理论视角。正如我们所见，进化论学者、行为主义者、精神分析学者、驱力理论家、人本主义者、人格心理学家、认知心理学家以及神经科学家，都带着各自的理论前提来看待动机的触发因素、作用机制和动态变化。因此，尽管动机理论种类繁多，但至今仍缺乏一个基于第一性原理的系统分类结构，这正是本书希望弥补的空白。

这一问题的根源在于研究视角的局限性。理论家们往往过度专注于特定领域，以至于无法看到更宏观的全貌。如果研究重点是神经学和精神病学，那么关注的动机往往与病理机制相关，例如弗洛伊德和荣格关注的潜意识冲突与心理疾病；如果研究重点是职场心理学，那么关注的动机会倾向于成就、权力、社交归属或心流体验，例如麦克利兰和契克森特米哈赖（Csikszentmihalyi）的研究；如果研究的是儿童早期发展，那么动机研究往往集中在依恋关系、共情以及忽视的影响，如鲍尔比（Bowlby）、爱斯沃思（Ainsworth）和哈洛（Harlow）的理论；此外，还涉及公平感、道德发展、身份认同和自尊，如布卢姆（Bloom）、勒纳（Lerner）、科尔伯格（Kohlberg）、埃里克森（Erikson）和阿德勒（Adler）的研究；如果研究的是杰出人才，那么关注的动机自然会集中在高阶需求，如自我实现和超越，这正是马斯洛的核心研究领域。对班杜拉（Bandura）而言，最核心的动机是自我效能（self-efficacy）；对于费斯廷格（Festinger）而言，则是社会比较。尽管这些理论对心理学发展贡献卓著，但它们只涉及动机问题的某个特定切面，无法全面刻画人类动机的整体图景。当研究目标仅限于某一具体领域时，这种局限性或许无碍，但若要绘制人类动机的全貌，这种碎片化的方法显然难以胜任。

正如前文所述，除了关注单一概念的学者之外，心理学史上还出现过"清单编制者"（list makers），即试图罗列基本动机类别的研究者。然而，迄今为止，没有任何学者基于第一性原理构建出系统化的分类框架，能够解释这些清单的收录标准或内部逻辑。威廉·詹姆斯和威廉·麦克杜格尔分别提出了16种和9种人类基本动机或本能，但未给出任何纳入或排除的原则；亨利·默里提出了更为零散的27种动机，但体系缺乏内在逻辑；马斯洛相对简洁，仅提出6种基本需求，但仍然缺乏更高阶的理论支撑；赖斯（Reiss, 2004a）提出了16种动机，可能是对詹姆斯的某种致敬。问题在于，我们最终遗留下来的是一份纷繁庞杂的"动机清单"，但并没有一套系统规则来决定哪些动机应该被纳入，哪些应该被排除。一旦纳入，这些动机应如何进行分类，以展现其内在逻辑？在缺乏第一性原理的情况下，我们无法证明任何动机体系的"完整性"或"缺失性"。

综合：高阶动机的系统化建构

21世纪，化学领域曾面临类似的困境。随着越来越多化学元素的发现，科学家迫切需要建立一套组织系统，以清晰描述元素及其关系。例如，1787年，法国化学家安托万·拉瓦锡（Antoine Lavoisier）与安托万·富克鲁瓦（Antoine Fourcroy）、吉东·莫尔沃（Guyton de Morveau）和克劳德·路易斯·贝托莱（Claude Louis Berthollet）等人合作，编制了一份仅按照单维度排列的 33 种元素清单。这一阶段的化学元素分类，正如心理学中由詹姆斯、霍妮和默里所编制的"动机清单"——它们只是简单的线性罗列，缺乏更深层次的组织结构。现代元素周期表的伟大之处，不在于它只是一个元素列表，而在于它通过三维结构，在精确排列的行列体系中，既展现了已知元素之间的关系，也预测了尚未发现的元素的存在。

"族"（纵列）的发现

在最早尝试将元素组织成有意义的排列时，德国化学家约翰·德贝赖纳（Johann Döbereiner）于 1817 年指出，许多已知元素可以根据其相似性分为三组，他将其称为"三元素组"。他发现，如果按照原子量的顺序排列三元素组中的元素，那么中间元素的性质会介于第一种元素和第三种元素之间。例如，锂、钠和钾都能与水发生剧烈反应。但在这三者中，质量最轻的锂反应较为温和，而质量最重的钾则会剧烈爆炸。此外，德贝赖纳还发现，中间元素的原子量接近第一和第三元素原子量的平均值。

德贝赖纳的研究鼓励了其他科学家进一步探索元素的化学性质与原子量之间的关联。在 19 世纪，科隆的彼得·克雷默斯（Peter Kremers）对德贝赖纳的"三元素组定律"进行了拓展，他证明某些元素可以同时属于两个垂直排列的三元素组，由此引入了第二个维度，描述了一些具有共同特征的元素族群或家族（例如，它们的原子最外层具有相同数量的电子，并形成相同类型的化学键）。这一理论后来被称为"群论"。

那么，人类的动机是否也存在类似的"群论"？经过研究，我们发现确实如此，而这种"群律"恰好反映在人类生活的四大领域之中。

          ***

  珍惜生命，它给予你爱的能力、工作的机会、游戏的乐趣，以及仰望星空的自由。

       ——亨利·范·戴克（Henry Van Dyke），
      《通往和平的小径》(*Footpaths to Peace*, 1910)

  自古以来，哲学家和诗人都在探讨个体需求与社会需求之间的张力。这一矛盾不仅构成了人类社会组织的核心问题，也是资本主义与社会主义的根本区别。事实上，在所有人类社会制度中，个体与集体的需求冲突始终存在，并决定着人类社会如何构建和运作。

  同样，人类长期以来区分物质世界与精神世界，这种二元对立构成了宗教信仰的核心。无论是摩尼教、诺斯替教派，还是犹太教、基督教、伊斯兰教、佛教、印度教，几乎所有宗教体系都包含某种形式的"光明的精神世界"与"黑暗的物质世界"之间的斗争。尽管现代科学可能不会接受其超自然的含义，但这种二分法确实为情感需求的分类提供了一种有价值的视角。在动机的分类上，我们可以将与生计相关的需求归为物质层面，涉及非物质的理想和价值观的需求则归为精神层面。这一划分反映了人类社会长期以来对现实生存与精神追求的区分，类似于经济学中的物质资本与文化资本，或心理学中的生存需求与成长需求。

"周期"的发现：动机是否也遵循类似元素八音律法则

  1864年，英国化学家约翰·纽兰兹（John Newlands）发现，如果按照原子量排列元素，每个元素的性质都会与前后相隔八位的元素惊人地相似。他将这一现象称为元素八音律法则，类似于音乐中八度音阶的周期性模式（如高音C与低音C的和谐对应）。

那么，在人类情感需求领域，是否也存在类似的元素八音律呢？

答案是肯定的！这一法则体现在人类需求的发展层次中。这一周期性规律与德国化学家德贝赖纳提出的"三元素组"不谋而合，并且与亚里士多德的三层存在模式高度契合。

1. 潜在性：尚未实现的潜能，代表可能性；
2. 行动力：将潜能转化为现实的过程；
3. 现实性：最终完成的结果，已然成型的事实。

想象一堆木板。在堆放状态下，它们拥有被建造成工具棚、狗屋、儿童游乐屋、树屋或坡道的潜能（潜在性）。当木匠开始锯木、钉钉，木材进入一个动态的转化过程（行动力）。最终，当木匠站在完成的建筑前欣赏它时，木材达到了现实性的终点（现实性）。这一层次变化不仅反映在物理世界中，也适用于人类的心理发展——从理想的萌芽，到努力奋斗的过程，再到最终实现目标的满足感。基于这一逻辑，我们可以将人类的情感需求划分为三个层次：基础型需求，关注生存、安全、稳定的基本需求（如食物、住所、安全感）；体验型需求，关注过程、成长和当下的感受（如归属感、成就感、亲密关系）；愿景型需求，关注更高层次的意义、价值和精神满足（如自我实现、超越、贡献）。[2]

"你必须先成为某种人，才能做某件事；而你必须先做某件事，才能拥有某些东西。"销售大师齐格·齐格勒（Zig Ziglar）对此曾做出经典概括，某种程度上也呼应了亚里士多德的三层次论。

最终总结

我们能否像化学元素周期表一样，建立一张"人类动机周期表"？让我们回顾一下马斯洛的需求层次理论，其中包括生理需求、安全需求、社交需求、尊重需求、自我实现需求。其中，社交、尊重显然属于社会需求，而生理需求、安全需求和自我实现需求则更倾向于个人需求。我们可以隐约察觉到这两类需求的分界，它们之间的关系并非简单并列，而是对立与张力的关系——个体的个人愿望与群体需求之间不可避免的权衡。

再来看围绕工作所发展出的动机理论，包含成就需求、自主性需求、权力需求、沉浸感（心流）等。这些需求指向物质世界中的目标——能力、权力、专注和成果的达成。然而，与之相对的，是围绕更高层次概念展开的需求，例如公平、正义、利他、伦理准则的遵循，以及超越性的追求。这一组对立体现了物质成功与精神纯粹之间的张力——个体在物质欲望与信仰和文化塑造的无形价值观之间所必须做出的抉择。综上，我们可以提炼出四大人生领域：自我（self）——个人需求，个体存在本身的需求，如安全感、自我实现；物质（material）——现实世界中的目标，如成就、权力、专注、成功；社会（social）——群体互动需求，如归属感、认可、公平、正义；精神（spiritual）——超越物质世界的价值，如道德、伦理、信仰、终极意义。

四大领域在历史智慧中的映射

在2022年的一篇文章中，我回顾了12种独特且极具影响力的理论和哲学体系，这些体系均精确地划分出相同的四大人生领域：自我、物质、社会和精神。[3] 在所有案例中，这四个领域的排列顺序始终一致——自我作为最低层次的领域，精神领域则位于人生领域的最高位置，居于最终层级。

- 心理学家威廉·詹姆斯提出了自我发展的四个层次：纯粹自我——个人的自我统一感；物质自我——对外在财富、装饰的追求；社会自我——对取悦他人、获得认可、被欣赏的需求；精神自我——对智慧、道德、宗教信仰的追求。[4]

- 人类学家理查德·施韦德（Richard Shwder）在其道德基础理论中，提出了道德原则：自主——代表自我和物质领域，强调个人权利；群体——代表社会领域，强调尊重、责任和义务；神圣性——代表精神领域，涉及圣洁、道德纯洁等概念。
- 约翰·福勒（John Fowler）的信仰阶段论（1981）、斯科特·派克（Scott Peck）的真实社区模式（1987）、约翰·费舍尔（John Fisher）的四领域模式（2011），这些理论都描述了一种去中心化的心理成长过程：自我（关注个人需求），物质（关注物质环境），社会（关注群体与共同体），精神（关注超越性价值，如神秘体验、宇宙意义）。福勒的研究尤为相关，因为他明确采用了劳伦斯·科尔伯格和埃里克·埃里克森（Erik Erikson）的发展阶段模型。相同的概念领域，以相同的顺序，也出现在赫布·谢泼德（Herb Shepherd）的四大价值观（1985）、乔治·希恩（George Sheehan）的跑步与存在模式（1977），以及史蒂芬·柯维（Stephen Covey）的自我更新的四个方向（1989）中。

第三维度的发现

你或许还记得中学化学课上学过的元素周期表，其排列方式大致如图 2-1 所示。

有趣的是，自你中学时代以来，元素周期表经历了一场悄然变革。除非你是化学家，否则可能未曾察觉——如今，元素周期表的最佳呈现方式已不再是传统的二维平面表，而是一个三维金字塔结构（见图 2-2 和图 2-3）。

没错，这个"升级版"元素周期表以三维金字塔的形式展现，其三条轴分别代表主量子数、轨道量子数和轨道磁量子数。它不仅保留了纽兰兹发现的元素八音律法则和德贝赖纳提出的"族"规律，还新增了对每种元素磁力特性的描述。

巧合的是，这一结构同样适用于描绘人类动机及其相互关系。

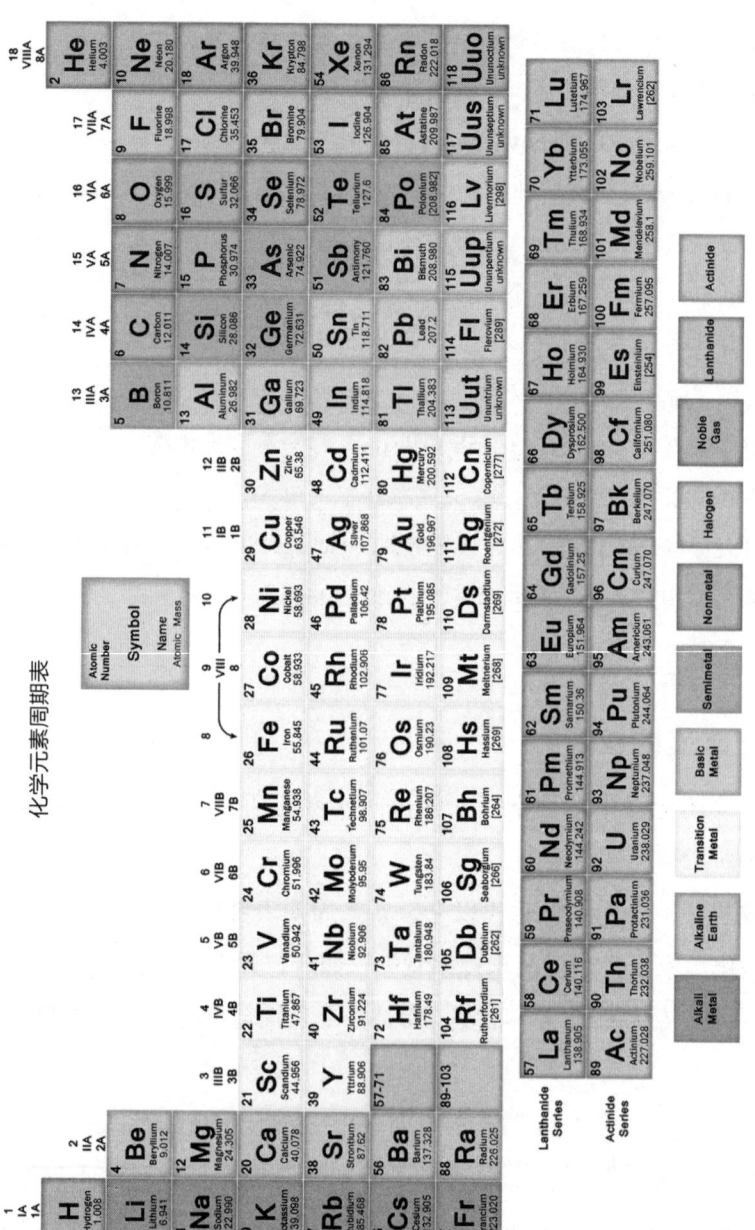

图 2-1 中学学到的化学元素周期表

资料来源:https://commons.wikimedia.org/wiki/File:Periodic_table_large.svg。

第 2 章 动机的多样性

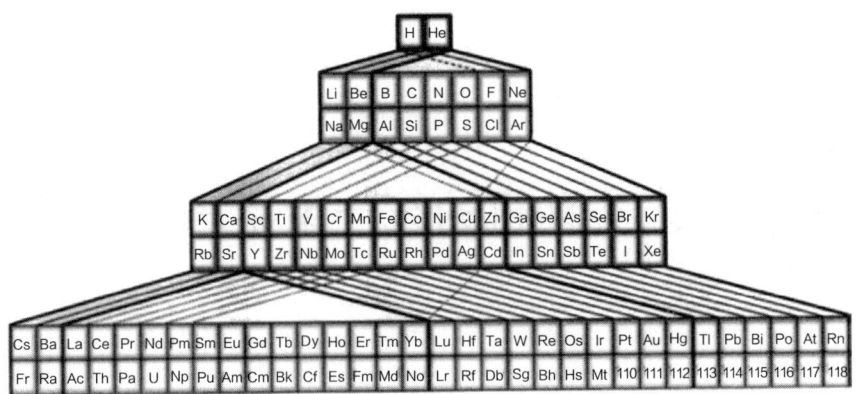

图 2-2　当前的元素周期表呈三维四面金字塔形

资料来源：Scerri, Eric R. [2020]. *The periodic table, its story and its significance*. OUP.

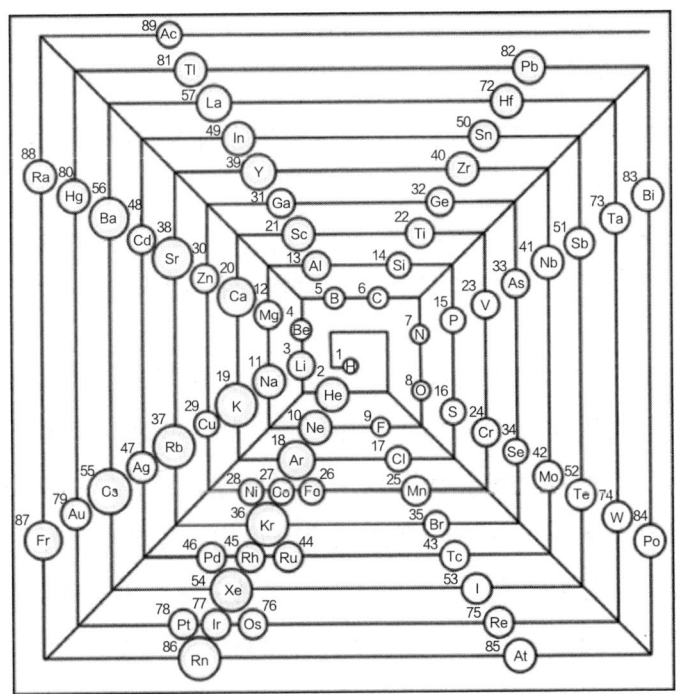

图 2-3　从顶部俯视元素周期表金字塔的视角

资料来源：https://commons.wikimedia.org/wiki/File:Periodic_system_Pyramid_format.svg。

051

第 3 章
人类动机的统一金字塔

> 我第一次看到,纷乱无序的事实开始排列成行,变得井然有序。所有杂乱无章的片段——似乎在我眼前自动归入某种体系——仿佛站在一片丛林旁,它突然化作一座规整的荷兰花园。
>
> ——C. P. 斯诺(C. P. Snow)
> 描述元素周期表时的感悟,《探索》(*The Search*)

我们提出,人类动机最精简的分类模型应呈现为一个四面金字塔,其中自我领域和社会领域分别与精神领域和物质领域相对连接。具体而言,一侧将自我与社会领域并入精神领域,另一侧则将自我与社会领域归入物质领域。在这四个领域中,较高层次的目标或成果(即较少人能达成的动机)位于金字塔的尖端,更基础的潜在需求则分布在更宽阔的底部。这一金字塔结构直观地表达了人类必须从每个领域的基本动机出发,才能逐步迈向更高层次的动机。因此,随着层级的递进,能抵达顶端的人数逐渐减少,使金字塔的形状自然收窄。[1]

过去动机理论的对照与归类

回顾各学派提出的动机理论,我们发现其中涉及的动机概念超过100种。几乎所有概念都可以归入我们提出的12个类别矩阵中的某一个单元格。

值得注意的是,每种动机都可视为一枚硬币的两面——一面是追求积极体验的"促进性动机"(promotion),另一面则是寻求摆脱消极情绪的"预防性动机"(prevention)。

实际上,许多早期理论所提出的动机,本质上只是我们12种核心动机的消极面。

- 恐惧(James, 1890),本质上只是安全感的缺失。
- 被拒绝(Murray, 1938)、好斗(James, 1890;McDougall, 1908)和复仇(Reiss, 2004a, 2004b),皆为关爱动机的反面。
- 嫉妒(James, 1890;McDougall, 1908)、竞争(James, 1890)和自卑(Murray, 1938),属于认可需求的负面表现。

我们再次回到一个核心问题:行为本身是否应被视为动机?鉴于我们的研究范畴聚焦于高阶动机,我们可以放心地排除纯粹的生物驱动因素。因此,生理本能以及单纯基于行为的动机均不在我们的讨论范围内。毕竟,任何特定行为的背后都可能有多个动机驱动,因此,行为本身并不适合作为动机的独立类别。基于这一原则,我们的矩阵排除了以下内容。

- 身体清洁(James,1890;McDougall, 1908)[2]
- 生理需求(Maslow, 1943)
- 基本生存(Max-Neef, 1991)
- 进食(Reiss, 2004)
- 狩猎(James, 1890)

- 攻击性（Dollard、Doob、Miller、Mowrer、Sears, 1939；Murray, 1938）
- 择偶（McDougall, 1908）
- 性行为（Murray, 1938）[3]

在排除了这些行为层面的概念后，我们的矩阵得以整合所有主要理论学派提出的独立动机，并在第一性原理的基础上构建了一个统一的模型（见表3-1）。

表3-1 一些常见的动机构念示例

	自我	物质	社会	精神
	潜能	成功	认可	超越*
愿景型	自我实现* 成长型思维 精熟目标 人生梦想 可能自我 智慧	成就 获取 贪婪 节约 收藏 浮夸	尊敬* 地位 尊重 敬意 顺从 荣誉	海洋般的无边感 神秘体验 追求意义 寻求目的 神圣化 祝福 救赎
	真实性	沉浸	关怀	伦理
体验型	自我认同 个人身份 社会身份 身份危机 自恋 冒名顶替者 自我协调 自我一致性 诚实 心理抗拒	心流 同化 正念 寻求刺激 创造力 自主体验 效力 参与 游戏 建设	爱* 依恋 亲密度 激情 承诺 无条件的爱 养育 求助 关爱	道德动机 后习俗道德 道德勇气 行善 美德 原则主义 利他主义 任务动机 义务论
	安全感*	自主性	归属	正义
基础型	安全 安全基地 恐惧管理 防御 信任 秩序 自尊 自信 自我肯定	能力 才能 独立 自由 内控点 自我效能 力量 好奇心	归属感* 接纳 归属 社交性 孤独感 人际联结 印象管理 模仿	公平 公正世界前提 前习俗的道德 传统的美德 程序正义 分配性正义 后果主义 功利主义

*表示包含在马斯洛需求层次理论中。

价值观与道德的关系

海特的道德基础理论。我认为，海特在传统伦理关怀（即关爱/伤害和公平/欺骗之外）提出额外的道德基石，是社会科学领域一个早该发生的理论突破。但我也认为，这一框架可以进一步拓展，甚至远超当前的范围。海特令人信服地论证了我们的道德基础建立在情感和直觉系统（即卡尼曼的系统 1）之上，并且这些道德基础是由进化塑造的，以适应小型群体内部的凝聚与合作——这种模式正是我们的祖先在小型部落或群落中生存的方式。他的社会理论应用于美国的保守派、自由派和自由意志主义者中，有效地揭示出以下模式：自由派主要强调关爱/伤害，其次是自由/压迫，并在一定程度上认可公平/欺骗，但通常对忠诚/背叛、权威/颠覆、圣洁/堕落持高度怀疑态度，认为这些维度容易导致社会排斥和威权主义；自由意志主义者几乎专注于自由/压迫，同时也认可公平/欺骗；保守派的道德重心则更均衡，六大道德基础都在他们的价值体系中占据重要地位。

需要明确的是，"保守主义""自由主义"和"自由意志主义"这些概念本身只是粗略的分类，每种意识形态内部都有诸多变体。这就是所谓的"大帐篷理论"：所有政治党派和运动本质上都是联盟。如果它们不是联盟，而是要求所有成员必须完全认同其理念，那么每个公民都可能成为一个独立的政党。因此，当海特采用自上而下的方法来分析主要政治联盟的道德基础时，他只能提炼出它们的广泛共性，无法捕捉其中的细微差别。但如果我们换个视角，采取自下而上的分析方式，从具体的微观社群入手，能否更精准地识别道德基础？

从这个角度来看，我们可以理解，社会上存在数百万甚至数十亿个微型社群，它们从家庭、亲密朋友圈等最基本的单位开始，发展出丰富多元的道德价值体系。例如：

- 生存主义者极度关注未来的生理安全（即安全需求），他们往往支持保守派。
- 有许多受音乐和艺术启发的亚文化（如朋克、哥特、死忠粉等），这些群体故意以反文化的方式穿着和文身，使他们容易相互识别。对于这些群体来说，身份和个性是核心价值，它们在亚文化的整体框架内创造出个人的解读，这与我们对真实性的需求相契合。
- 一些家庭将伟大和实现个人潜能视为最重要的价值。例如，政治世家中，美国的布什家族、肯尼迪家族、罗斯福家族、洛克菲勒家族和罗姆尼家族就是典型代表。在这些家庭中，懒散是不可接受的。这与我们实现个人潜力的需求相符合。
- 还有一些亚文化群体将个人自由或赋权看作至高无上的价值，这使得他们与自由意志主义者自然成为盟友。这些群体往往围绕个人选择问题的特定法律禁令进行聚集，比如堕胎、枪支、毒品、摩托车头盔、裸体等。这是海特所提到的自由/压迫道德基础，它与我们对自主性的需求相符。
- 一些部落群体重视全身心投入当前时刻。这些群体包括瑜伽、正念、冥想、手工艺、狂欢派对、电子游戏、虚拟现实等的爱好者。这与我们对沉浸感的需求相符。
- 有些群体把成就视为最重要的价值，这些群体包括高端俱乐部的成员、豪华社区的居民、赛船或古董车竞赛爱好者、私人飞机会员等。对他们而言，获得成功的优越感是最重要的价值。这与我们对成功的需求相符。

从社会和精神领域的角度来看，海特的其余五个道德基础可以容易地归类为以下群体。

- 一些群体将对群体的忠诚视为最重要的价值，从有组织的犯罪家庭到种族/语言/宗教认同群体，再到实际的家庭。这种价值观激发了我们观看奥运会时的爱国情感，或者听到关于军队在海外行动的新闻时的情感反应。这是海特所提到的忠诚／背叛道德基础，它与我们对归属感的需求相契合。

- 海特指出，自由主义者通常专注于关爱／伤害这一道德基础，许多社区也基于这一基础建立，尤其是那些致力于慈善捐赠和关爱行动的群体。这与我们对关爱的需求相契合。
- 有些群体从婴儿时期起便被教育要尊重所有形式的权威，他们习惯性地感谢急救人员和武装部队的服务，并称遇到的每位成年人为"先生"或"女士"。这就是海特所提到的权威／颠覆道德基础，它对应了我们对认可的需求。
- 海特的公平／欺骗道德基础等同于我们对正义的需求，许多社区正是围绕这一需求建立的，既包括支持无罪计划的群体，也有那些渴望实现私刑正义的人。
- 海特的圣洁／堕落道德基础与我们对超越的需求相契合。毫无疑问，许多群体是围绕纯洁性原则和对更高力量的奉献而组织的。

因此，道德基础实际上就是价值观，[4] 它们代表了具体的情感需求（见表 3-2），而这些需求远不止六种。我将提出一个观点，认为这些需求实际上是六种的两倍。[5]

表 3-2　作为价值观或道德基础理论的动机

	自我	物质	社会	精神
	潜能	成功	认可 *	超越
愿景型	智慧 * 智力 ** 逻辑 **	成就感 * 舒适生活 * 进取心 ** 成就 *	权威 † 服从 ** 传统 *	救赎 * 清洁 ** 圣洁 †
	真实性	沉浸	关怀	伦理
体验型	想象力 ** 心胸开阔 ** （不）遵从 *	快乐 * 美好世界 * 刺激生活 * 刺激 * 享乐主义 *	成熟的爱 * 爱 ** 宽恕 ** 关爱 †	自我控制 ** 诚实 ** 责任 ** 普遍性 * 仁慈 *

（续）

	自我	物质	社会	精神
	安全感	自主性	归属	正义
基础型	自尊 * 内在和谐 * 家庭安全 * 国家安全 * 和平世界 * 安全感 *	自由 * 能力 ** 独立 ** 勇气 ** 自我导向 ★ 权力 ★ 自由 †	真挚的友谊 * 开朗 ** 礼貌 ** 乐于助人 ** 遵从 ★ 忠诚 †	平等 * 公平 †

* 终极价值观（罗基奇）（罗基奇将"幸福"纳入终极价值观。在我看来，感到幸福只是一种非特定的正面情绪，应伴随任何需求的满足而产生。因此，幸福不被视为一种独立的价值观、需求或道德基础。）

** 工具性价值观（罗基奇）

† 道德基础理论（海特）

★ 动机价值（施瓦茨）

仅仅 12 种需求吗

你或许会问，情感满足怎么可能仅由 12 种情感需求定义？事实上，更准确的说法是，它们由 12 种正向需求和 12 种负向需求组成，总计 24 种需求。对于一个短期记忆容量仅能容纳大约 7 个要素（上下浮动两个）的物种来说，这已经是相当多的独立需求了。[6] 如果我们仅将这些需求视为二元状态，即"开启"与"关闭"或"存在"与"缺失"，尽管这显然是一种过度简化，那么所有可能的组合总数由 24 的阶乘决定（24×23×22×21……），结果是 620 万亿亿种排列。这是 620 后面跟着 20 个零的天文数字，甚至超过地球上所有水的总加仑⊖数（作为对比，地球上的水约为 326 百万亿加仑，远小于前者）。当我们意识到这 24 种需求实际上是连续的，即它们在完全"开启"和完全"关闭"

⊖ 1 加仑 ≈3.78 升。

之间存在不同程度的变化,并且这些状态始终处于动态变化中,我们便能看到,需求状态的可能组合几乎是无穷的。

统一动机模型的价值

统一动机模型(又称统一金字塔,见图3-1)为行为科学、市场营销和人力资源管理领域的理论研究者和实践者提供了诸多优势。

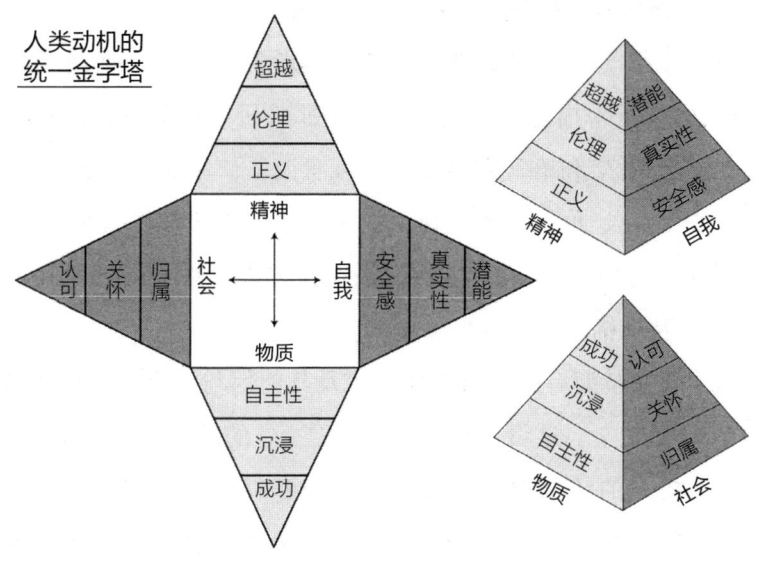

图3-1 人类动机的统一金字塔

1. 基于第一性原理(即人生领域和达成水平)的统一模型提供了对所有潜在动机的全面解释。通过明确可能性的边界,理论研究者和实践者可以轻松确定其关注的动机在整个框架中的位置——无论是从人生领域的角度,还是从达成水平的角度来看。将动机置于结构化模型中后,它们与其他动机的关系便一目了然,包括前置动机(在目标追求中先于当前动机的动机),后续动机(在目标达成后依次出现的动机),相邻动机(其他人生领域中的补充性追求),对立动机(对称性的追求,例如精神追求与物质追求)。

2. 涵盖所有第一性原理排列组合的综合模型，使理论研究者和实践者能够考虑那些最初可能未曾意识到的额外动机。如同元素周期表，一个全面的模型能够帮助识别那些理论上存在但尚未定义的动机。例如，当我们假设新的达成层级或发现新的人生领域时，该模型可以预测可能存在的动机。从实践角度来看，一个全面的模型使我们能够在探讨动机问题时确信所有潜在答案都已被考虑。明确哪些动机不存在，与确定哪些动机存在同样重要。只有事先定义完整的"竞赛场地"，我们才能确保所有动机都有机会被纳入考量。

3. 统一模型为理论研究者和实践者提供了一个通用框架，并采用公认的术语来描述各类动机。对于那些研究相关或相似概念的人而言，统一的框架和语言有助于避免概念混淆，例如员工敬业度、目标、领导力、文化、价值观和主观幸福感等领域长期存在的术语混用问题。此外，统一的框架和语言能够提高交流的准确性，促进对动机过程及其影响的精准描述，从而加深理解。

4. 统一模型有助于对个体动机及其前因与后果进行更清晰、更精确的操作性定义。这将带来更明确、更一致的动机测量标准。

5. 模型的结构揭示了互相竞争与互补动机之间的关系。研究表明，不同人生领域的对立动机之间存在权衡。例如，物质领域与精神领域的动机之间，以及自我导向与社会导向的动机之间，往往呈现负相关。[7]这一发现为未来研究提供了丰富的方向。

6. 模型的结构也揭示了动机在需求满足过程中的逐步激活顺序。研究显示，个体的动机通常会从基础层级发展到体验层级，再进一步迈向愿景层级。此外，动机的关注点也会从"自我"与"物质"逐步向"社会"与"伦理"转移，这一过程被称为"去中心化"。例如，高神经质个体更倾向于激活基础型需求和自我导向型需求，高开放性个体更倾向于激活体验型需求，高尽责性个体更强调社会和精神需求。从这一角度来看，高神经质个体在情感成熟度上低于高开放性或高尽责性个体。

统一金字塔模型中的发展进程

从发展的角度来看，我们发现自我领域是四大领域中最以自我为中心、最缺乏"去中心化"的。在此基础上，物质领域的动机要求个体与外部的物理环境互动并施加影响，以满足自身需求。皮亚杰等人曾描述过，一个关键的认知发展里程碑便是区分"自我"与"外部物质世界"的能力。要想有效地与物质世界互动，个体必须克服完全以自我为中心的视角，进而进入具体运算阶段，此阶段的特点是具备逻辑推理能力，例如守恒性、可逆性和分类能力。社会领域的情感需求则比物质领域更进一步脱离以自我为中心。在这一层面，情感满足依赖于他人的参与与合作，而他人本身也是独立的、具有自身动机的个体。成功满足社会需求的一个基本前提是心智理论（theory of mind），即理解他人拥有独立的心理世界，并且他们的想法和意图可能与自己不同。在精神领域，动机的目标则与"自我"最为遥远，因为它超越了个人利益，而转向正义、伦理、精神蜕变（metanoia）等更高层次的价值追求。

为了更清晰地理解这些跨领域的发展进程，我们可以通过一个具体的案例——"杰夫的动机旅程"——来加以说明，从自我领域出发，探索他的成长路径。

作为一名首次养狗的人，杰夫满怀自豪和兴奋地带着小狗回到家，与家人和朋友分享喜悦。然而，刚一进门，他就意识到自己还没有对家里进行防护处理。他的首要关注点是安全，于是他四处忙碌，收拾掉地上的小物件，并将化学品放到安全的位置。在这一刻，杰夫的身份首先是"保护者"。只有在确保小狗安全健康后，杰夫才会开始考虑如何按照自己的性格和风格来养育宠物，比如选择合适的训练方式、制订遛狗时间表、挑选优质狗粮等，这些决定都体现了他的真实性。

经过数年的悉心照料，小狗健康成长，杰夫逐渐成为一名经验丰富的狗主人。他开始主动学习更深入的养犬知识，不断挑战自己的极限——这便是追求个人成长的动机在发挥作用。

在物质领域，杰夫在工作中需要使用一款全新的软件，但面对陌生的工具，他感到不知所措。在最初阶段，他努力掌握基础知识、获取必要资源，并争取权限以便开始试验——这体现了自主性和掌控感的动机。经过一番摸索，杰夫渐渐熟练起来，软件带来的效率提升让他感到愉悦和专注，他进入了沉浸体验的阶段。最终，他利用该软件完成了一件出色的产品，看到成果时，他深感自豪，满足了成就感的需求。

在社会领域，杰夫换了一份新工作，进入了一家陌生的公司。第一天，他的经理带他逐一结识新同事，此时，他努力给人留下好印象，以便尽快融入新环境——他正处于寻求归属感的阶段。随着时间推移，他和一些同事成了朋友，其中一两位更是成为可以倾诉心事的亲密好友——这反映了关爱和亲密关系的需求。几年后，杰夫因可靠的工作表现和良好的人际关系，获得了晋升和更多责任，标志着他对尊重和认可的需求得到了满足。

在精神领域，杰夫得知一位同事受到了管理层的不公正对待，于是他主动找到管理层反映情况，希望伸张正义。当这件事得以解决后，杰夫开始关注公司制度中更广泛的系统性偏见，并主动与人力资源部门及管理层探讨改进措施——此时，他展现出伦理和道德动机。在积极沟通和制度优化后，杰夫逐渐认识到，这家公司不仅具有道德责任感，甚至肩负着比他最初想象的更崇高的使命。此时，他对这份工作的认同感已经超越了单纯的职业范畴，而转化为一种更高层次的精神追求——从一份工作到一份使命。

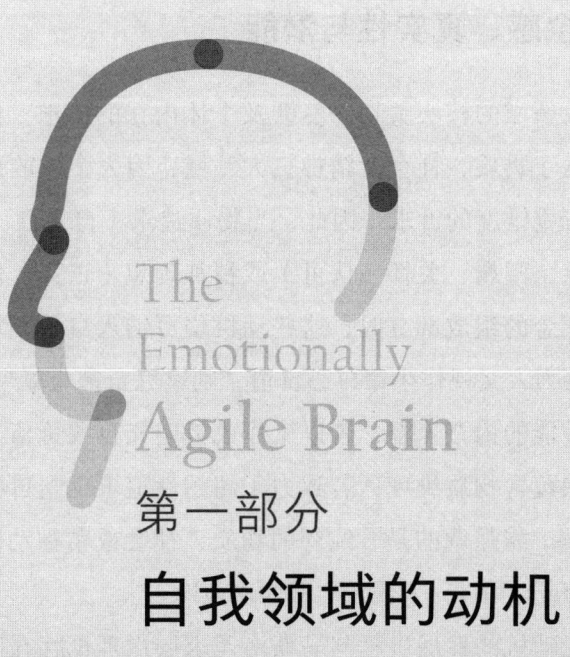

第一部分

自我领域的动机

安全感、真实性与潜能

自我领域的核心关切必然涉及个体内在的追求。然而，自我无法全然独立于物质、社会及精神三大领域，因为个体的自我概念本质融合了这三重维度的诉求。因此，当物质追求（自主性、沉浸、成功）、社会诉求（归属、关怀、认可）或精神理想（正义、伦理、超越）成为自我概念的组成部分时，这些动机均可纳入自我领域范畴。试举数例：若将为人父视作生命核心价值，则家庭亲密与凝聚力便构成安全、真实与潜能的内在诠释；若以工作成就定义自我价值，则安全与自我实现自然蕴含物质维度；若致力于超越性追求，则自我认知必然浸润精神特质。需强调的是，纯粹的物质、社会或精神动机——如追求正义、成功或认可——不属于自我领域范畴。

自我动机的发展进程与马斯洛需求层次理论存在呼应。马斯洛主张安全需求在生理需求满足后显现。本模型虽将生理需求排除在外，但认同安全需求在高层级动机中的基础地位，其重要性先于心理需求的凸显。

当个体获得相对稳定的心理安全感后，其需求转向对自我完整性的探寻，即能够在多大程度上展现多元身份特质。这种真实性需求超越种族、宗教、代际、政见、性取向等常规标签，涵盖个体所有内在特质。安全感如同同心圆涟漪：环境安全系数越高，个体越能向亲密圈层展露深层自我。在低安全感情境中，人们仅呈现表层身份特征；

唯有基于深度信任的关系，方能触及身份内核。

真实性本质是对本真自我的忠诚，即摒弃人格面具，实现内外统一。这种"完整人格"意味着个体不再因情境而切换不同的身份碎片。当内在自我与外在表现完全契合时，自我实现方具备根基。持续维护多重割裂的身份系统将阻碍成长，而全力培育统一身份的过程，必然引发不同身份维度间的张力。

完成人格整合的个体，继而开启自我潜能的全维度开发。这种马斯洛定义的"自我实现"，其实现路径取决于价值取向：既可专注物质领域臻于至善[如泰格·伍兹（Tiger Woods）的高尔夫造诣]，亦可将潜能开发与社会关怀、精神超越相融合。对多数人而言，成为"最佳自我"必然包含利他维度——正如希勒尔（Hiller）箴言所示："若我不为己，谁人为我？若我仅为己，我为何物？"最高形式的自我实现，往往体现为正义追寻者、关怀者、包容者等复合型人格的养成。

第 4 章
安全感

亚伯拉罕·马斯洛认为，最基本、最根本的需求源于匮乏，即因缺乏而产生的不安或焦虑。在本模型中，这类需求可被归类为预防性需求或缓解性需求，其满足方式主要是消除或减少负面情绪。马斯洛在其情感需求体系中，将大部分需求（如生理需求、安全需求、归属需求和尊重需求）都归入这一类别。[1] 从直觉上看，这种分类方式是合理的，但某种形式的呈现方式并不排除其他可能的逻辑结构。在我们的研究中，我们发现安全需求的两面性：一方面，人们希望消除焦虑，另一方面，他们也会不断追求更高层次的安全感。

由于安全的缺失更容易引起注意，因此我们不妨先讨论影响安全感的不同因素，即可能受到威胁并引发安全需求的各类幸福感要素。

稳态幸福感

什么是幸福感？战后人本主义心理学与积极心理学的兴起推动了主观幸福感概念的发展。而在动机理论领域，由于学者的理论取向各异，幸福感的界定方式也有所不同，比如主观健康感、主观幸福感、生活满意度。

目前，主流观点认为幸福感至少可以分为四个主要子领域：[2]

- 生理幸福感；
- 心理幸福感；
- 物质幸福感；
- 社会幸福感。

这些类别与四大人生领域（自我、物质、社会、精神）高度重合。社会幸福感在我们的模型中完全对应于"社会领域"。它涵盖了归属感、人际关系质量、社会支持系统的稳固性，以及个体在群体中的认同感。

传统上，物质幸福感主要指财务状况，即个体是否拥有足够的经济资源来维持生活。然而，这种定义带有强烈的西方文化偏见。在许多部落文化或集体主义社会中，个人财富的概念并不突出，资源往往是共享的。因此，我们建议拓展物质幸福感的定义，将其理解为人与资源的关系，而非仅仅局限于"财富"这一具体指标。即便在集体主义社会中，资源也不会被完全平等地分配，而是在高度集中或较为均衡的体系之间浮动。例如，近年来，美国社会的物质财富正呈现出日益加剧的两极分化，资源逐渐向金字塔顶端集中。因此，一个更具包容性的"物质幸福感"概念，应该能适用于各种文化背景，并涵盖从极端分层社会到共享资源社会的整个连续谱。

传统心理学往往将身体健康和心理健康作为两个独立的概念，但这一划分并不科学，甚至是有害的。大量研究表明，心理健康与生理健康密不可分，二者互相影响，无法孤立考察。例如，长期压力不仅会导致焦虑和抑郁，还会对心血管系统、免疫系统产生负面影响。反之，慢性疾病（如糖尿病、心脏病）也往往与心理健康问题（如抑郁症）高度相关。

更重要的是，我们的意识本质上只是身体运作状态的一种反映。在这一框架下，心理状态的变化（如焦虑、满足）不过是身体内部稳态系统调整的外在表现。因此，我们主张合并"心理幸福感"和"生理幸福感"，统称为"身心幸福感"。

当前主流心理学对幸福感的分类往往刻意回避"精神幸福感"，这在一定程度上反映了当代社会对"宏大叙事"的不适。无论是政治、宗教，还是哲学话题，很多领域都倾向于避免涉及终极意义的问题。[3] 然而，在某些行业或特定文化背景下，精神幸福感依然是不可或缺的维度。例如，在高风险职业（如军队、航天、医护）中，精神力量往往被认为是心理韧性的关键来源。

美国爱德华兹空军基地（Edwards Air Force Base）推出了"四维幸福感"（four dimensions of wellness，4DW）体系，其中"精神幸福感"被放在首位："精神幸福感"——精神力量是一种内在驱动力，使我们愿意为他人、国家及更大的善做出牺牲。这种力量可能来自宗教信仰、文化传统、人生经历、社区影响、榜样作用，或其他灵感来源。[4] 4DW 体系中的其他三大幸福感维度分别为社会幸福感、心理幸福感和生理幸福感，与本模型高度吻合。

搜索一下可以快速发现，有无数个关于幸福感的维度分类，它们的数量和要素各不相同。然而，这些分类基本会包括自我（以情绪、身体、身心、智力等形式表达）、物质（如财务、职业或环境）、社会（几乎所有分类都会涉及）和精神（大多数分类也包含，但通常不会被进一步细分）。

为了保持一致性和简洁性，我们可以将幸福感的四个维度定义为与本研究所提出的四大人生领域相对应。一般而言，对安全感的需求主要来自对幸福感的威胁，而这些威胁可以源自这四个领域中的任何一个或多个。

心理安全感

心理安全感作为研究主题，始于20世纪90年代，并在近年来备受关注，特别是在多元化、公平性和包容性等议题日益受到重视的背景下。该术语最早由组织研究者埃德加·沙因（Edgar Schein）和沃伦·本尼斯（Warren Bennis）于1965年提出，定义为降低群体内部的社会风险（如对被拒绝或排斥的恐惧）的一种群体效应。到了20世纪80年代，一系列影响深远的失败事件（如猪湾事件、美国汽车制造商的市场份额被日本蚕食、哥伦比亚号航天飞机灾难）凸显了心理安全感不足所带来的严重后果。人们因为害怕表达不同意见，最终酿成了生命和经济的损失。正是在这样的背景下，耶鲁大学社会心理学家欧文·贾尼斯（Irving Janis）于1982年出版了经典著作《小集团思维》（*Groupthink*），系统分析了"高度凝聚、顺从性强的群体"在决策过程中反复出现的认知偏误。同年，管理学家 W. E. 戴明（W. E. Deming）在其《管理的十四项原则》（*14 Points of Management*）中明确建议管理者："消除恐惧，让每个人都能高效地为公司工作"（p.23）。

有趣的是，尽管"心理安全感"这个概念本质上是心理学的范畴，但在组织行为学的研究中，它往往被视为一种社会学现象。根据这一观点，心理安全感是群体成员基于共同经验，对群体规范及其风险后果的集体信念，因此它通常被视为群体层面的特性，而非个体层面的心理现象。然而，尽管社会结构、文化、环境等因素确实可以深刻影响个体的心理安全感，但从动机的角度来看，安全感的需求根植于个体本身，而非群体。由于对这一概念缺乏清晰界定，关于心理安全感的研究在理论发展上显得零散，提出了多种不同的角色定位，包括前因变量（输入）、中介或调节变量（过程）以及结果变量（输出）。这一发展路径类似于商学院进入心理学领域的另一大研究方向——员工敬业度，后续章节我们将对此展开讨论。

心理安全感这一相对模糊的概念被认为与多个前因变量相关，如信任水平、信息共享意愿，以及团队、领导力和组织文化的包容性和参与性特征，这些因素共同促进其形成和持续存在。同时，它还被视为多种结果变量的影响因素，如绩效水平、知识转移和创新能力。此外，心理安全感还能提升员工敬业度（当个体不感到威胁时，更能专注于工作），并促进从错误中学习（当无须掩盖失误时，更容易从中获得经验）。当心理安全感被视为一种个体层面的心理现象时，这些作用机制便显得合乎逻辑——当人们感到安全时，他们更愿意冒险，比如提出不受欢迎或具有争议的观点，因为他们较少担忧负面后果。

从概念上看，心理安全感与安全动机高度一致。[5]除了显而易见的概念和词汇上的相似性，对心理安全感的正式研究也支持了我们的核心观点，即心理安全感是个体实现自我真实性的基础条件。20世纪90年代，威廉·卡恩（William Kahn）的研究表明，心理安全感为个体提供了必要的支撑，使其能够"在身体、认知和情感层面自由表达自我"，而这正是自我真实性的核心。

心理安全感与信任

在一定程度上，心理安全感与信任存在重叠，前者通常在群体层面讨论，后者则侧重于个体层面的认知。然而，两者都围绕着风险展开：安全感的前提是个体感知到威胁、危险或不确定性，信任的本质同样基于风险——如果不存在风险，就无须信任。换言之，心理安全感的存在意味着个体所处的环境具有某种潜在风险，信任则是在这种情境下促成安全感的重要因素。二者的关系可以概括如下：在信任关系中（无论是二人关系还是群体环境），个体更容易感受到心理安全感，并因此敢于承担风险。[6]

信任感是如何形成的？在《修辞学》（*Rhetoric*，300 BCE）中，亚里士多德提出，演讲者的 Ethos（伦理或可信度）基于三个因素：首先是其智慧、能力或专业素养；其次是其道德品质或诚信；最后是其善意或仁爱，即对听众福祉的真诚关心。现代研究者借鉴了亚里士多德的见解，提出信任的形成依赖于被信任者的三个关键特质：①履行承诺的能力；②过往兑现承诺的记录；③对信任者的善意，即关心对方福祉或具备普遍的利他主义，并且不存心误导对方。

如同其他动机概念一样，信任也常被视为一种人格特质，即所谓的"倾向性信任"（dispositional trust）。研究发现，相较于难以信任他人的个体，更倾向于信任他人的人通常更快乐，也更受欢迎。然而，健康的信任并非无限制。

达马西奥提供了关于信任的神经科学视角，特别是在过度信任的问题上。他讲述了一位患有罕见遗传病——类脂质蛋白沉积症的女性患者，代号"SM"。该病会导致特定的大脑结构逐渐钙化并失去功能，而 SM 的病变首先影响了其双侧杏仁核，该结构是情绪边缘系统的关键部分。结果，她彻底失去了体验恐惧的能力。在日常生活中，SM 完全没有恐惧——她曾遭遇持刀和持枪袭击，并遭受殴打，却丝毫没有畏惧。在实验环境中，她可以毫无顾忌地触摸毒蛇和狼蛛，也能观看令人不安的画面或恐怖电影，而她的情绪始终保持平静。

值得注意的是，SM 具备正常的智力、记忆、感知和语言能力。她还能回忆起童年时对黑暗和狗的恐惧——这些恐惧发生在杏仁核受损之前。然而，成年后，她彻底丧失了恐惧体验。这一点最初是在面部表情识别实验中发现的：她能准确辨认并描绘各种情绪表情，唯独无法识别和画出"恐惧"表情。[7] 在长期的情绪追踪研究中，她从未报告过恐惧感，而她最常描述的情绪状态是"无所畏惧"。

那么，这与信任有什么关系？事实证明，恐惧能力是我们正常社交判断的重要组成部分。由于无法体验恐惧，SM 失去了区分"值得信任"和"不值得信任"的面孔的能力。在她的世界里，恐惧是不存在的，取而代之的是一种天真的信任。这种信任使她屡次陷入危险：她会主动闯入陌生人的私人空间，甚至在初次见面时毫不犹豫地触碰或拥抱对方。那次持刀威胁事件就发生在她深夜独自穿过公园时——当一个陌生男子向她招呼，她毫不迟疑地停下了脚步。此外，她多次成为诈骗的受害者，因为她无法从恐惧情绪中获得预警信号。对大多数人而言，感知危险的过程是持续的、自动的、潜意识层面的，它如同内在雷达一般，不断扫描周围环境。然而，SM 丧失了这种"恐惧的馈赠"，导致她对所有人都过度信任。

安全感与恐惧

正如前文所述，人类的福祉涵盖多个层面，舒适与不适的体验也多种多样。而任何一种福祉的潜在丧失都会引发恐惧情绪。尽管恐惧可能伴随着愤怒、悲伤或羞耻等其他负面情绪，但我们可以认为，恐惧是驱动安全需求的核心情绪。

从 SM 的案例中可以看出，恐惧在调节我们行为和环境适应方面至关重要。纽约大学的约瑟夫·勒杜和埃默里大学医学院的迈克尔·戴维斯（Michael Davis）通过实验证实了杏仁核在恐惧条件反射中的关键作用。人类和动物依赖这种机制在无须思考的情况下规避危险。他们的研究表明，若对杏仁核的基底外侧核进行损伤，未受训练的实验鼠将无法学习恐惧条件反射，而已受训的实验鼠也会丧失原有的恐惧规避行为。例如，正常情况下，实验鼠可以通过声音与电击建立条件反射，在听到特定声音时产生逃避反应。但若杏仁核相关区域受损，实验鼠既无法形成这种条件反射，也无法在听到声音时采取回避行为。

试想，你每天早晨起床、下楼、准备早餐的过程中，实际上依赖了无数自动化的恐惧反应。例如，你无须刻意思考烤面包机会变热并可能烫伤你的手；你知道下楼梯时必须小心，否则会跌倒；你本能地避免食用变质食物，以防生病；你不会轻易在浴缸里使用电器，也知道刀叉需要远离眼睛……所有这些认知，都是恐惧条件反射的成果。而上述例子仅限于物质层面的安全需求，更不用说社交、心理乃至精神层面的安全感了。恐惧不仅是生存本能，更是保障安全、塑造行为的重要驱动力。考虑到人类面临的威胁不仅限于物理层面，还涉及自我认同、个体潜能的受挫，社会层面的排斥、拒绝和羞辱，以及精神层面的不公、不道德与物质主义。因此，安全需求实际上标志着所有其他目标状态可能遭受的威胁，而支撑这一需求的神经机制，却隐藏在看似微不足道的"杏仁状"的杏仁核中。

马斯洛与安全需求

马斯洛在讨论安全需求时，使用了多个近义词来阐释这一概念。他认为安全需求本质上是对"无恐惧、无焦虑"状态的追求，并列举了满足这种需求的条件，如安全感、稳定性、保护、结构、秩序、法律、规则等。按照他的理论，在基本生理需求得到满足之后，安全需求便成为主导个体行为的核心动机，直至获得满足。在这一过程中，个体甚至会暂时忽略其他需求，变成一个全然专注于"寻求安全"的生物体。马斯洛举例指出，幼儿在面对危险时会本能地依附父母，寻求保护，同时通过自我安抚行为来缓解焦虑。这种依恋行为，实际上构成了人类安全需求的原型。人类成长与教育的核心目标之一，就是学会控制和抑制这种天生的安全需求。然而，当个体在成年后仍无法有效抑制对安全的极端需求时，可能会导致焦虑或抑郁等心理问题。数据显示，在美国，18~25 岁人群的抑郁症患病率最高——19% 的人报告在过去一年中经历过一次严重的抑郁发作。[8] 而焦虑与抑郁密切相关，从临床角度来看，焦虑本质上就是恐惧的另一种表现。

马斯洛进一步指出，人类为降低或消除恐惧，会无意识地调动一系列应对机制。例如,在政治层面,每当社会动荡、暴力事件频发时,民众对"恢复法律与秩序"的呼声便会达到峰值,因为他们希望消除混乱,重建熟悉而可预测的社会秩序。儿童的成长经历同样印证了这一点——他们对稳定和规律性的需求极为强烈,而在无序、混乱的家庭环境中成长的孩子往往会感到恐惧。因此,人类对熟悉事物的偏好,或许正是源于安全需求的驱动。社会心理学研究表明,即便是毫无意义的几何图形,人们仍然倾向于选择自己熟悉的形状,因为熟悉意味着可知,从而带来更低的威胁感。

马斯洛还指出,神经质人格(即高焦虑特质)实质上是个体恐惧管理能力受限的表现,使其仍停留在幼年时期的应对模式。某些形式的强迫症,在他看来,正是一种特定的策略,用以应对无法控制的恐惧。强迫症患者试图通过一系列日常仪式来掌控自己的命运,精心布置周围环境,企图彻底消除突发事件的可能性。然而,在马斯洛看来,这种对世界可预测性的极端追求,不过是人类对熟悉事物天生偏好的病态放大。

恐惧的增长

在过去的几代人中,个体可以选择在稳定的企业或工会保护下工作,享受全面的健康保险、固定收益养老金计划以及其他形式的保障和稳定。然而,如今,这样的安排已不再惠及大众。或许并不难理解,美国乃至全球范围内的肥胖危机,正是一个社会在安全基础被逐步削弱后,人们持续寻求自我安慰的表现。值得注意的是,近年来强迫症的诊断率也在大幅上升。[9]

马斯洛认为,信仰在某种程度上也能提供类似的功能。它帮助人们在混乱无序的世界中建立一套理解和解释体系,为生命赋予意义,特别是在其他所有支撑崩塌时。对此,盖洛普民意调查提供了一些背景数据:20世纪30~80年代中期,美国的宗教信仰人数和参与度一直保持在 70% 以上的高水平。然而，自那以后，这一比例急剧下降，[10] 如今仅剩少数人仍然保持宗教信仰或定期参与宗教活动。千禧一代的宗教参与度尤其低，其宗教认同感比 20 年前同年龄段的 X 世代低了 20 个百分点。

在缺乏职业保障、稳定退休计划以及信仰慰藉的情况下，许多人不得不转向其他手段来应对恐惧。不幸的是，其中不少人选择了药物。已有大量研究表明，恐惧（或临床术语中的"压力"）与成瘾风险及复发高度相关。美国疾病控制与预防中心数据显示，自 1999 年以来，因药物过量导致的死亡人数增长了 400%，每年有 1000 万美国人滥用阿片类药物。所谓"独自面对现实"，似乎并未带来更好的结果。

安全需求的关联因素

正如第 1 章关于动机的两极性所讨论的，为了全面评估动机，我们需要分别考察动机的"正反两面"。因此，我们的研究采用了双重测量方式：既评估个体在某项动机上的积极追求程度（即促进需求的强度），也评估其消极规避程度（即对消极情绪缓解的需求强度）。这种方法使我们能够从不同的角度分析数据——既可以将正反两面合并为该动机的整体强度，也可以分别分析两者的独立作用。每种分析方式各有优劣，为了更清晰地展现不同的模式，我们在本节将促进需求和缓解需求分开讨论。

对恐惧的缓解需求。当我们考察缓解恐惧的核心关联因素时，可以将其归纳为三个主要维度：个体自身、物质状况和精神信仰。虽然在社交领域也存在一些显著关联，但总体来看，社交需求与个体需求在一定程度上处于对立状态，这与我们的理论预测相符。

在个体维度，缓解恐惧需求与一系列心理健康相关因素高度相关，包括对自己及家人心理健康的担忧、较高的压力水平、应对能力不足的感觉，以及缺乏社交支持网络的主观体验。此外，这类人群不仅压力较大，而且更容易相信"压力会对自身健康造成损害"——已有研究表明，这种信念是压力对健康影响的关键中介因素。他们还更倾向于认为自己的身体状况不佳或正在恶化，并对未来持悲观态度。同时，面对压力时，他们更可能采取否认和回避的策略。这种回避倾向会导致所谓的"动机性推理"（motivated reasoning），即为了心理上的自我保护，个体可能更容易接受阴谋论或非理性信念。

在物质维度上，缓解恐惧需求与经济不安全感和工作环境中的消极因素存在紧密联系。这种不安全感主要涉及对基本生活资源（如食品、医疗、住房和就业）的焦虑。在就业方面，这类人群往往工作满意度较低，更担心职业倦怠，认为自己缺乏足够的资源来保持高效，并且更关注工作环境中的安全问题。

在精神维度上，缓解恐惧需求与对社会机构的不信任密切相关。具体表现为，他们更倾向于认为高管薪酬过高，对管理层缺乏信任，并且较少相信雇主会真正关心员工福祉。

对更高层次安全的积极追求。当我们考察积极的安全追求（即超越恐惧缓解，主动寻求更高层次的安全感）时，虽然职业倦怠仍然是一个重要议题，但之后的模式则呈现出明显不同的特点。这表明，这类人群可能已经基本满足了其直接的安全需求，因此，他们的关注点转向了更高层次的、更抽象的安全感，例如长期稳定、社会秩序、可预测性等方面的需求。支持这一观点的证据表明，积极追求安全感与以下因素存在显著相关性：冥想练习、内在关注（如内向性）、更重视逻辑和自给自足，拒绝将回避与否认作为应对策略，同时不容易受到阴谋论的影响。

关于安全需求的其他观点

尽管我对马斯洛和达马西奥的理论尤为推崇，但许多其他学者也明确探讨了安全、保障、信心、内心平和、认可、安慰，以及远离焦虑、恐惧和忧虑的需求。

儿童探索世界的安全基地概念源于玛丽·爱斯沃思（Mary Ainsworth）的依恋理论。[11] 尽管依恋理论主要适用于社交领域，但在这里同样具有重要意义。依恋理论起源于安全理论，[12] 后者认为，儿童要想顺利成长并勇敢探索陌生环境，必须首先与照料者建立安全的依附关系。这一理论体系的核心观点在于，无论是探索物质世界、社交世界，还是构建自身认同，安全感都是一个不可或缺的起点。这一点与本书提出的动机模型高度一致，即安全需求在自我领域中优先于真实性需求，并且可能也优先于其他三种基础型需求（自主性、归属感和正义）。

欧内斯特·贝克尔（Ernest Becker）的恐惧管理理论（terror management theory, TMT）由社会心理学家杰夫·格林伯格（Jeff Greenberg）、汤姆·匹茨辛斯基（Tom Pyszczynski）和谢尔登·所罗门（Sheldon Solomon）进一步发展，主张个体对自身生存的维持是最基本的本能，任何对生存的威胁都会引发恐惧。为了应对这一恐惧，人类发展出一系列日益复杂且具有文化特异性的应对机制，例如信仰灵魂、不朽、轮回和来世。

E. 托里·希金斯的调节定向理论区分了两种不同的安全需求：消极的恐惧缓解需求，主要与焦虑和恐惧相关，体现为对外部威胁的回避；积极的安全追求，超越了基础的生存需求，体现为对更高层次安全感（如宁静、稳定）的向往。

克劳德·斯蒂尔（Claude Steele）的自我肯定理论（self-affirmation theory）则提出，个体在心理层面具有自我防御机制，其最终目标是维护自身形象的完整性、能力感和道德感。该理论认为，当个人的理想自我形象受到威胁时，会采取各种方式来修复和重建正面的自我认知。研究发现，回顾和强化个体认可的价值观（即自我肯定）

可以有效降低压力,并减轻面对自我形象威胁时的防御性反应。

过去的诸多"列举派"理论家提出了一些动机概念,与本研究中的安全动机概念相契合:

- 亨利·默里的秩序、规避伤害、规避责备和防御。
- 史蒂文·赖斯(Steven Reiss)的安全需求,他认为这一需求源自对秩序的需求。
- 曼弗雷德·马克斯-尼夫(Manfred Max-Neef)提出的保护需求。
- 埃里克·埃里克森关于希望和信任的概念。

与安全需求相关的情绪表现

当我们的情感需求得以满足,例如感受到安全或消除了不安全感,我们自然会体验到一些典型的情绪。我们将这些情绪称为"表现情绪"(presenting emotions),因为它们是情感需求满足(或受阻)的外在症状,类似于疾病的表现症状,它们并非疾病本身,而是揭示潜在状况的线索。预防性安全需求的典型表现情绪是恐惧或焦虑,这些情绪通常与回避行为相关,并伴随瞳孔放大、心率加快、手心出汗、消化减缓等交感神经系统的激活反应。相反,对更高层次的安全感的追求,则表现为对平和、宁静、安全以及完全放松的渴望,这是一种促进性的安全需求。

识别你的安全需求来源

如前所述,我们的研究始终发现个体在安全需求上存在显著区分:有些人追求更高层次的抽象安全感,有些人则面临着现实的直接威胁。这一差异在我观看关于乌克兰布恰平民惨案的新闻报道时尤为明显——

新闻画面突然被广告打断,播放的是 GEICO 的保险广告("省 15% 或更多的车险费用")和 Fisher Investments 的理财广告("客户收益提高,我们才会更好")。生命安全的威胁,与对未来财务安全的优化需求,二者同属安全需求,但性质却截然不同。

- 你在日常生活中是否常常感到身体安全?请思考你的家庭、工作环境和社区是否让你感到安心,并仔细思考你可能希望做出的改变,以增强你的身体安全感。
- 当面对威胁或潜在危险时,你通常会采取何种应对模式?请系统分析你的应激反应特征——是倾向于直面应对、主动规避,还是容易产生心理崩溃状态?
- 你采取哪些措施来保障情绪安全?思考你在人际关系中设立的边界,以及是否制订了保护心理健康的策略。
- 你是否会因不安全感而回避某些人或情境?识别那些可能源于不安全感或不适感的回避行为模式。
- 不确定性如何影响你的安全感?审视你对变化和未知的应对方式,是否存在特定类型的未知因素会显著动摇你的安全感?
- 感到不安时你会向谁寻求支持?评估你的社会支持网络,是否拥有值得信赖的可靠对象能在你脆弱时为你提供帮助。
- 你的主导倾向是追求积极成长,还是寻求从负面情绪中解脱?
- 什么能带给你安全感?如何利用这些要素来管理恐惧?
- 正念训练是应对恐惧的核心治疗工具,你认为其原因何在?正念如何帮助人们克服恐惧?

第 5 章
真实性

> 健康的真实性是一个持续地探索、自我意识的觉醒和责任承担的过程，它建立在一个不被安全需求、人际联结和自尊需求所主导的人格结构之上。（Kaufman, 2010, p.136）

从本质上说，身份认同是我们的自传式自我，是一种融合了直接经验的自我，并与关于自我的外部知识相互作用。无论身份如何形成，表达真实性的驱动力都会渗透进我们的方方面面——我们的行走方式、谈吐、写作风格、穿着打扮、绘画风格、音乐品位，甚至生活中的各种选择。正如弗兰克·西纳特拉（Frank Sinatra）所唱的那样，真实性意味着按照"我的方式"（my way）生活。

埃里克森与真实性

身份认同的概念主要源自社会心理分析学家埃里克·埃里克森的研究。他认为，身份认同是自我的基本组织原则，并且会贯穿人的一生不断发展。在埃里克森的视角下，身份认同是一个动态融合体，它由个体的记忆、社会角色、人格特质、情感需求、价值观和信念共同构成,从而塑造了每个人独特的自我意识。这一观点与神经科学的研究并不矛盾,例如安东尼奥·达马西奥所提出的观点——我们的自我是一种进化适应性机制,它建立在维持内外部平衡的"系统警报"之上,使我们能够灵活应对各种挑战。如果说达马西奥的研究揭示了自我的起源和运作机制,那么埃里克森的理论则为我们提供了关于其如何塑造人生的丰富叙述。

尽管两者的研究起点截然不同,但达马西奥和埃里克森都认同,自我运作的很大一部分是无意识的。埃里克森(1959)曾将无意识的自我描述为"更难以掌控、更具活力,同时也更具威胁性"。为支持这一观点,他引用了弗洛伊德的看法,认为身份认同来源于"许多模糊的情感力量,这些力量越是难以用语言表达,就越是强大"(p.20)。大量研究表明,我们的无意识自我影响深远。实验一再证明,我们会下意识地偏向与自己相似的人,这种相似性可以体现在个人经历、职业,甚至是对抽象艺术的偏好上。

埃里克森和达马西奥都将自我的概念追溯至威廉·詹姆斯。詹姆斯将自我描述为"主观感知中的一种充满活力的同一性与延续性",并进一步指出,它"作为我所拥有的主动性与理论性决策中最深层的原则,向我自身证明了其真实性"(James, 1920, p.200)。正是基于詹姆斯的这一用法,我们将这类动机归为"真实性"。

身份认同的组成要素

在探讨身份认同的过程中,埃里克森特别强调了识别其不同组成部分的重要性。他批评了精神病学领域的倾向,即在病例研究中忽视群体身份(如性别、世代、种族、民族、职业等)所提供的丰富背景信息,仿佛这些身份层面彼此独立,或与患者的体验、诊断和预后无关。在埃里克森看来，身份认同是多维度的，而这些群体身份不可分割地交织在个体的自我意识之中。

首先是自我认同，它赋予个体一种随时间延续的稳定感，使人们在自我体验和与他人的互动中保持基本的一致性。其次是个体认同，即个体意识到自身的独特性，与他人有所区别，拥有独特的偏好、态度、举止、风格和品位。最后是社会认同，它既包括个人的社会背景（种族、宗教、社会阶层等），也涵盖个人所扮演的社会角色及外界对其角色的期待。

在临床心理学领域，埃里克森进一步区分了身份认同的正面与负面两种维度，即符合社会期待的认同与违背社会期待的认同。他指出，身份认同往往建立在社会比较的基础上，并深受个体所归属的"内群体"或被排斥的"外群体"影响。社会地位在很大程度上决定了个体是倾向于接受社会认可的正面认同，还是反叛性地拥抱不被社会接受的负面认同。拥有强烈负面认同的个体往往表现出敌对或反社会行为。

负面认同的概念与荣格提出的"阴影自我"相呼应，即个体人格中被压抑和隐藏的负面特质。荣格认为，即便是正面的自我潜能，也可能因自卑等心理因素而被隐藏在阴影中，取而代之的是自我挫败的信念和行为。延续弗洛伊德关于"最不为人所察觉的自我部分往往最具影响力"的观点，荣格指出："每个人都背负着自己的阴影，而越是缺乏自我觉察，阴影就越黑暗、越浓重"（2003, p.81）。弗洛伊德、荣格、埃里克森乃至威廉·詹姆斯都认为，负面认同通常被个体有意识地压抑，但会在梦境中反复显现。因此，荣格和弗洛伊德都强调了自我的潜意识层面，而埃里克森进一步将负面认同扩展至社会角色的视角，认为它既可以是有意识的，也可以是无意识的。

要使身份认同发展为健康的真实性，需要将上述组成部分整合为一个统一的整体。如前所述，真正的身份认同必须建立在稳固的心理安全感之上。个体需要愿意并能够坦诚、客观地觉察自身，认识到自己的优点与缺陷，并理解这些特质如何塑造了自己的身份。一旦形成自我觉察，个体需要在自我接受和自我改变之间做出选择——要么接纳当下的自己，要么努力调整那些令自己难以接受的方面。当自我觉察与自我接受确立之后，接下来的挑战便是行为上的一致性——个体要按照自身形象与核心原则行事。这正是"正直"的本质，意指以完整、统一的方式生活。这一概念与精神领域的正义、伦理和超越需求，以及社会领域所蕴含的责任意识存在深刻联系。最后，当个体达成觉察、接受和行为一致后，最终的关键在于向外界真实呈现自我，让他人能够看到自己毫无掩饰、无伪装的内在本质。这种开放与坦诚，是通往真正亲密关系（即社会领域中的体验层次）的大门。

身份认同的发展过程

在荣格心理学中，自性化指的是个体自未分化的潜意识逐步发展为一个整合的整体的过程。埃里克森提出了社会心理发展阶段理论，认为身份认同的形成经历一系列不同的发展阶段，每个阶段都涉及特定的个体化任务。这一理论与弗洛伊德、皮亚杰、马斯洛等人的发展模型类似，也与本研究所提出的动机模型相呼应。埃里克森认为，每个阶段都由特定的冲突所定义，而每次冲突的成功解决都能推动身份认同的进一步发展。在这一过程中，个体对冲突的应对水平存在差异——成功解决冲突将强化身份认同，冲突的处理不当则可能导致个体在该发展领域中形成不充分感。尽管埃里克森的理论将这些发展阶段与特定的生命周期时期联系在一起，但本研究模型认为，这些动机（可以理解为冲突或张力）在整个生命历程中是不断出现和重复的。值得注意的是，埃里克森的社会心理发展阶段与本研究提出的动机模型在结构上存在许多相似之处。

第一阶段：信任对不信任。 埃里克森将人生的第一个发展阶段命名为信任对不信任，这一阶段与本研究模型中安全动机的基础层次相对应。他认为，这一冲突发生在出生至一岁，主要涉及个体对基本信任感的建立。在这一阶段，婴儿完全依赖照护者来满足其生存需求，包括安全保护、食物、温暖、清洁和养育。如果照护者未能稳定地提供这些基本需求，埃里克森认为，婴儿可能无法发展出对他人的信任感，这会对其未来的安全感和人际关系产生深远影响。相反，如果照护者能够给予充分的关爱和呵护，儿童就会形成对世界的信任，并在成长过程中拥有更强的安全感和稳定感。当然，信任并不是绝对的，而是存在于一个连续谱之上。按照埃里克森的理论，个体形成的信任感应与其所接受的可靠照护程度相匹配。这种信任与不信任的张力最终促使个体发展出"希望"这一核心心理特质。埃里克森的理论得到了约翰·鲍尔比（John Bowlby）和玛丽·爱斯沃思的研究支持——他们的依恋理论表明，安全的依恋关系对儿童探索环境和发展健康的人际关系至关重要。这进一步突出了信任在个体成长中的核心作用。

第二阶段：自主对羞愧/怀疑。 埃里克森将第二阶段的心理社会发展置于幼儿期，这是儿童首次依靠自身行动探索环境的时期。从心理层面来看，这一阶段标志着个体对环境控制感的萌发，表现为幼儿开始自主决定去哪里、抓取什么、把什么放入口中。如果照护者能提供安全的环境，幼儿便能在有限范围内自主做出选择，从而建立起最初的自主感。一个重要的自主表现形式体现在排泄控制上，因此如厕训练成为许多心理学研究的焦点。通过逐步掌控自身生理机能，儿童培养起独立性和自我控制感。然而，若儿童在这一过程中遭遇失败或受到过度惩罚，他们可能会体验羞愧和怀疑，从而削弱后续发展中的自主感。这种缺失可能导致成年后的固定型思维模式或外部控制点，即个体认为自身命运不受自身掌控，而是由外部环境决定。埃里克森认为，自主与羞愧/怀疑的冲突催生了意志，即在不确定环境中，个体运用意图来引导行动的能力。这一阶段与本研究模型中的自主动机相对应，它是物质领域的基础层级。

第三阶段：主动对内疚。 埃里克森将第三阶段定位于学龄前期，此时儿童首次能在与同伴的游戏互动中施加一定程度的社会影响力。他推测，儿童在这一阶段经历的核心冲突是个体主动性与群体接纳度之间的张力，而这种张力最终促使目的感的形成。埃里克森认为，儿童的社会交往起步阶段涉及一定程度的权力运作。然而，在本研究模型中，我们认为权力和影响力只是自主性、能动性和控制感的延伸，尚不足以作为独立的动机类别。我们更倾向于认为，驱动儿童初始社交互动的更基本、更明确的需求是包容感、联结感和归属感。因此，我们将归属动机作为社会领域的基础层级。只有在成功建立社会联系后，儿童才会进一步尝试将自主性延伸到社会情境中，进而发展出更复杂的社会影响力需求。

第四阶段：勤奋对自卑。 埃里克森的第四阶段对应小学阶段（约5~11岁），此时儿童开始掌握社会比较和社会评价的运作方式。具备这些新能力后，儿童能够评估自己的能力、表现和成就，并与同龄人进行比较，从而引发自豪或羞耻等情绪。随着学业和社交要求的提高，这些情绪体验将变得更加明显。那些获得来自同伴、教师和照护者的正面反馈的儿童会建立更强的自信，那些长期感受到低人一等的儿童则可能怀疑自己的能力和潜力。埃里克森所提出的"勤奋"，在本研究模型中最接近于沉浸动机，即个体对高效、有效、全身心投入地工作或游戏的需求。由于埃里克森强调社会因素在发展中的作用，他的"勤奋"概念主要关注优越或自卑表现所带来的社会情绪后果，而在本研究模型中，社会动机主要集中于社会领域，这一区别导致了模型的侧重点有所不同。

第五阶段：同一性对角色混乱。 埃里克森的第五阶段对应青春期，这是一个充满焦虑和波动的时期。他正是在描述该阶段时创造了"认同危机"这一术语，该概念已进入主流文化。和其他心理冲突一样，自我定义的过程可能成功，也可能失败。成功建立认同的个体能够发展出一个真实且稳定的自我，为他们未来的生活奠定基础；失败的个体则会形成不稳定的自我认知，进而陷入持续的角色混乱。埃里克森认为，青少年被驱动着去发展一个独立于父母的自我同一性。那些被允许进行积极探索的个体，最终会形成独特的自我身份，并成功融入社会认可的角色，顺利过渡到成年期。尽管埃里克森认为每个心理社会发展阶段都很重要，但他特别强调"自我同一性"这一阶段的核心作用，认为它为未来的经验、信念和情感的整合奠定了基础。本研究模型中的"真实性"动机，即对忠于自我的需求，与埃里克森的自我同一性发展最为接近。

第六阶段：亲密对孤独。 埃里克森的第六阶段对应成年早期，此时大多数人开始建立亲密、浪漫和关爱的关系。成功建立深层次的亲密关系为未来的长期关系（如婚姻）奠定了坚实的基础，而未能形成真正的亲密，则可能导致被拒绝和被抛弃的感受。如果个体能够成功调和亲密与孤独之间的张力，就能发展出长久而深刻的爱。埃里克森的模型认为，稳定的自我同一性是形成亲密关系的必要前提。本研究模型对此观点不持异议，但更强调归属感在亲密关系发展中的关键作用。我们认为，个体首先需要体验被包容、被联结和归属感，才能进一步发展亲密关系。因此，本研究模型将该阶段归入"社会领域"的第二层级——体验层，并定义其核心动机为关怀。

第七阶段：繁殖对停滞。 第七阶段对应成年中期（多数人生命历程中最漫长的时期），核心张力在于繁殖与停滞的对抗。繁殖体现为通过生育教养、创造恒久价值或确立超越生命局限的社会印记来实现存在意义。成功化解此张力将获得尊重感、认同感与成就感；反之则陷入意义匮乏、沉溺物质现世而无法实现自我超越。埃里克森虽将这一阶段定位为心理社会冲突（对应本模型中社会认可与尊重的需求），但其内涵已突破社会范畴，延伸至理想与原则构成的精神领域。若个体通过投身正义事业、恪守伦理准则、追寻超越性生命意义来实现，则此阶段本质上指向人类深层的心灵需求。

第八阶段：自我整合对绝望。第八阶段对应人生暮年，核心命题是对生命历程的终极回溯与意义统合。成功调和自我整合与绝望的张力将使人获得超越性智慧，从容直面死亡；若失败则滋生焦虑悔恨，或外化为愤世嫉俗，或内陷于未竟之志。由于这个阶段是时间性的，即需要回顾整个生命历程的各个方面，因此在本研究模型中，它对应于四个领域的最高阶动机，即"志向动机"：潜能需求——如果个体主要关注的是"我是否成为最好的自己"，那么这与个人成长的最高需求相对应。成就需求——如果个体关注的是物质层面的成就，如事业、财富或社会地位，那么这一需求对应于物质领域的最高追求。认可需求——如果个体更看重人际关系，那么他们的反思将集中于自己是否得到了尊重、认可、欣赏和爱。超越需求——如果个体更加关注道德价值、人生意义或更高层次的精神追求，他们的回顾则会聚焦于自己是否忠于伦理原则，并是否实现了更高使命。在理想的生命终点，一个人能够回顾自己在这四个领域中的经历，并感到满意和内心平静。从这个角度来看，自我整合的真正含义，就是在自我、物质、社会和精神四个领域中，都能够充实地度过一生，留下有价值的遗产，并在面对死亡时无怨无悔。

总结本节内容时，我们可以欣慰地发现，我们提出的动机模型与埃里克森的社会心理发展阶段在概念上高度相似。在我们的模型中，埃里克森提出的每一个发展阶段都得到了体现。尽管我们进一步细化了一些额外的动机构念，但这些动机的存在实际上在埃里克森的后期阶段中已有所暗示。此外，我们的模型在层级划分上与埃里克森的社会心理发展阶段理论基本一致，这种层级性不仅反映了个体动机的发展路径，更强调了动机之间的相互关联性。最关键的是，埃里克森的研究表明，个体的身份认同是由所有这些动机力量及其张力共同构成的，这进一步印证了我们模型中各类动机的紧密交织。

自尊与真实性

与安全感和信任类似，身份认同与自尊之间存在着较大的概念重叠。自尊不仅是安全需求与真实性需求之间的桥梁，同时也是从安全感向追求自我实现过渡的关键标志。一个人的安全需求是否得到满足，可以通过其是否对自己有积极的评价来判断。如果一个人仍在心理安全感缺失的困境中挣扎，那么几乎不可能真正认可和接纳自己。正如马斯洛所描述的，自尊与身份认同的充分表达之间存在密切联系。他最初将自尊称为"支配感"，这一术语源自他早期对动物行为的研究。马斯洛的研究发现，高自尊者与低自尊者之间的区别非常明显：高自尊者在行走、谈吐、审美、着装、社交行为等方面都展现出鲜明的特点，喜欢浓烈的食物和饮品，更愿意接受强烈、狂放甚至刺耳的音乐，在陌生人面前更随意和直接，也更容易接受陌生人的主动邀请，例如接受递来的香烟，或在未经允许的情况下让自己舒适地坐下。此外，他们在性方面也更加开放和大胆。低自尊者则往往表现出羞怯、拘谨、紧张、焦虑和过度担忧，这些特征使他们在人群中同样容易辨认。

与身份认同类似，自尊也是一种发展性特质，它并非静态存在，而是在人的各类需求活动中逐步构建、强化，或因缺乏支撑而削弱、崩塌。自尊的建立始于安全感，在此基础上，个体能够自由地展现自身独特的身份、能力和风格。随着自我表达的深化，自尊进一步推动个体追求个人精进，从而实现自我潜能，成为最好的自己。当一个人足够安全，能够真实地做自己时，他很快就会开始追求更优化的自我。这一关系已被正式研究验证，当代学者将自尊划分为两个核心维度：自我价值感，即个体对自身存在意义和价值的认可；自我掌控感，即个体对自我提升、不断优化的能力认知，即"成为最好的自己"。

自尊具有循环强化的作用——当自尊较高时，它能够不断促进个体的成长，反之，则可能导致自我贬低和消极退缩。正如马斯洛所指出的，强烈的自我价值感能够催生一种行动权利的预设，这正是物质领域中自主性的心理基础。稳定的身份认同为个体提供了自主行动的支撑，使其能够有意识地运用意志，利用自身的资源和能力，投身实践，最终实现预期目标。

在社会领域，自信则意味着个体会自然地认为自己值得被接纳和包容，而这正是社会归属需求的核心。最新研究表明，个体的自我价值感与其社会价值感密切相关，这一发现进一步印证了自尊在不同领域之间的相互作用。[1]

在精神领域，马斯洛区分了"自然主导性"与"补偿性主导性"。前者指的是真正安全、自信的个体，而后者则是因不安全感而产生的虚假支配欲，往往表现为对权力的极端渴求。在探讨自尊的深层影响时，我们关注的是真正的、稳定的自然自尊。大量研究表明，这种自尊与道德追求、正义感密切相关。相反，低自尊往往伴随不公正、不道德的行为，这一点几乎是不言而喻的。接下来，我们将探讨身份认同的另一面——其潜在的阴暗面。

真实性与自恋

研究者将自恋区分为两种类型：一种是更典型的浮夸型自恋，另一种是近年来被识别出的脆弱型自恋。两者都与低自尊和不稳定的自我认同密切相关，实际上，它们是两种不同的应对机制，旨在帮助缺乏自信的人抵御社会拒绝。

浮夸型自恋者极易辨认。他们毫不掩饰自己夸张的自我评价，甚至会自称为"稳定的天才"。这类人对成功的外在象征极度渴望，无论是豪车、奢侈服饰，还是社交媒体上的粉丝数与点赞量，都成为他们炫耀和证明自身价值的工具。他们拼命追逐名利,试图通过外界的认可填补内心的空虚,希望这些掌声和荣誉能够转化为真实的接纳、欣赏,甚至是爱。

与浮夸型自恋者不同,脆弱型自恋者在应对社会拒绝时更加隐秘低调。他们对任何可能的冒犯或批评极度敏感,时刻保持高度警惕,留意一切可能的负面社交反馈。为了维持自我保护机制,他们需要持续不断地夸赞、感谢和认可,甚至不惜刻意寻求赞美(即"钓鱼式夸奖")。这类人往往完美主义倾向明显,对自己要求极高,一旦犯错,便会陷入严苛的自我批评。这种行为模式可能源于童年时期的情感创伤,尤其是父母因失败或不完美而责备孩子,使其形成了高度防御性的心理机制。

有趣的是,无论是浮夸型自恋者还是脆弱型自恋者,都沉迷于成名致富的幻想,并且这种幻想的核心是渴望被社会认可。无论采取何种方式,自恋者都依赖他人的反馈(无论是现实的还是想象的)来定义自己的价值,这进一步凸显了动机体系中的交叉联系。

现代社会中,我们往往通过他人对我们的看法来构建自我认同。这一概念最早由乔治·赫伯特·米德(George Herbert Mead)提出,并发展为符号互动论(symbolic interactionism),即我们的身份认同建立在"站在他人视角看自己"之上。社会学家查尔斯·霍顿·库利(Charles Horton Cooley)将此称为"镜中我"(looking-glass self)。如果一个人完全缺乏"心智理论"(即理解他人有独立思想和观点的能力),那么他甚至无法形成真正的自我认知。[2] 研究表明,心智理论受损会导致患者无法意识到自己的心理疾病。只有能够站在他人角度看待自己的人,才会有能力认知并接受自我的特质、状态和身份。相比之下,具有较强自我认知能力的患者往往也具备较强的心智理论能力,这说明理解他人,才能更好地理解自己。

从前文的讨论可以看出,我们是通过与他人的互动来发展自身独立身份的。这一过程需要高度复杂的思维能力，尤其是至少第三阶层次的意向性思维。例如，当我产生"我认为我的朋友认为我喝得太多了"这样的想法时，我实际上经历了以下几个认知步骤：我认识到我的朋友有独立的思维（即他拥有自己的主观意识）；我理解他对我的观察会形成某种认知或判断（即他可能认为我喝多了）；我再将自己想象中的他对我的评价，作为塑造自我认知的依据。正是通过这样的心理运作，我们不断调整和构建自己的身份认同。令人惊叹的是，这一复杂的认知过程在人类大脑中几乎是自动完成的。我们无须刻意思考这些逻辑链条，大脑就能在日常社交互动中无意识地进行这种多层次的思维加工。这不仅符合人类的高阶认知能力，也完美契合更高层次的动机理论，即我们的行为、身份认同和社会互动，都是建立在对他人思维的理解之上的。

真实性与冒名顶替综合征

近年来，真实性需求的另一面逐渐引起关注，那就是冒名顶替综合征（imposter syndrome）。这一心理现象指的是个体尽管拥有明确的能力证据，却仍然深深怀疑自己的技能、才能或成就，并长期怀有一种非理性的恐惧——害怕自己被"揭穿"为一个"欺诈者"。这种现象不仅令人苦恼，还对动机的层级理论提出了重要挑战，因为它会抑制个体实现自我潜能的能力。

该概念最早由保利娜·克兰斯（Pauline Clance）和苏珊·艾姆斯（Suzanne Imes）于 20 世纪 70 年代末提出。她们在对 100 名高成就女性进行访谈时，发现这一现象反复出现。尽管最初这一综合征与女性联系较多，但后续研究表明，在男性中同样常见，甚至影响了多达 70% 的人。由于冒名顶替综合征的普遍性，以及它的发生对象多为高功能成年人，因此尽管它影响深远，但并未被归类为可诊断的精神障碍。

研究发现，一系列人格特质和经历与冒名顶替综合征的形成息息相关。或许可以预见，其中包括"完美主义"倾向，例如成长于高度期待的家庭环境、受到过度保护的"直升机父母"式养育，或是形成了"必须时刻完美"的心理模式。此外，还有焦虑型人格特征，如低自尊、易焦虑抑郁，以及过度自我监控，总是试图从外界的反馈中确认自身价值。最后，个体所处的环境同样至关重要，冒名顶替综合征更容易在竞争激烈、高成就导向的环境中发生，比如研究生项目或高压工作场所。所有这些因素的交织，使得一个焦虑的人在被培养成完美主义者后，再进入高度竞争的环境，几乎不可避免地会开始自我怀疑。

令人欣慰的是，无论是自恋、低自尊，还是冒名顶替综合征，所有这些问题的解决方法都指向同一个方向——真正的真实性。至少，真实性可以作为一种有效的缓解方式。我们可以借助卡罗尔·德韦克的思维理论来理解这一点：从"固定型思维"转向"成长型思维"，即从"必须完美"转变为"缺陷是学习过程中不可或缺的一部分"，这无疑是降低冒名顶替综合征的有效方法。如果从米德和库利提出的社会领域视角来看，个体越少关注他人的评价，就越能重新与真正重要的事物建立联系，那么那些引发不良应对机制的外在压力就会逐渐淡去，取而代之的是一种真正的兴趣和沉浸感，而这种沉浸感正是内在动机的核心特征。由此，个体的"自我"体验层面与"物质"领域之间形成了一种紧密联系，二者分别对应真实性和沉浸感。在接下来的讨论中，我们将进一步探讨"物质"领域，以深入理解这一联系的意义。

真实性需求的关联因素

对真实性的积极追求。当我们探讨未被满足的真实性需求时，会发现一种值得深思的模式，它恰好印证了前面的讨论。其中最显著的关联之一，是个体倾向于通过"自我分散"来应对，也就是有意识地把注意力从自身转移到外部世界，比如投入工作、沉浸于娱乐等。这种现象不难理解——如果一个人能够更好地接纳真实自我，他就不太需要通过外在事物来寻求慰藉。换句话说，真实性需求越强，人们越不用通过关注外部世界来回避内在的不安。我们的数据还揭示了一些有趣的联系。例如，真实性需求与个体对自己处理问题的信心呈现出显著的负相关性。这意味着，当人们难以与自己的真实自我建立稳固的联系时，他们往往也会缺乏应对挑战的信心。与此同时，这一需求还与"重视开朗"之间存在显著关系。众所周知，"开朗"在很多时候带有某种程度的社交性，它往往是为了迎合他人，而非完全发自内心。因此，过分强调开朗，可能恰恰反映出一个人内心深处真实性的缺失。此外，我们还发现，真实性需求未被满足的人，更倾向于关注自己的心理健康状况，这也与低自尊、抑郁及其他心理问题之间的关联性一致。进一步来看，这种未满足的真实性需求还与赌博行为和对刺激的追求存在显著关联。这两种行为，都可以被视作个体转移注意力的方式——当人们无法从真实自我中获得满足感时，他们可能会通过外在的强烈感官刺激来填补内心的空缺。这种倾向正好印证了真实性需求在个体心理机制中的重要作用。

摆脱冒名顶替综合征与从众压力。在分析与"缓解从众压力"相关的主要因素时，我们发现了三大特征群体。

第一个群体与"缓解从众压力"的最广泛的关联性体现为"缓解需求"与一般性焦虑指标之间的联系，这一发现进一步印证了真实性必须建立在安全感的基础之上。此类焦虑涵盖了对社会崩溃、经济形势恶化、工作或收入不稳定，乃至对食品与药品供应中断的担忧。此外，这一群体更容易接受阴谋论，这可被视作另一种"外归因"型的应对机制。在职场层面，他们的工作满意度较低，并且更倾向于认为雇主缺乏对员工福祉的关心。在心理层面，他们普遍承受着更高的压力，更关注自身的心理健康，容易陷入自责，甚至会采用否认现实的方式（如拒绝相信某些事情已经发生），并且在一定程度上更容易受到成瘾行为的影响。

第二个群体的特征直接呼应了我们在讨论自恋问题时提及的应对机制。数据显示，缓解从众压力的需求与对个人认可的高度重视呈现出显著相关，而这种对外在认可的渴求，正是两种类型的自恋者所共同幻想的目标。此外，这一群体在价值观上普遍不太看重"礼貌"，这同样是自恋倾向的一种表现。

第三个群体主要由那些希望"特立独行"、摆脱社会期待束缚的人构成。在这一群体中，我们观察到了与"开放性"人格特质的显著相关性。此外，这些人往往在艺术领域更为活跃，并且普遍更加重视美的价值。这一趋势表明，部分个体在寻求真实性时，倾向于通过审美体验与创造性表达来抵御社会压力，从而在更深层次上实现自我认同。

关于真实性的其他观点

在心理学研究领域，真实性作为一种基本动机早已得到广泛认可，其影响远不止埃里克森、米德、库利与马斯洛等权威人物的理论框架。

- 杰克·布雷姆的心理抗拒理论指出，个体天生具有自由自主地生活的内在驱动力。当这种自由受到压制时，就会引发一种被称为"心理抗拒"的心理状态。这种抗拒主要表现为情绪上的紧张感，促使个体采取行动以消除外界对其自由选择的阻碍，从而恢复理想中的自由状态。心理抗拒理论强调，自我是主导个人行为与决策的核心动力，这一观点与我们关于真实性动机的概念高度契合。
- 自我决定理论的核心概念之一是由爱德华·德西与理查德·瑞安提出的"认同调节"（identified regulation）。这一理论认为，某些外部动机形式实际上蕴含着向内转化为内部动机的潜在可能性。当认同调节被激活时，个体的动机在一定程度上变得内在化，并基于其自我认同的价值观与信念而行动。这种基于个人认同与价值驱动的动机模式，与我们关于真实性的理解相吻合。

- 肯农·谢尔登（Kennon Sheldon）的自洽模型（self-concordance model）源自自我决定理论，认为个体目标与自身认同的契合程度会直接影响其实现目标的持续努力，并最终带来积极的幸福感变化。该理论指出，当目标与自我认同保持一致并和谐共存时，其激励作用更为持久和强大。这一观点同样与我们关于真实性动机的概念相呼应。
- 另有一些由不同学者提出的动机理论，也与真实性动机的概念存在一定契合之处，包括：
  - 亨利·默里的需求理论中的"展示需求"（指吸引注意的需求）和"反向从众需求"（指追求独特性的需求）。
  - 威廉·麦克杜格尔的自我主张动机，强调个体表达自我、维护自我独立性的内在驱动力。

与真实性需求相关的情绪表现

当个体具有促进真实性的需求时，通常表现为对完整性和真诚的渴望，希望能够坦率地表达自己的情感，并真实地回应他人和环境。相应地，当个体具有预防真实性受损的需求时，则往往会感受到来自社会规范的束缚与压迫，体验到自身言行与内心真实信念之间的不协调。这种情绪可能表现为对强加一致性要求的人的不满，甚至是轻蔑。个体对抗不真实感的一个重要迹象是冒名顶替综合征的存在。当我们真正以自己的声音表达自我、发言和行动时，我们很少会有"伪装"或"欺骗"的感觉。因此，冒名顶替综合征的出现，往往意味着个体在真实性方面的需求尚未得到满足。

识别你对真实性的需求来源

- 你在日常互动中能在多大程度上展现真实的自己？仔细思考自己是否会根据交往对象的不同，而调整自己的行为、观点或情感。
- 哪些价值观对你真正重要？你的生活方式是否与之相符？识别自己的核心价值观，并思考当前的生活方式是否真正体现了这些价值。
- 你能否坦然表达自己的真实想法和情感？回顾自己的社交关系，思考自己是否常常需要掩饰或压抑内心的真实想法和感受。
- 最近什么时候你感到最真实？当时你在做什么？回忆那些让你感到特别真诚、最能展现自我的时刻或活动。
- 你是否因害怕被评判或拒绝，而隐藏自己身份的某些部分？思考你未曾表达的身份特质，以及促使你隐藏它们的原因。是哪些人或情境影响了你真实地做自己？
- 你可以做出哪些改变，让自己活得更真实？设想可以采取哪些实际措施，使你的外在生活更能体现你的内在价值观和信念。
- 健康的真实性建立在安全感之上，你认为这是为什么？
- 过度关注自我并不总是好事，健康的真实性与不健康的自我执着之间的区别是什么？
- 每个人在一定程度上都会面临身份的阴暗面，如自恋、冒名顶替综合征和受害者心态。你如何识别这些倾向，正视它们并加以消除？

第 6 章
潜能

与亚伯拉罕·马斯洛最相关的动机当属自我实现,即追求实现作为人类的全部潜力。[1] 正如他简明扼要地指出:

> 即使所有这些需求(生理需求、安全需求、社交需求、尊重需求)都得到了满足,我们仍然可能(如果不是总是的话)预期会有新的不满和不安感出现,除非个体正在做他自己本应做的事情。如果要让自己最终获得内心平静,一个音乐家必须创作音乐,一个艺术家必须绘画,一个诗人必须写作。一个人能够成为什么,他就应该成为什么。他必须忠于自己的本性。我们可以称这种需求为自我实现。(1943, p.377)

在此鼓励的同时,马斯洛也给出了警示:

> 如果你故意选择做一个低于自己能力的自己,我警告你,你将一生深感不幸福。(1971, p.35)

马斯洛最著名且持久的研究成果是他对一组符合自我实现标准的历史人物和现实人物的临床描述。[2] 根据他的需求层次理论,他排除了那些存在安全需求未满足的人，如表现出高度特质焦虑（即神经症）或有精神病的人，或那些爱与认可需求未得到满足的人。因此，马斯洛列出的历史人物包括一些成就卓著且广为人知的人物，如埃莉诺·罗斯福（Eleanor Roosevelt）、本杰明·富兰克林（Benjamin Franklin）、乔治·华盛顿（George Washington）、托马斯·杰斐逊（Thomas Jefferson）和亚伯拉罕·林肯（Abraham Lincoln，在他晚年）；废奴主义者弗雷德里克·道格拉斯（Frederick Douglass）、哈丽特·塔布曼（Harriet Tubman），以及出生于奴隶制下的科学家乔治·华盛顿·卡弗（George Washington Carve）；人道主义者和改革家，如阿尔贝特·施魏策尔（Albert Schweitzer）和简·亚当斯（Jane Addams）；还有一长串艺术家 [艾金斯（Eakins）、毕沙罗（Pissarro）、雷诺阿（Renoir）]，音乐家 [海顿（Haydn）、卡萨尔斯（Casals）、克莱斯勒（Kreisler）]，诗人 [济慈（Keats）、布朗宁（Browning）、拉塞尔（Russell）、惠特曼（Whitman）]，哲学家 [布伯（Buber）、铃木大拙（Suzuki Daisetsu）、爱默生（Emerson）] 和科学家 [爱因斯坦（Einstein）、希尔伯特（Hilbert）、明青格尔（Muenzinger）]。在为数不多的"极有可能"的自我实现候选人中，马斯洛列出了巴鲁赫·斯宾诺莎和威廉·詹姆斯，我们之前在探讨自我、意识、动机与情感的本质时已经接触过这两位人物。

马斯洛列出了描述自我实现者的一系列特征，这些特征往往相互交织，彼此支持并促进自我实现这一元概念。这些特征可以被区分为我们所说的四个人生领域。

自我领域中的自我实现特征

马斯洛描述自我实现者的特征首先包括存在于自我内部的倾向，即这些特征是自我生成的，而非依赖与他人、环境或理想的互动。

现实中心主义。其首要特征是比他人更有效地感知现实,从而能更准确地辨别真实意图、虚假、不诚实等。这种能力就是"穿透噪声",看清事物的真相,而不被人们希望成真的东西、恐惧的东西或自己的乐观或悲观情绪所干扰。与此相对的是典型的非自我实现者的感知模式,研究已充分证明,这种感知往往受到所谓"动机性推理"的过度影响。为了符合自己的情感需求,人们常常歪曲对现实的感知,这种现象普遍存在,且有现实后果。例如,在新冠疫情期间,这种现象会影响一个人是否愿意接种疫苗、保持社交距离或佩戴防护装备。

我们无法忽视阴谋论在当今社会中的普遍程度。

- 有些美国民众认为 COVID-19 根本不存在,或者认为新冠检测是美国政府用来在人们体内植入追踪设备的阴谋。
- 有一些"地平说者"否认地球是球形的,认为从太空拍摄的地球图像是 NASA 伪造的。
- 有人坚信 NASA 伪造了 1969 年的登月事件。
- "'9·11'阴谋论者"认为,美国历史上最严重的恐怖袭击要么是伪造的,要么即便真实发生,也是一场由影子政府策划的"内部行动"。

大量民众持有这样的信念,这一事实令许多人深感不安。我们近期进行的一项大规模、具有代表性的社会调查发现,惊人地有 20%~25% 的美国成年人相信这些阴谋论。而这些人并非隐居山洞或流浪街头的边缘群体——相反,他们受雇于中型或大型企业,拥有全职工作。

研究的首个发现是:相信某个阴谋论的人往往也会相信其他阴谋论。

相互关联的阴谋论通常围绕着相似的主题展开。

- COVID-19 相关的阴谋论往往成套出现:认为新冠疫情是骗局的人,

通常也相信新冠检测会向人体植入追踪设备。
- 政府相关的阴谋论也倾向于相互交织：相信"9·11"事件是政府策划的人，通常也会否认地球是圆的，并质疑COVID-19和登月事件的真实性。

深入分析阴谋论信奉者的个性特征，我们可以清晰地看到马斯洛提出的机制在这些人身上以相反的方式运作。预测此类信念的最关键个性特征，是个体倾向于采用逃避性应对策略来管理压力（见图6-1）。所谓逃避性应对，是指个体通过捏造虚假认知来取代令人焦虑的现实，或者借助药物等外部手段改变自身对现实的感知。这一发现极具价值——相信荒诞阴谋论的人往往会扭曲现实，以保护自身的情绪免受冲击。从这个角度来看，阴谋论的信仰实际上具有自我防御的功能：如果承认自己处于一个充满大规模疫情和恐怖主义威胁的世界会带来压力，那么认为这些威胁根本不存在反而能带来心理上的慰藉。[3] 这种自我安慰式的幻觉正是自我实现者所拒绝接受的。

图6-1　阴谋论信奉者倾向于采用逃避性应对策略来管理压力

资料来源：Clay Bennet, Christian Science Monitor.

上述内容描述了自我实现者所不采用的认知模式,那么他们又是如何感知世界的呢?马斯洛认为,自我实现者更倾向于以自然现实的方式体验世界,较少受到文化、社会和物质框架的束缚,能够更客观地理解现实本质。这种能力的根源在于,他们对未知事物的恐惧更少,因此无须依赖否认机制作为心理防御手段。他们能够坦然接受世界的变幻无常,甚至被未知事物所吸引,并对此充满好奇。正如马斯洛引用爱因斯坦的话所说:"我们所能经历的最美妙的事情,就是神秘。它是一切艺术与科学的源泉。"(p.154)然而,这种对神秘的向往,往往会让那些依赖熟悉环境来获取安全感和稳定感的大多数人感到不安甚至排斥。

非传统性。同样,由于具备更强的自我接纳能力,自我实现者往往对传统规范,例如整洁、时尚感、守时、礼貌和确定性等方面的遵循程度较低。他们在这些方面的随意态度可能会让他人感到不适,例如迟到、办公环境凌乱,或因率真和自发性言行而冒犯他人。然而,对于自我实现者而言,这些并非对他人的漠视,而是对自身的深刻接纳。他们身上带有显著的斯多葛学派的色彩,接受他人和自身的本来样貌,并不过多评判,就像接受自然现象的存在一样——没有人会因风暴的来袭或峭壁的陡峭而愤怒。

正因如此,他们对食物和饮品的选择往往不那么挑剔,也比大多数人更能坦然面对人体的自然气味和生理排泄现象。此外,自我实现者对自己的价值观、信念、目标和情感需求有清晰的认知,并且在这些因素与外界环境或人际关系发生冲突时,通常愿意摒弃虚假的社会伪装。因此,他们更偏好与同样不拘形式、不矫揉造作的人交往,因为这样可以让他们自由展现真实的自我。值得注意的是,自我实现者通常具备极高的道德标准,但他们的伦理观念有时可能与社会主流认知相悖。例如,早期废奴主义者便曾因其理念与当时的社会主流格格不入,而与同胞之间产生严重分歧。

安东尼·伯恩斯（Anthony Burns）的故事生动地说明了这一点。1853年，伯恩斯逃离奴隶制，成功抵达自由州马萨诸塞州。然而，在波士顿工作时，他被一名联邦法警依据1850年《逃亡奴隶法》（Fugitive Slave Act）逮捕，并在波士顿法庭受审。夜间，一群废奴主义者试图将他从监狱中救出，但行动被波士顿警方阻止，救援者反而遭到逮捕。最终，伯恩斯被判有罪，并由执法人员押送至一艘驶往弗吉尼亚的船上。在这一事件中，联邦法警和波士顿警方严格执行法律，体现了传统道德判断，那些试图营救伯恩斯的废奴主义者则遵循超越传统法律的伦理原则——他们愿意违反现行法律，以践行更高层次的道德信念。同样，美国许多警察杀害平民的案件，或许也可以归因于执法者固守传统规则，而未能遵循更高的伦理标准。

对新鲜感、趣味性和创造力的珍视。自我实现者往往在做任何事情时都展现出高度的创造力，他们赋予作品鲜明的个人风格。这种创造力不仅体现在传统意义上的写作或艺术领域，也渗透到生活的方方面面，例如个人风格、家居装饰、幽默感、工作方式，甚至是体育运动中的比赛风格。由于他们较少受到社会传统的束缚，因此更加无拘无束，也更容易感受到乐趣，从而让自己和身边的人都沉浸在愉悦的氛围中。

防御机制的削弱对创造力的培养至关重要，自发性、趣味性和游戏精神则进一步促进了创造力的发展。从基本原理来看，马斯洛认为这一切都源于自我实现者对世界保持的敏锐且高效的感知能力。他们的感知方式带有某种"天真"或"童真"，类似于每个人在孩童时期对世界的纯粹好奇和欣赏。而区别在于，他们并未在成长过程中，通过各种成人化的压抑手段扼杀这份童真，因此能持续保持天生的创造力。正如毕加索所说："每个孩子都是艺术家，难点在于长大后依然保持这种艺术家精神。"在马斯洛看来，自我实现者正是"生活的艺术家"，他们永远不会对大自然的奇迹感到麻木，而是终其一生都怀揣童真的敬畏之心。这样的人很容易在人群中辨识，例如，在波士顿至纽约的美铁阿西乐（Acela）特快列车上，即使已经多次乘坐，他们仍然会停下手头的工作，满怀惊奇地欣赏从斯托宁顿到吉尔福德沿海的美丽风光。

超然与隐私需求。幽默感是极为个人化的特质之一，而自我实现者在这方面往往具有独特风格。马斯洛将他们的幽默感描述为具有哲学意味的，能够从奇特的并置中发现趣味，例如胡安·米罗（Joan Miró）艺术作品中常见的欢乐与怪诞并存，或是蒙提·派森（Monty Python）式的喜剧。由于自我实现者在诸多方面与主流群体格格不入，他们往往对社交尴尬的场景感到莫大趣味，例如美剧《办公室》（*The Office*）、《消消气》（*Curb Your Enthusiasm*），克里斯托弗·格斯特（Christopher Guest）的伪纪录片电影，如《摇滚万万岁》（*This Is Spinal Tap*）、《人狗对对碰》（*Best in Show*）、《等待古夫曼》（*Waiting for Guffman*）、《风载歌行》（*A Mighty Wind*），以及内森·菲尔德（Nathan Fielder）的《救援高手》（*Nathan for You*）和《彩排》（*The Rehearsal*），还有萨莎·巴伦·科恩（Sacha Baron Cohen）的《波拉特》（*Borat*）和《布鲁诺》（*Bruno*）。这种"尴尬喜剧"（cringe comedy）的日益流行被视为人类社会的积极信号，因为它要求观众具备觉察社会惯例荒诞性的能力，而这本身就需要一定的超然态度。

马斯洛指出，自我实现者具备某种超然的品质，使他们能够在面对人生悲剧时依然坚韧不屈。他推测，这或许源于他们能够依赖自己的认知来解读事件，而非依靠他人对他们的看法（即所谓的"镜中我"）。如前所述，这类人天生充满好奇心，并且不畏未知，因此在很大程度上能够免于极端焦虑、抑郁或自杀倾向。从某种角度看，他们对外界评价的漠视可能与孤独症谱系障碍有些相似，甚至可能显得冷漠甚至傲慢。然而，正因其对外界的依赖较少，他们往往喜欢独处，并珍惜能够独享时光的机会。

自我超越。尽管在"自我"领域讨论自我超越似乎有些矛盾，但事实上，自我本身具备被超越的特性。在其他三个人生领域中，都存在超越自我的可能性。

自我实现者通常更有能力，也更愿意去体验各种形式的自我超越。

- 在物质领域，自我超越发生在完全沉浸于工作或游戏的"心流"状态。在这一过程中，个体完全丧失自我意识和时间感，专注于手头的活动。
- 在社交领域，当人们"迷失"于人群之中时，也会经历自我超越。法国心理学家古斯塔夫·勒庞（Gustave Le Bon）将这一现象描述为"去个体化"（deindividuation），即在群体环境中丧失自我意识。这种体验可能是愉悦的，例如在音乐节上沉浸其中，也可能是破坏性的，例如在失控的暴民行动中，我们在美国国会骚乱事件中便目睹了这一点。此外，在亲密关系中，自我也可能被超越——当伴侣之间的边界逐渐模糊，彼此仿佛成为对方的补充和延续，形成一个完整的整体。
- 最终，在精神领域中，自我可以通过多种重要方式实现超越，包括为了原则而进行的自我牺牲式的利他行为；进入超越自我的维度，如梦境、回忆、想象，或超自然体验；感受到所有生命或物质的相互关联性；以及与神圣存在的交流，甚至与之合一的体验。

物质领域中的自我实现特征

马斯洛关于自我实现者的多个特征与其在物质领域中的互动密切相关。这些特征通常是之前所述属性的延伸，例如超越、自我分离、卸下防御、彻底接受以及以现实为中心，并体现在对物体、环境和情境的态度上。

对自然的接受。正如前文关于非传统性的部分所述，自我实现者倾向于接受世界本来的样子，包括自身、他人以及将他们联系在一起的伦理关系。这种接受也使他们能够坦然面对自然界的各种现象。尽管人们与自然的互动大多是积极的，容易激发他们的新鲜感和欣赏能力，但自然并非总是温和友善的。自我实现者同样要接受自然的阴暗面，例如疾病、残疾和死亡。伊丽莎白·库布勒－罗斯（Elizabeth Kübler-Ross）提出的悲伤五阶段——否认、愤怒、讨价还价、抑郁和接受——恰好以自我实现者少有的"否认"开始，以他们典型的"接受"结束。他们视疾病、残疾和死亡为生命的一部分，并坦然面对这些现实。

以问题为中心。作为彻底接受现实的另一种体现，自我实现者往往专注于问题本身，而不是沉溺于自我。这种应对方式通常被认为是心理上最健康的方式。顾名思义，这种应对方式强调接受客观现实，并将个人视为自主的个体，调动自身资源，把精力投入对现实问题的建设性解决之中。

应对策略。先前已探讨过"地平说者""'9·11'阴谋论者"等群体所采用的回避或否认型应对策略所带来的问题。除此之外，还有其他更为健康的应对方式。例如，一些人会寻求社交和情感支持，将注意力转向他人，这种策略通常被认为较为积极，因为它涉及社会领域的互动。另外，一些人会尝试寻找问题的意义，扩展问题的背景，或者诉诸精神信仰以寻求慰藉，这些方法都与精神领域的探索有关，并被认为是相对健康的应对策略。

自主性。自我实现者通常意志坚定，主动掌控自己的命运，展现出朱利安·罗特（Julian Rotter）所定义的"内部控制点"。他们相信自己的行为决定了最终的结果，并愿意承担相应的责任。这与那些深受社交媒体和文化宣传影响的阴谋论信奉者形成鲜明对比。自我实现者往往独立于社会和文化环境，不随波逐流，而是依据自身的价值观和可能性来定义理想的目标状态。之所以能做到这一点，是因为他们的基本需求已被稳定满足，使其免于过多关注世俗事务，从而能够专注于更高层次的自我成长需求。

沉浸体验。如前文关于自我超越部分所述，自我实现者的一大特征是能够全身心投入工作或娱乐之中，以至于暂时忘却自我。马斯洛将这种体验称为"神秘体验"或"高峰体验"，并对其定义极为广泛，使其涵盖社交（包括性体验）和精神领域的活动。在物质领域中，更准确的描述可能是米哈里·契克森米哈赖（Mihaly Csikszentmihalyi）提出的心流状态，即个体在高度专注与完全沉浸的情况下，进入一种高度投入、高度产出的心境，从而提升表现和生产力。

但完全沉浸于这种状态也可能带来一些不利影响，例如过度集中注意力，导致深思入迷、心不在焉、健忘等表现。因此，自我实现者可能会不时陷入某种"沉思恍惚"，表现出某种程度的漫不经心。

社会领域中的自我实现特征

马斯洛关于自我实现的特征同样延伸至社会领域，即人与人之间的关系世界。

社会共同感（Gemeinschaftsgefühl）。这一带有异国情调的德语单词最早由阿尔弗雷德·阿德勒（Alfred Adler）提出，马斯洛对其推崇备至，并在阿德勒移居美国后，曾定期拜访他在曼哈顿格拉梅西公园酒店的寓所。Gemeinschaftsgefühl 直译为"社会兴趣"或"社区感"，可视为归属与接纳动机的体现，是社会领域活动的基础。在马斯洛的理论中，这一概念不仅涵盖个人的人际联结需求，还进一步延伸为一种对整个人类的善意态度，即"视所有人为一个大家庭的成员"（1954，p.165）。这种亲缘感源自他们对自我与他人的彻底接受，以及他们对于不同群体和历史变迁的广阔视角。阿德勒将这种情感描述为一种富有同情心的保护意识，类似于兄长对弟弟妹妹的关怀，而非长辈对晚辈的俯视。

深厚的人际关系。 如前所述，自我实现者具备高度沉浸于各类体验的能力，其中之一便是在深厚的人际关系中"忘我"。在现代文化中，这种关系常被浪漫化为"同频共振的两颗心"。马斯洛称之为"融合"或"自我边界的消融"。然而，他进一步指出，这种关系仅在双方皆为自我实现者时才可能真正达成，而现实中此类个体相对稀少。尽管如此，他们往往高度挑剔，并始终在寻找具备相似品质的伴侣。一旦成功匹配，他们便能在关系中体验到持续的高峰体验，感受到由欣赏、惊叹和敬畏交织而成的持久之爱。他们的朋友圈通常较小，但每一段友谊都极为深厚。此外，自我实现者往往会吸引一群"追随者"或"仰慕者"，对此他们虽感尴尬，但通常出于礼貌而选择容忍，以避免冒犯他人。

对他人个性的接纳。 马斯洛发现，自我实现者对伴侣的独特性表现出非凡的包容和尊重。他们以伴侣的成长为荣，并视其成就为积极进步的标志。他们不会因伴侣的成功而感觉受到威胁，也不会对其成就心生嫉妒，反而会欣然接受并为其欢喜。这一特质的另一种表现形式是，他们不会对伴侣过度依赖或施加压力，而是给予对方足够的空间与自由，使其能够忠于自我。

需求的融合。 自我实现者擅长调和矛盾，他们既尊重伴侣作为独立个体的身份，同时也能在心理上与伴侣合二为一。这种"亦分亦合"的特质进一步体现在需求层次的整合上，即他们倾向于将自己与伴侣的需求体系合并为一个整体，从而达成深层次的"共享一切"关系。这种状态可以被理解为一种高度共鸣的亲密关系——"你的需求即我的需求，我的需求亦是你的需求"。

当个体的独立需求相互融合时，我们便能解决一个长期存在的问题，即如何定义对爱与亲密的需求：究竟是"去爱他人"的需求，还是"被他人所爱"的需求。

当自我与他者的界限消融，这一区分便不复存在，取而代之的是一种深刻的共情状态，在完全信任的环境下，所有自我保护的防御机制都可以彻底卸下。伴侣中一方的感受或需求，会被另一方同等地感知。当妻子感受到爱丈夫的喜悦时，丈夫在被爱中体验到的快乐也会转化为他对妻子的爱。这种现象在父母对孩子的爱中尤为明显——父母甘愿承受痛苦，以保护孩子免受伤害。从更深层次来看，这种爱需要自我超越。然而，如此深刻的爱并非毫无风险。在这种自我实现的关系中，失去伴侣意味着失去自我的一部分，因此这种亲密关系的破裂往往带来更为深远的痛苦。

乐趣。在自我超越、共同感和需求融合等沉重而深刻的概念之下，你可能会认为自我实现者的亲密关系偏向理性、克制，甚至显得沉闷。然而，事实恰恰相反。当自我防御机制降低，边界变得模糊时，爱人之间可以自由地展现自发性和乐趣。马斯洛描述这种关系时提到，它们通常是"愉悦的、幽默的、充满玩乐精神的"，而他们的性生活也常常达到极致的巅峰体验。这样的关系，绝不会枯燥无味。

精神领域中的自我实现特征

在精神领域，自我实现者真正与大众拉开了距离。马斯洛在晚年的研究中关注到，自我实现者之间也存在不同层次的差异——许多自我实现者满足于自身所达到的高度，马斯洛称他们为"仅仅是心理健康的人"。但他发现，还有一些人不满足于此，而是追求更多，体验更多。马斯洛将这些人称为"超越者"。

超越。超越者不仅是自我实现者，他们还受到驱使，渴望体验超越性的状态，并按照超越性的价值观生活。他们为人类设立了一种理想的精神标准，但也因此深受认知失调的困扰。马斯洛将这种认知失调称为"价值病理"和"超越性牢骚"（metagrumbles），其根源在于，他们深爱人类，但人类整体却无法达到他们所期望的价值标准。马斯洛认为，弥合这种鸿沟成为他们的"超越性动机"（meta-motive），即一种超越个体需求的动机。这一点与动机和价值的可互换性概念相一致，因此马斯洛也将这些超越性动机称为"存在价值"。

有趣的是，马斯洛归因于超越者的"超越性动机"直接呼应了精神领域的需求，其中包括正义、善良和意义等核心价值。这些超越性动机与我们对精神领域的概念理解一致，它们不是通往更高价值的工具性"中转站"，而是最终价值，正如罗基奇所定义的那样。

活在超越的状态中（living in a state of transcendence）。马斯洛形容超越者的语言类似诗人和神秘主义者，他们经常沉浸在狂喜般的敬畏状态。诗人兼画家威廉·布莱克（William Blake）的生活似乎完美体现了这种现象。他曾在伦敦 Peckham Rye 公园看到一棵橡树，"树枝上布满了天使，璀璨的天使之翼像星辰般闪耀。"布莱克曾问道："当太阳升起时，你难道只看到一个像金币般的圆盘吗？"然后自己回答说："不，我看到的是无数的天军，他们高呼'圣哉圣哉圣哉，全能的上帝'。"（Erdman，1965，p.555）布莱克的妻子凯瑟琳曾向客人解释他的这种超越倾向："他一直生活在天堂里。"这些描述不仅展示了超越者在平凡事物中看到神圣的能力，像先知一样体验世界，还揭示了他们的神秘体验可以是短暂的巅峰体验，也可以是持续的高原体验。他们的精神性极强，无论是否属于传统的宗教信仰。

值得一提的是，马斯洛本人也常陷入布莱克式的超然状态，他曾坦言："我常常活在柏拉图式理念的私密世界里，与柏拉图和苏格拉底交谈，试图说服斯宾诺莎和柏格森（Bergson），相反却常常因洛克（Locke）和霍布斯（Hobbes）的观点生气。我只是表面上活在这个世界里……由于我看起来像是清醒的、具有社交能力的人，甚至可以进行对话，看起来颇具学识，但随后就完全失忆了——然后我就会陷入家庭矛盾！"（1971，p.xxi）

跨领域的需求融合（emergent cross-domain motivations）。超越

者的另一个显著特点是他们超越四大领域（自我、物质、社会、精神）之间的界限，融合不同类型的需求，创造更高级的"协同需求"。例如，他们可能融合自我需求和社会需求，通过超越个人身份的界限，追求充满感恩的集体福祉；他们可能融合物质需求和精神需求，将成功定义为达成神圣的沉浸式体验（如圣洁感和正义感）。他们可能从物质世界的自然美景中汲取敬畏之情，进而激发探索、发现，甚至与自然合一的愿望。

对立统一的超越（the resolution of "opposites"）。超越者的最后一个特征是他们能够超越和调和二元对立的概念。通过采用更广阔的视角，他们进入智慧的状态，从而超越传统的二元对立，例如善与恶、正义与邪恶、美与丑、抽象与具体。他们理解所有这些二元对立都是视角局限的产物，其实它们只是同一整体的不同侧面。这一智慧体现在东方的阴阳思想和西方的卡巴拉生命之树中：看似对立的力量实际上是互补的、相互联系的、相互依存的，并且通过相互作用而共生。[4] 从哲学上看，这一概念可以与黑格尔的辩证法相对应。在这种境界下，超越者能够超越生死、超越性别、超越强弱、超越大小、超越正负，最终达到超脱琐事的宁静状态。

实现潜能与精通

当代心理学研究往往将自尊概念拆分为两个组成部分：自我价值和工具性精通。前者我们已在关于自尊与真实性的部分讨论过，而工具性精通指的是我们对自身能力和可执行事项的理解。这一概念广泛适用于矩阵中的两个单元——潜能和自主性，但也可以根据这两个动机的定义进行更清晰的界定。

"我们能做什么"这一概念实际上由两个更基础的概念组成。第一个基础概念是我们对潜能的认知，即我们当前能够做到的事情与我们潜在能够达到的状态之间的关系。这一概念具体涉及我们所处的发展轨迹——我们是仍然"有成长空间",还是已经"成为自己所能达到的全部"?实现潜能意味着成为我们"最好的自己",这是自我领域中的最高追求。

第二个基础概念则涉及我们在物质世界中的能动性,即我们在多大程度上被允许采取行动或影响事件。我们是有权运用自身能力,还是在某种程度上受到限制?这便是自主性的概念,它构成了物质领域的首要基石,我们将在下一节详细探讨这一点。

实现潜能的需求与哪些因素相关

积极的潜能追求与对限制与困境的挣脱。 与其他一些动机形成鲜明对比的是,无论是积极地追求潜能,还是试图摆脱限制与困境,这两种努力都与几乎相同的一组特征相关。从两种追求方式的相关数据来看,它们都主要集中在三个方面:现实导向、DIY 倾向以及较高年龄群体。[5]

最引人注目的研究发现之一,强有力地支持了马斯洛关于自我实现追求与现实导向紧密相关的观点。第一,研究发现,实现潜能的需求与回避型应对及对阴谋论的信仰呈显著负相关。其中,最强的相关性体现在拒绝"地平说"以及"登月造假"论调,其次是拒绝"新冠检测是植入追踪设备"的说法,以及"新冠疫情是骗局"的观点。此外,实现潜能的需求还与应对压力时容易陷入否认、逃避(包括依赖酒精或药物)的倾向呈负相关。

作为个人成长需求的有力佐证,第二个相关性体现在对 DIY 建造项目的参与,这听起来几乎像是家居建材超市家得宝(Home Depot)或劳氏(Lowe's)的广告标语:"你能做到"(You Can Do It)。该类别中的其他相关行为包括园艺、烹饪、阅读书籍和进行股票交易,所有这些都体现了个体通过挑战自我来实现成长的渴望。

第三，实现潜能的需求还与公平和社会正义问题密切相关。数据显示，这一需求与以下观点存在显著相关性：认为工人与高管的薪酬差距过大，支持工会化，认为雇主对员工的情绪状态关注不够。由于自我实现与年龄之间存在较强的关联性，我们还发现，健康状况较差或健康状况恶化的人群在追求潜能方面的相关性较高。

其他关于追求实现潜能的观点

关于实现个人潜能的需求这一概念或许始于亚伯拉罕·马斯洛，但它已被广泛接受，最初是在人本主义心理学和积极心理学领域，现如今在发展心理学、临床心理学和社会心理学中也得到了广泛认可。

- 卡萝尔·埃姆斯（Carole Ames）的精熟目标假设清晰地区分了精熟目标与表现目标。精熟目标涉及的是为提升自身能力而努力，并以内部自我标准来衡量进步。而表现目标本质上是比较性和竞争性的，其表现影响个体的自我价值感。这一区分几乎与卡罗尔·德韦克的成长型思维模式（即以精熟目标为主导的思维模式）和固定型思维模式（即以表现目标为主导的思维模式）相同。与德韦克的研究一致，证据表明采纳精熟目标与更好的教育成果、积极情绪、在挑战性情境下的坚持以及更深入的学习之间存在密切关联。同样，我们可以利用精熟目标与表现目标的区别来区分追求实现潜能的努力与追求成功的努力，后者对应物质领域中的目标取向。
- 黑兹尔·马库斯（Hazel Markus）的"可能自我"的概念与追求实现潜能的动机高度契合。该理论的核心观点是，个体的自我概念中包含了对自身可能性的认知。马库斯认为，通过突出积极的潜在可能性，并"扩展"这些可能性的正向范围，个体的"可能自我"的概念能够成为强大的激励因素，促使个体积极主动地进行发展性改变。
- 劳拉·金（Laura King）关于个人目标和人生梦想的概念同样关注对

个体潜能的激励作用，这一区分不同于西格蒙德·弗洛伊德所强调的潜意识动机。金认为，个体可以受到重要人生目标的激励，并因此产生改变自身生活的动力，这一观点与追求实现潜能的动机概念相契合。
- 除此之外，下列动机理论也与实现个人潜能的需求相一致。
  - 亨利·默里（以及近期的曼弗雷德·马克斯－尼夫）提出的对理解的需求。
  - 埃里克·埃里克森提出的智慧/自我整合阶段理论。

与潜能需求相关的情绪表现

推动性的自我实现需求，即追求充分发挥我们作为人的潜能，会表现为灵感、热情和成长的情感。这种情绪可以带来一种欣喜的无边无际、无限可能或个人扩展的感觉。预防性的潜能需求则表现为对成长受限的挫败感，通常来源于我们在工作中必须履行的烦琐职责（例如记录文档、通勤、参加无关紧要的会议等），或日常生活中的琐碎事务（例如修剪草坪、洗碗、洗衣等）。这种情绪的典型特征是，对重新步入正轨并保持持续成长的困难感到沮丧。

识别你实现自身潜能需求的来源

- 你认为自己是否在充分发挥才华和能力？思考你是否从事能够完全发挥自身优势的工作或兴趣爱好。
- 你的个人成长目标是什么？你正在采取哪些步骤来实现它们？明确你的长期目标，并思考自己是否在积极朝着它们努力。
- 你上一次学习新事物是什么时候？当时的感受如何？回顾你最近的学习经历，并思考它们对你成长的影响。

- 你是否会为自己设定个人挑战？当你完成这些挑战时，感受如何？思考你设定的挑战，以及完成它们如何影响你的自尊和成长。
- 你的生活中是否有让你感到未被满足或未能发挥全部潜力的领域？找出那些让你感到受限或"被束缚"的方面，并探究其中的原因。
- 你可以做些什么来创造更多个人成长的机会？思考可以采取哪些实际措施来促进你的个人发展。
- 要成为最好的自己，首先必须忠于自己。你认为这是为什么？
- 哪些信念在阻碍你成长为最完整的自己？
- 正如罗伯特·H.舒勒（Robert H. Schuller）曾经提出的问题："如果你知道自己不会失败，你会尝试什么？"当然，我们都知道自己的潜力是有限的。那么，你认为自己的全部潜力是什么？在此基础上，我们重新思考舒勒的问题："如果你知道自己有能力做到，你会尝试什么？"
- 当你实现了自己的全部潜力后，你会感到满足，还是会继续追求超越？

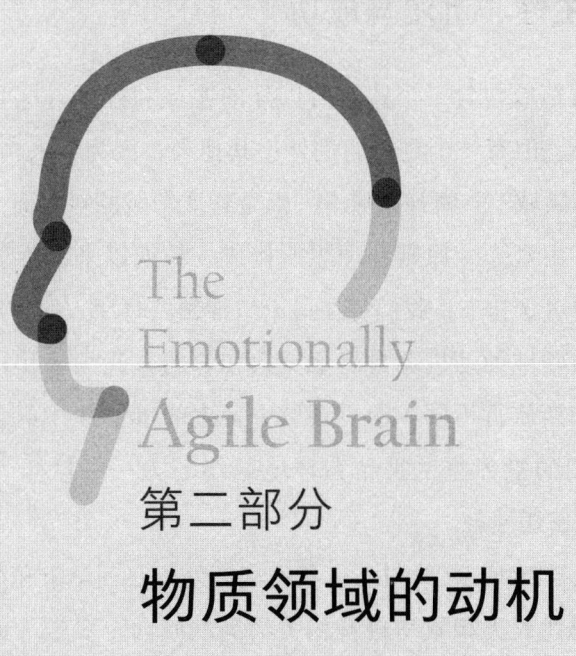

第二部分
物质领域的动机

自主性、沉浸与成功

物质领域包含了个体自身以外的愿望和挫折，这些内容存在于物理环境中，但有一个重要的例外：其他人，因为他人构成了社会领域。而剩下的领域——精神领域——则是物质领域的对立面，它属于非物质的范畴，由观念、原则和理想所构成。长期以来，哲学传统一直将物质与精神对立起来，我们将在讨论精神领域时深入探讨这一历史。

物质领域的动机会自然地流入相邻的自我领域和社会领域。与去拉斯维加斯旅行不同，物质领域中发生的事情往往不会局限于此，因为在我们的世界里，物品和环境始终与人——包括"自我"和"他者"——密切接触。

物质与自我。在物质与自我的交汇处，心理学家和社会学家长期以来一直描述人类积累与自身相关物品的倾向。罗素·贝尔克（Russell Belk）将大量研究投入到探讨物品的意义，尤其是人类倾向于将自身投射到物品中的现象。这种投射既反映又强化了个体的身份认同，从而在某种意义上实现了"延伸的自我"（extended self）。

根据贝尔克的分析，延伸的自我由个体自身及其具有自我表达意义的物品构成。典型的例子包括但不限于赠送或收到的礼物；具有收藏价值的物品；自身或伴侣的身体，尤其是通过锻炼或整形手术所改善的部分；过去或现在的住所；墓地和墓碑；珠宝；代代相传的传家宝；以及可能最重要的——金钱。除了这些典型案例之外，品牌也往往在价值观的传达中起到信号作用，它们可以传递大量关于个体世界观的信息。

物质与社会。在物质与社会的交汇处，人类学的一个完整分支专门研究物质文化，并设有专门期刊——《物质文化杂志》(Journal of Material Culture)。回顾关于真实性的讨论，我们对自我的定义可能因外在或内在因素而大相径庭，这些因素包括我们的出身、家庭、族裔、地域、喜爱的运动队和音乐人等，也包括我们的诊断类别（例如被认定为"孤独症谱系""A型人格""强迫症"等），甚至包括我们的核心价值观。无论个体选择认同何种类别，都极有可能通过物质对象以象征性的方式表现出来。当认同基础与某一社会类别相关时（如种族、阶级、性别认同、性取向等），这种象征性尤为明显。作为社会信号，物质对象往往是身份类别成员相互识别的重要标志，例如特定服饰，或从文艺青年的胡须和眼镜，到红色"MAGA"帽[一]、"惩罚者"标志，再到"细蓝线"等符号。

物质与精神。物质需求和愿望与对理想的追求之间的区别最为明显，因为理想本质上是非物质的。然而，即便在这两个"对立"领域之间，仍然存在对应关系，尤其是在符号层面，符号是抽象概念的物理表现。此类符号的例子不胜枚举，例如十字架、新月、六芒星、五芒星；太阳圆盘、生命之树、和平标志、爱心、手臂上举或下指（"上如是，下亦然"）、阴阳太极、胜利手势（V字）、"OK"手势、徽章、吊袜带、胸甲、王冠与权杖、玫瑰花等。这些皆为不可见概念的物质化表现。

物质领域的发展进程是层级化的，这与马斯洛在自我领域中的理论相一致。有趣的是，马斯洛的模型并未直接涉及物质领域的动机，这可能反映了他的人本主义与超越取向。他显然了解他的偶像威

[一] 印有特朗普的竞选口号"让美国再次伟大"。——译者注

廉·詹姆斯以及他的朋友兼同事亨利·默里所提出的物质动机理论。詹姆斯在其动机理论中提出了一系列明确的物质本能，包括贪婪、清洁、狩猎、游戏和好奇心。默里的需求系统则将物质主义视为有限类别的需求之一，并列出了与物质相关的需求，如获取、保存、秩序、保留和建造。此外，默里还提出了一系列与权力相关的需求（自主、顺从、支配等）以及与野心相关的需求（成就、优越、认可等），这些都具有明显的物质属性。由于马斯洛的研究重点是自我实现与超越，我们可以推测他对物质动机的兴趣不大。因此，描述物质领域动机的任务落在了那些更倾向于研究工作世界和组织行为的学者身上，比如戴维·麦克利兰。

物质领域是与工作和娱乐密切相关的身体和心理活动的场域。工作与娱乐的区分相对表面化，因为对许多幸运（通常是自我实现）的个体而言，这一区分几乎完全消失，他们由衷地热爱自己的工作。而对于那些不够幸运、无法消除工作与娱乐界限的人来说，物质领域中的动机表达通常因工作或娱乐的侧重不同而有所变化。在物质领域的基础层面，我们发现了对自主性的内在需求。无论是面向工作还是面向娱乐的自主性表达，都聚焦于几个相互关联的核心概念：拥有采取有效行动的能力、资源、许可及影响力——从操作重型机械的工作要求，到足球比赛中承担掷界外球的战术职责，莫不如此。在物质领域的体验层面（我们称之为"沉浸"），工作与娱乐都包含着对当下的高度专注与投入——这种状态在工作场景中通常被描述为"高效"或"生产力"，在娱乐活动中则被称为"全神贯注"或"进入状态"。在物质领域的理想层面，我们发现对物质成功、回报和成就的需求，在工作中通常表现为成就、结果、达成或收益，而在娱乐中则体现为胜利、成为冠军或凯旋。尽管表达方式因情境不同而变化，但这些动机本质上是相同的。

物质领域的基础动机是自主性需求，即拥有能力、工具和许可，以在物理世界中采取行动。一旦这一需求得到满足,个体的追求便会转向有效行动的体验,这种体验可能会有很大不同,从挫败、中断、压力和无助感,到极度的有效性、效率、生产力、专注与心流状态。这一需求即为沉浸需求,然而负责设计和定义工作的人往往忽视了这一需求。自主性需求的满足程度越高,沉浸需求得到满足的可能性就越大。这一逻辑十分清晰:如果我接受了良好的培训,拥有必要的资源和工具,并被赋予对自己工作的自主性,我自然会全身心投入工作或娱乐,并迅速进入沉浸状态。相反,如果我对如何开始感到不确定,对工具的使用感到不熟悉,或不确定自己是否有权继续进行,我就不可能进入心流状态。

在任何领域,想要取得成功,关键在于能够在工作或娱乐中"忘我"。只有摆脱自我意识与犹豫的束缚,真正的进步才能得以开始并持续下去。从这个角度来看,我们可以清楚地看到沉浸与成功之间的关系。只有当我摆脱自我怀疑的枷锁,不再受他人的限制或不被烦琐的系统与流程束缚时,我才能真正展现自己的能力。在日常表达中,我们常说"展翅高飞",这一说法恰如其分地描述了自主驱动的沉浸状态,而这种沉浸必然会带来成功的表现。

完全自主并沉浸其中的人,必定能在自身才华与能力的范围内取得成功,并获得成功的满足感。如前所述,真正有意义的成就没有捷径可走。正如我们稍后将探讨的那样,那些试图直接追求成功,而不先争取自主性与沉浸体验,[1]或不满足其他基础动机(如安全、归属感与公平)的人,往往是缺乏方向、内心不满的个体。真正的成功只能来自对所有核心需求的平衡满足,尤其依赖于自我需求与社交需求的满足。当一个人感到安全、真实,并在不断成长,物质上的成功才不会带来自我怀疑。当归属感、相互关怀与尊重的社交需求得到满足时,可持续的团队成就才更有可能实现。尽管"独行侠"可以凭借顽强的毅力取得成功,但他们的成就往往难以规模化或复制。正如东非谚语所言:"独行者步疾,结伴者行远。"

  物质领域的对立面是精神领域,但正如我们所见,随着需求金字塔向顶端收缩,对立的事物往往会趋于统一。因此,真正的成功与成就感,必然与正义、道德和使命感相辅相成。世上有无数"成功人士",无论他们的投资组合有多庞大,或有多少栋大楼镌刻着自己的名字,他们仍然无法感到满足。对于这类人来说,每一次"成功"都会带来短暂的多巴胺刺激,但这种刺激会迅速消退,让他们瞬间兴奋却毫无持久的满足感。唯有那些通过公平竞争获得的成就,那些能促进弱势群体正义、符合道德准则,并推动更高目标的实现,才能被视为真正合理且令人满足的成就。或许有"快速致富"的方法,但真正的成就感却没有捷径可走。

第 7 章
自主性

皮亚杰、维果茨基与自主性

自主性需求是指人类天生渴望能够在物质世界中采取有效行动的愿望。自主性需求的营销非常受欢迎，正如耐克的经典口号"Just Do It"（做就对了）和家得宝的"你能做到"（You Can Do It）广告所展现的那样。如前所述，马斯洛的需求金字塔中并未明确提到自主性需求，但许多其他著名的儿童发展和人本主义理论家，包括让·皮亚杰和列夫·维果茨基（Lev Vygotsky），以及受他们影响的心理学家，都在强调这一点。尽管这两位理论家的理论差异很多，但他们都强调儿童有一种基本的、天生的自主性需求。

皮亚杰和维果茨基都强调，行动在物质世界中对各种形式的智力发展，甚至是意识本身，至关重要。正如皮亚杰所说："了解一个物体就是去作用于它。了解就是改变、转变物体，并理解这个转变过程"（1964，p.176）。两人都描述了婴儿和幼儿身上所表现出的持续探索和好奇心的需求，婴幼儿本能地抓取任何身边的物体并将其放入口中，这让每个父母都感到头疼，因为他们不得不为家中的大面积区域进行"婴儿防护"。皮亚杰和维果茨基一致认为，人类的认知发展始于主动参与，而不是被动接受，这一观点当时颠覆了占主导地位的行为主义模型。[1]人类天生具有刺激、探索和学习的驱动力这一观点，已成为许多当代心理学理论（包括自我决定理论）的标准假设。神经科学也通过解释多巴胺介导的神经回路在期望和渴望奖励中的作用，进一步加深了我们对自主性需求的理解，这一系统与由血清素介导的愉悦感和由催产素介导的爱的情感是不同的。

自主性需求与精通需求

自主性需求与自我实现或精通需求之间可以做出一个重要的区分。自主性需求是基础性的和根本性的。它是与物体和物理环境互动的需求，推动着个体在各个发展阶段的成长，从感知运动阶段的抓握和口含物品，到形式运算阶段的抽象推理。实现自我潜力的需求同样涉及发展，但有两个不同之处：首先，发展的重点完全是内在的，也就是以个体为参照框架；其次，虽然渴望成为最佳自我是建立在自主行动和随之而来的认知发展之上的，但它更具目标导向性，也就是说，它专注于结果。

自主性的组成部分

能力。随着我们的成长，我们对自主性的需求并没有减少，而是从掌握爬行、走路、系鞋带等身体挑战，转向掌握工具和机器的操作，例如击打棒球或开车。步入工作世界时，对我们能力的理解（例如"我擅长与人打交道"或"我不擅长数学"）在很大程度上影响了我们对自主性的驱动力的方向和强度。心理学家卡罗尔·德韦克提出的固定型思维与成长型思维的概念在这里尤为相关。对于那些将挑战视为成长和发展技能机会的人（即成长型思维），自主性的驱动力依然强大并且集中。而对于那些倾向于将挑战视为"天生能力的考验"的人（即固定型思维），自主性需求会受到抑制，因为他们回避那些自己不确定的任务。可惜的是，这种回避的循环最终可能会限制一个人的潜力，因为他们的努力被局限在那些"确信能成功"的活动上。

从小开始，自主性需求不仅扩展到个人能力的范畴，还通过两个重要的方面扩展到社会领域：在不确定条件下探索和行动的许可与权力。

许可。正如每个家长所知道的那样，早期教育的一个重要焦点是对行动的许可。有许多物体和过程对孩子来说过于危险，这限制了他们与锋利的、热的、重的物品互动的能力。进入职场后，我们常常会有一个重要却通常没有明说的问题，那就是是否会被允许或期待去"操作大机器"，无论是驾驶F-16战斗机，还是负责管理一个重要的客户账户。

权力。随着我们的成长，社交技能成为实现目标的一项越来越重要的能力。任何进入职场的人都会立刻认识到，处于基层的人通常在组织中拥有最少的权力和影响力，位居高层的人则拥有这些丰富的资源。作为一个高度社会化的物种，我们通过集体行动取得了许多进步，因此，我们奖励那些能够有效且（希望是）积极地影响他人的人。

能动性＝权力。尽管"能动性"和"自主性"这两个词常常互换使用，但它们有些许不同的含义。自主性指的是对自己的选择具有独立性或有自我管理能力的自我知觉；能动性指的是能够施加控制或权力，以实现预期结果的能力。在大多数情况下，自主性与能动性是并行发展的。然而，我们依然可以想象某些情况，其中一个存在而另一个不存在，例如一个只对自己负责的治理机构（有自主性），缺乏任何实际权力（缺乏能动性）。相反，你也可以想象一个像独裁者的军队那样的强大实体，具有权力（能动性），但没有自主性。

自主性与权力

在这里，需要明确区分权力和影响力的需求与我们现实存在的但完全独立的社会需求，比如归属感、亲密感和钦佩感。自主性需求涉及的是前者，而非后者。它关乎一个人调动、控制和引导他人进行集体行动的能力，并且与促进或深化实际关系的能力无关。将他人作为对象来征募、分配任务、指派责任、影响或说服，将权力的概念坚定地置于物质领域，这种将人物化的做法在"人力资源"或更糟的"人力资本"这一词语中得到了明确体现。

然而，这一现实并没有阻止许多首席执行官和首席运营官大胆宣称，他们和他们的员工共同组成了"一个家庭"，这种说法永远不会成立，除非我们将家庭的定义扩展到包括最破碎和不正常的形式。在一个功能正常的家庭中，成员之间不会有雇用或解雇、降职或晋升、指定"月度家庭成员"，或将家庭成员列入表现改进计划的情况。这种说法的兴起让人不禁想知道，这些说法的提出者来自什么样的家庭。当对待他人像对待商品一样极端时，操控行为就成为边缘型人格、利己型人格和反社会型人格的特征。这就是"权力悖论"的本质：一个令人遗憾的模式，即权力的体验往往会摧毁最初赋予我们权力的那些技能。

自主性与自由

拥有能力、许可和权力的重要结果之一就是自由的感觉。马斯洛认为，追求自由是心理健康的标志，这与马丁·塞利格曼（Martin Seligman）描述的"习得性无助"或埃里希·弗洛姆（Erich Fromm）所描述的"逃避自由"的权威主义、法西斯主义冲动形成了对比。马斯洛将自由描述为"自由的主观感觉，而非被决定的感觉，为自己选择而非被外部控制……感受到自由并实现自由"（1971，p.13）。认识到促进真正自由的重要性有着深远的意义。当人们受到信任时，他们会获得自由，而只有被信任，他们才能真正自由。这就是"真理使你自由"这一短语的深层含义；通过始终如一的诚实，你将建立信任，从而获得自由。这表明，健康的以物质为中心的人际关系应该从假设善意和好意开始，并随着时间的推移建立更高的信任层级。这意味着要信任下属、同事和上级的冲动，鼓励他们以自我主导和自发的方式行动。这也意味着去询问他们应该做什么，而不是告诉他们该做什么。这意味着以一种不干预、不控制的方式处理双方关系。

在这里，我们看到了自主性需求与安全感这一基础型需求以及真实性需求之间的联系。到一定程度上，当我们拥有自主性，能够自由地成为我们自发的真实自我时，我们也能活得更真实。能够采取有效行动的自由增强了我们的心理安全感，而心理安全感正是成为真实自我的基础。

自主性、自我效能与控制点

自主性驱动力的概念与其他一些著名的心理学概念密切相关，特别是阿尔伯特·班杜拉（Albert Bandura）的自我效能和朱利安·罗特的控制点。班杜拉提出，一个人在物质世界中采取有意行动的动机和能力，会根据这个人对自己能够胜任的信念得到增强或限制。与本研究中将动机视为状态而非特质的观点一致，班杜拉认为自我效能是情境依赖的，而非跨领域的稳定个体差异。有效行动的追求与当前自主性的概念有很大重叠，尤其是在其能力这一方面。

罗特的控制点概念与我们的自主性概念也有重叠，但它主要聚焦于其权力和影响的元素，而非能力维度。根据罗特的理论，一个人的控制点可以是内控的，也可以是外控的。那些觉得自己对生活、选择和结果有控制感、权力和影响的人，被认为有内部控制点，即他们是自己控制的中心。相反，那些觉得自己的命运和选择不是由自己决定，而是由外部力量决定的人，无论是命运、神的计划，还是仅仅是运气，都会被认为有一个外部控制点；他们的控制力位于自己之外。与班杜拉的自我效能概念相比，控制点更多被看作一种个性特质，可以在不同的生活情境中展现。研究一再证明，外部控制点与寻求刺激、冲动性以及一系列成瘾行为有着显著的联系。相比之下，内部控制点则与自我效能（相信自己能够实现目标）、自尊、较低的压力和更好的主观幸福感密切相关。

你可以把自我效能和控制点看作自我实现的预言。正如诗人维吉尔（Virgil）所写："无论你认为自己能做成一件事，还是认为自己不能，你都是对的。"这正是所谓的"积极思维的力量"的本质，它被不断地重新包装为意图、显现和"秘密"，这些方法通常还附带着积极想象你想要的结果的建议。你的其他选择是什么？是寄希望于好运、塔罗牌、占卜、星座、刮刮卡、成瘾、回避和否认吗？选择在你，而更好的选择是显而易见的。

还有一个心理学发现既深刻又反直觉：难道灵性不应与外部控制点相关吗？毕竟，灵性是相信某种外在的更高力量影响我们的生活，控制命运，并奖赏或惩罚我们。那么，为什么大规模的研究显示，拥有内部控制点的人不仅更可能相信更高力量的存在、承认更高力量曾在过去帮助过自己，将来向更高力量求助，比那些拥有外部控制点的人更频繁地参加宗教活动，而且他们在六年的时间里比外部控制者更有可能保持自己的信仰和行为？我们将在讨论我们模型中的最后一个动机——超越需求时再次回到这个话题。

自主性、系统与文化

应用自我决定理论的研究者已经划分了自主性的不同层次，因为自主性是该理论的三个核心动机之一（另外两个是能力感和关系感）。这些层次被表示为"动机质量"的一个连续体。该连续体从零动机或无动机开始，这与根本不关心、缺乏尝试的能力或动机有关。下一个层次是外在动机，即因为必须做某事而做事，这一层次被细分为四个等级：①外部奖励或惩罚的压力；②内部的负罪感或责任感的压力；③即使不认同过程，至少认同最终结果的价值；④完全认同结果和过程的价值，尽管仍然存在工具性奖励。终于到达了内在动机，它的特点是对活动本身的兴趣，为了活动本身去做，也就是做这件事的乐趣。

哈佛大学积极心理学教授泰勒·本-沙哈尔（Tal Ben-Shahar）认为，内在动机本质上是我们做出的选择。我们可以乐观地看待生活，认为杯子是半满的，也可以悲观地看待，认为杯子是半空的，最终由我们自己来赋予工作和生活以意义和目标，通过将自己所做的事视为使命，并在其中做到最好，来赋予它内在动机。通过让自己将工作与生活整合在一起，使如何度过时间成为我们身份的一部分，我们将开始发现自己的工作具有内在动机。本-沙哈尔的模型提出了两个维度，意义和快乐：没有意义的快乐是短暂且无法满足的；没有快乐的意义是沉重的；意义和快乐的交汇则带来真正的、持久的满足感。

通过提出"思考让事情成为现实"，本-沙哈尔的模型展现了对人类幸福的极为乐观的描绘，这也有可能使得自主性的责任过度落在个体身上。显然，我们在活动中找到意义和快乐的能力是有现实世界的限制的，特别是那些我们受雇去做的活动。无论我们天生具备何种技能，或可以培养的技能，在日常事务中找到快乐和意义，都可能被管理不善、低效的系统和有毒的文化严重削弱。工作做得好给予空洞的赞扬或做得不好就受到惩罚,都可能侵蚀我们努力构建的快乐和意义。正如追求自主性可以带来积极的期望一样,建立规则和系统让人感到无力和被困,也会带来相应的代价。自主性和授权不仅仅是时髦的词——那些不允许人们在自己的方向上健康发展的文化,会创造出一群脱离工作的、得不到支持的、倦怠的人,他们不再尝试改善自己的处境,而是机械地打卡上班。而开明的文化倾向于支持个体的自主性,这促进了责任感和归属感的产生。

不受控制的自主性?

生活在美国,一个将自由和个人自由置于首位的文化中,人们可能会认为社会中充满了具有自主性的自我开创者。这确实是美国精神的一部分。尽管美国在诺贝尔奖中占据了不成比例的份额(尽管相较于人口比例,它排在瑞士、瑞典、奥地利、挪威、爱尔兰、丹麦、英国、以色列、匈牙利和德国之后),但我们对个人自主性的热情往往使我们陷入麻烦。感谢美国宪法第二修正案,我们拥有世界上最宽松的枪支法律,民间枪支拥有量已经达到了每 100 名公民拥有 120 支枪的惊人比例,超过了人口数量。排在第二位的国家是也门,这个处于长期内战状态的国家,枪支拥有量不到美国的一半。

美国的枪支不仅用于靶场和狩猎。美国的谋杀率高于安哥拉、巴基斯坦、叙利亚和伊朗,几乎与苏丹、玻利维亚、哈萨克斯坦和蒙古等文明国家的谋杀率相当。为了避免让这种对不受控制的自主性的追求看起来仅限于武器和谋杀,美国在涉及酒精的道路死亡率方面也位居西方国家之首(与加拿大并列)。就像任何价值观一样,过多的追求也可能带来负面后果。美国的堕胎率也是世界上最高的国家之一;自由堕胎与"身体自主权"这一新概念联系起来,从而使堕胎与"身体自主权"受到严重侵犯的可怕和情感激烈的案例(如女性割礼、强奸

第 7 章 自主性

和奴隶制）联系在一起。

这种不受控制的动机或价值观的概念非常重要，我相信这也是我们有 12 种情感需求，而不是更少的原因。任何单独追求的价值观都可能导致自己或他人的痛苦。从根本上讲，平衡追求的需求就是应用康德（Kant）的绝对命令：以你希望所有其他人对待所有其他人的方式行事，就好像它是一条普遍法则。换句话说，如果每个人都以这种方式行事，是否对社会、人类和地球有益？

以下是一些不平衡追求的危险例子。

- 对安全和保障，或其同类——法律和秩序的过度承诺，会导致政府过度干预公民的私人生活，正如爱德华·斯诺登（Edward Snowden）在美国国家安全局的经历所揭示的那样。这样的过度承诺为酷刑的使用辩解，并重新命名为"强化审讯"。对武器的松散监管也在一定程度上源于对安全的痴迷和私刑正义中自我导向的"法律和秩序"。重要的是要认识到，当帮派成员在驾车枪击事件中相互杀害时，他们通常带着强烈的正义感，通常受到"正义"复仇的驱动。

- 对真实性的过度追求可能会催生极端怪异的行为，这些行为在临床诊断的边缘游走。极端的身体改造，例如"狮子女"乔斯林·维尔登施泰因（Jocelyn Wildenstein）所做的，或那些为皮下和透皮改造付费的人——例如往额头植入角、在脸颊上打孔、全身文身、种植尖牙或金属钉等——表现出了"失控"的真实性需求，因为参与者试图成为超人类。

- 正如马斯洛对自我实现的研究所表明的，过度追求成为"最好的自己"也可能带来负面后果。尽管马斯洛将自我实现和自我超越视为心理健康的最高状态，但他承认，这些个体往往由于过于直率和坦诚，表现得不够细腻甚至粗鲁。在自我实现的冲动将个体带得越来越深入自己的思想和兴趣时，他们可能开始被视为冷漠、疏远、不愿参与，甚至对他们的关系不投入。极端的例子是那些为了追求个人开悟而离开家庭和事业的人。

- 如前所述，过度追求自主性可能会将个人自由扩展到对他人有害的程度。互联网是一个自我管理的典型例子，它为人们提供了革命性的资讯访问，推动了全球教育和创新的发展，例如疾病治疗新方法的研究。然而，互联网的自主性也大大增强了种族主义、极端主义和恐怖主义团体、跨国犯罪组织以及人口贩卖者的传播力。在社会政治层面，历史上充斥着"绝对权力导致绝对腐化"的例子，这正是单纯追求自主性和权力的结果。而在个人心理层面，失控的自主性需求与过度自信密切相关，这被称为邓宁－克鲁格效应，即在某个领域知识或能力有限的人，相比客观标准或他人的表现，往往会高估自己的能力。

- 过度追求沉浸也带来了各类风险。各种成瘾行为，无论是对药物、酒精等物质的依赖，还是对视频游戏、社交媒体、手机的过度沉迷，都表现出对当下时刻的单一追求。《精神障碍诊断与统计手册》（第5版）（Diagnostic and Statistical Manual of Mental Disorders，DSM-5）列举了赌博、进食、性、色情、工作、锻炼、疼痛/自伤、购物、偷窃、放火，甚至精神信仰等多种成瘾行为。从某种角度看，这些沉浸式的体验代表了一种自我超越、丧失自我意识的过程，这是我们稍后会探讨的主题。可以肯定的是，真正的沉浸常常是愉悦的，但肉体上的欲望（如物质享乐）和灵魂上的欲望（如追求正义、诚实和共融）之间，存在着不可忽视的区别。正如一位智者所说，没有哪种欲望是中立的。因此，平衡的追求对我们来说是至关重要的。

- 过度追求成就是"工作狂"现象的表现，这源于对物质成功的强烈渴望。这个迷思在西方文化中广泛存在，通常被看作接受教育的最重要动机。人们对成功的企业家充满崇拜，他们的言论常常成为头条新闻。对物质成功的过度追求，排除了所有其他考虑，是推动许多犯罪和不道德行为的根源。

- 单一追求归属感和融入感表面看似有益，但其实潜藏着危险。对归属的过度依赖往往源自对被排斥的基本不安,这通常伴随着群体内偏袒与群体外贬低。各种形式的入会仪式,从部落仪式到大学兄弟会的恶搞,都是为了培养对群体的忠诚感,而排斥其他形式的归属。群体压力、从众心理、对权威的服从、集体思维及其他隐秘的群体内动态,体现了对归属需求过度追求所带来的风险。

- 与对归属的需求类似,单一追求互相关爱和亲密关系似乎并不是一个大问题。然而,过度投入这种关系同样潜藏着严重的功能失调。对关系的过度投入会导致痴迷、嫉妒、偏执、对持续的安慰和关注的需求、依赖共生以及控制伴侣或朋友的欲望。正如莎士比亚(Shakespeare)的《奥赛罗》(*Othello*)所描绘的那样,当这种需求被推向极端时,单纯追求与他人合一的需求会导致跟踪行为,可悲的是,有时甚至会导致谋杀和自杀。任何公众人物都会轻易地承认,他们最害怕的就是那些痴迷的粉丝。

- 不受控制的认可需求则是文化中关于极度不安定的刻板印象。这些人渴望成为焦点,渴望引起注意,正如《我为喜剧狂》(*30 Rock*)中的角色詹娜·马罗尼(Jenna Maroney)[由简·克拉科夫斯基(Jane Krakowski)精彩演绎]所展现的那样,为了获得关注愿意付出任何代价、忍受任何羞辱。过度追求认可并非闹着玩儿的。这种需求推动了那些不安的学者伪造数据和抄袭观点以获得发表,推动了那些不安的喜剧演员偷窃笑话,推动了那些不安的记者编造新闻,推动了那些不安的人虚构"罪行",从而让自己成为"受害者",并被崇拜为"英雄的幸存者"。正是通过这种机制,许多无辜的人被关押在监狱里,甚至在许多情况下,最终被判处死刑。

- 如上所述,对"正义"的极端关注助长了专制警察国家文化。当这种价值观被推向极端时,它表现为对法律与秩序的过分强调,在此过程中,个人自由被交换成紧密的政府安全和控制。专制政权的社会通常几乎没有私人枪支拥有权,并且其谋杀率极低。通常,精英集团为巩固权力而虚伪地提出法律与秩序,这些精英集团通常会维持"紧急状态",并因此获得"特殊权力",这种状态往往会持续下去。

- 与对"正义"的夸大需求类似,强迫性的"伦理"需求驱动着激进派和反动派,他们试图将自己的世界观和行为标准强加于社会。美国的清教徒先驱者正是基于这一原则定居北美,这导致了诸如1660年在波士顿公园执行玛丽·戴尔(Mary Dyer)的处决以及1692年的塞勒姆女巫审判等耻辱行径。

- 与其他精神需求类似,未加控制的超越需求起初似乎并不特别危险。然而,正是对超越的渴望给了自杀式炸弹袭击者"许可",他们将自己的行为辩解为通向天堂的门户。这不仅是单一文化的问题。文化中对死亡和濒死体验的浪漫化似乎是青少年自杀率急剧上升的一个因素。最近的例子是奈飞的电视剧《十三个原因》(13 Reason Why),心理健康专家指出该剧美化了青少年自杀,这是"维特效应"的现代回响。[2] 除了"生命超越"的问题外,还有极端信仰的危险。这些团体的成员认为宇宙有一个特殊的计划和目的,这个计划和目的要由团体成员来实现,因此可以被视为对超越目的这一价值的过度强调。

自主性需求的关联因素

积极的自主性追求。 健康的自主性需求通常与良好的身心健康相伴,同时也表现为积极的探索欲望,体现了对未知的探索欲。根据人类动机模型的预测,积极的自主性追求通常与对沉浸感、专注度和投入度的需求相关。

渴望从无力感中获得自由。 当我们审视渴望摆脱无力感的需求时,会呈现出完全不同的画面。那些渴望摆脱束缚的人,在自主性的各个方面通常表现出功能失调。在能力方面,他们更有可能感到缺乏完成工作所需的培训、工具和材料；在许可方面，他们更倾向于认为缺乏支持，与同事和上司的联系较少；在权力方面，他们通常会觉得雇主是不道德和不公平的，认为公司文化漠视员工的福祉；这些人群也面临更大的倦怠风险。

关于自主性追求的其他视角

自主性需求是发展心理学的一个核心假设，也是当今最具影响力的动机理论——自我决定理论的核心内容。

自主性需求在许多其他心理学理论和系统中也有体现，这一点并不令人意外。

- 如在"真实性"一章中讨论的，埃里克森的第二个心理社会发展阶段即以"自主"为名，涉及儿童早期在做事时努力做到自力更生并拒绝依赖他人的斗争。
- 如在"安全感"一章中所讨论的，依恋需求与好奇心和探索需求深刻交织在一起。玛丽·爱斯沃思在20世纪60年代的研究描述了幼儿如何从安全基地开始探索物质世界。当照料者同时支持儿童的安全感与探索感时，儿童会发展出能力感和自尊感；而当这些需求得不到支持时，儿童反而会发展出无能感和低自尊。
- 在亨利·默里的动机清单基础上，戴维·麦克利兰和他的前学生戴维·温特提出了对权力的独特需求。在他们的概念中，权力需求通常表现为两种形式：对个人权力和影响力的需求，这赋予个体对他人的权威；以及对组织权力的需求，即为了某个社会团体或组织的利益来组织他人。该模型中的自主性动机超越了许可和权力，包含了能力感或自我效能。
- 除此之外，下列动机概念与自主性需求相契合。
  - 威廉·詹姆斯和威廉·麦克杜格尔的好奇心本能，最近由史蒂文·赖斯重新列举，他还列出了独立性的需求。
- 戈登·奥尔波特（Gordon Allport）的自我主义和权力需求。
- 亨利·默里的自主需求。
- 曼弗雷德·马克斯 – 尼夫的自由需求。

与自主性需求相关的情绪表现

与促进性的自主性追求相关的情绪表现为对独立和自由的渴望。当自主性需求得到满足时，人们会感到从束缚中解脱的轻松感，这种情绪与对真实性的积极需求所带来的感受相似。不过，真实性需求更多与自我表达的自由有关，自主性需求则更多涉及采取实际行动的能力和许可。当自主性需求受到阻碍时，人们会体验到愤怒、怨恨或强烈的不满，这些情绪源于无法获得必要的权限或权力去完成重要的事情。

识别你的自主性需求来源

让我们花点时间来仔细思考一下这些关于自主性需求的见解。

- 你是否觉得自己有足够的自由来做出重要的决定？考虑一下，你能否决定自己的职业道路、居住地或日常安排。
- 当有人试图控制你生活的某些方面时，你的反应是什么？回想一下，在你觉得独立性受到威胁的情况下，你的情绪反应如何。
- 你是能够设定自己的目标和优先事项，还是这些通常由他人替你决定？思考一下，主导你人生关键决策的是你自己，还是别人。
- 你是因为愿意而寻求他人的建议，还是因为感到必须这么做？你的决策过程是出于主动的协作，还是因为依赖他人的意见？
- 你在承担自己决策后果方面有多大的舒适度？想一想，你是否愿意接受自己选择的结果，无论好坏。你是否觉得自己有能力完成他人对你的期望？如果没有，你可以通过哪些培训或资源来缩小差距？这些资源是能从你的工作或学校获得的，还是需要自己去寻找？

- 你是否拥有足够的权限和权力去完成你想做或被期望做的事情？如果没有，你可以采取哪些措施来争取这些权限和权力？
- 你是否具备影响力，能够激励、说服并带动他人共同实现你的愿景？如果没有，你可以如何培养和运用这些能力？

第 8 章
沉浸

　　当自主性得以充分发挥，我们就能摆脱自我意识和他者意识的束缚，忘却周遭的一切，全情投入到当下的体验中。一旦没有顾虑，我们便可以尽情地沉浸体验物质生活，但是这些体验并非全是"好的"。生活中，我们时常渴求这种体验，但很难察觉自我对积极、健康的深度沉浸的追寻，更多时候，那种强烈渴望的指向既消极又不健康。

　　不健康的沉浸（unhealthy immersion）。如今无论你在哪里，你都会看到同样的景象：年轻人在通勤、遛狗、滑长板、骑行甚至开车时，都戴着各式各样的耳机。在看电视的同时，一边听耳机里的音乐，一边浏览社交媒体，这同样很常见。这无疑是沉浸，但并不健康。这种包装好的沉浸体验专供消遣，没有容纳个人的想法、想象的余地。在地铁和公交上，乘客往往不是没完没了地刷视频就是自顾自地打游戏，没有正常的社会交往，也没有谦让。一个人内心的声音和交流的欲望完全被抑制了。冲击感十足的画面接连涌现，夺取了观众或者听众全部的注意力，最终淹没思想。画面的频繁切换也让人们的感受变得时断时续，直至无法忍受一个人待着时没有娱乐，无法沉默地度过任何时刻，甚至开车时也如此。这一点儿也不奇怪。这种人造的所谓"沉浸"既廉价又不完整。[1]

健康的沉浸（healthy immersion）。相较之下，真正的沉浸不论是旁人看来或是身处其中感受都十分不同。拉尔夫·沃尔多·爱默生（Ralph Waldo Emerson）和亨利·戴维·梭罗（Henry David Thoreau）曾经在大自然中进行了一次深度沉浸，完整体验了一段带有宗教意味的生活。所幸你我不必模仿梭罗，为了体验生活而搬到林中小屋一年，虽然这确实能为涉足户外活动开个好头。获得真正的沉浸感其实并不难：待在原地就好。如果你正经历一场交通堵塞，就随它去；如果你正在欣赏山川大海的美景，以度过一个美好的假期，那么不要再去想昨天做了什么、发了什么，明天要去哪里，要发什么贴子。静静地待在那里。不要做任何干预，不必盘腿打坐或是闭上眼睛细数呼吸。沉浸在当下是一个自然的过程，很容易开始。只要你放空思绪，留意此时此地正在发生的事，沉浸就会自然到来——去感受拂动的微风，远处的鸟鸣或狗叫，照耀在身上的阳光，六月午后的花香，和伴侣牵手的触感。

我们总是花太多时间懊悔过去、担忧未来，那些不在遗憾或恐惧中度过的时间少之又少，以至于定格成我们生命中无比重要的时刻。我想大家应该都经历过"洗澡时刻"，浴室水雾缭绕，头脑却突然清醒无比。这是因为对大多数人来说（但愿），洗澡的时候所有的感官都不受打扰。洗澡时迸发洞察力是我们的大脑安静下来的结果，比如阿基米德（Archimedes）泡在浴缸里说出的那句"尤里卡"[一]。哪怕只安静一瞬，我们的大脑都会无意识地形成新的联想。因而我们不必在宝贵的"洗澡时刻"带上手机外放音乐，这将侵占为数不多的、能让我们无痛进入深度沉浸的场所。

直到最近，难以进入深度沉浸才成为一个严肃的议题。在新冠疫情最严重的时期，学生需要用电脑在线上学习，不富裕的家庭难以提

[一] 原文为希腊语"eureka"，意为"我想出办法了"。——译者注

供不受打扰的、光线充足的安静环境，与富裕的家庭相形见绌。反对者的陈词滥调是，学习可以去公共图书馆，但长期去图书馆完全不切实际，更何况如果没有良好学习环境的学生都这么做，图书馆将会人满为患。我们必须想清楚，安全的社区、安静的街道和稳定的家庭对于学生长期不受干扰地沉浸在学习中究竟有多大优势？

沉浸与正念

在流行文化中，深度沉浸最常见的例子是正念，尽管在某种程度上这是一种误解。正念的目的是专注于此时此地，为此必须忽视闯入脑海中的关于过去或未来的想法。这个词很奇怪，在英文中它通常被用来告诫别人，"留意"发生负面结果的可能，否则风险自负。我非常喜欢"清净心"（quiet mind）这个概念，这是减少内心杂音，以体验心无杂念的境界，亦即收束"散乱心"（discursive mind）的过程。心理学家将其称为认知融合（syncretic cognition），即多重感官共同作用的、无法简单用言语描述的体验，譬如梨的滋味，或是一双舒适的鞋子的穿着感受。当一个人终于能够放下纷杂的思绪，享受静谧的时刻，就可以更快、更直接地与真实的世界同频，不再被分析、被分类，不再受标签的影响。心理医生、减压工作坊或是用于平静心灵的应用程序，这些与压力相关的诊疗方式几乎都会用到相同的疗愈方法。它有很多名称：呼吸练习、冥想、正念、寻找重心（或平和心、平常心）、放下恐惧（或忧虑、过去），这些都和"深度沉浸"殊途同归。

沉浸与超越

当我们谈及更深层次的沉浸时，有一种说法是，自我超越是沉浸的进阶版本。一旦我们成功摒弃甚至彻底隔绝内心的杂音，就打开了自我超越的大门。这么说来，清净心很可能是自我超越的必要不充分条件。大多数沉浸在当下的例子，尤其是沉浸在工作或游戏中的，肯定不包含近似于灵魂出窍，乃至与自然融为一体的感受。娱乐时，人们观察到一种更朴素的超越形式，它将超越的焦点集中在有形的对象和行为上，俗称"成为球"（be the ball）。工作时，沉浸通常是指找到有自驱力且略带愉悦的节奏，直到完成工作，身处其中的人才会意犹未尽地停下。沉浸的状态令人感受到愉快和强大的自我，但很少让我们感觉远离肉身，乃至与宇宙、自然融为一体。若要体验这一类的交融，我们在工作时需要以更高层次的伦理目的为指引。在关于"超越"的章节中，我将进一步讨论二者的本质区别。

高峰体验（peak experiences）。亚伯拉罕·马斯洛在研究自我实现者时深刻地指出：自我实现者向往完美体验，追求"绝对存在"（absolute being）的境界，或称"高峰体验"。马斯洛认为，自我实现者比他人更容易拥有高峰体验，感受也更加强烈。这有待进一步验证。高峰体验的特征包括拥有深度感知、内在动机、积极情绪；感知不到时间、空间、自我意识和忧惧，达到"无忧无惧"（letting go）的境界；能够全神贯注、感激和接纳自己以及他人；感受到敬畏、惊奇，与宇宙、自然融为一体的感觉。

在这些描述中，马斯洛看似完整地呈现了一个以沉浸为开端、以超越体验为高潮的连续过程。但事实是，上述的特征部分属于超越体验，部分属于沉浸，后者包括拥有更敏锐的感知、内在动力；感知不到时间流逝和自我意识；能够全神贯注并感到满足，通常不包括惊奇、感激或是完全忘我（远超"感知不到自我意识"，是感应更广阔的世界或宇宙的必要前置条件）的状态。沉浸体验也不包括独属于超越的特征：与观测到的现实融合（自我和非自我的融合），调和对立面，即使面对最平凡的事物也保持虔诚的敬畏之心、圣洁之意，接纳死亡，并且长期稳定地保持上述感受。

沉浸与审美享受

除了工作和娱乐这一类规则明确的物质活动，完全没有特定形式的物质活动也需要沉浸。除了上面提到的享受大自然的体验（爱默生、梭罗）之外，人类文明中还有无穷无尽的感受美的方式，沉浸其中的关键是积极参与体验，而非被动接受。品读一本很棒的小说，与美丽的绘画或雕塑互动，深入理解自己喜欢的音乐，细心品尝美味佳肴和饮料，步入某处杰出的建筑或名胜古迹，欣赏令人着迷的电影、舞蹈、戏剧、喜剧或其他艺术形式，甚至玩制作精良的游戏或沉浸式虚拟现实体验——都有深度沉浸的可能。拥有良好的审美，尤其是审美活动的本质变得更接近直接的感官体验时，我们就更有可能进入深度审美享受，体会兴奋、放纵、乐趣、享乐主义（hedonism）或是伊壁鸠鲁主义（epicureanism）、战栗、肉欲、极乐、欣快和狂喜。正如这些描述所暗示的，失控的沉浸会导致物质滥用和完全成瘾。

沉浸和感觉寻求（sensation seeking）。对沉浸体验成瘾被描述为一种人格特质，称为感觉寻求。20世纪60年代末，任教于特拉华大学的心理学家马文·朱克曼（Marvin Zuckerman）首次描述了寻求感觉的行为，其特征是愿意冒着身体、社会、法律和经济安全的风险，寻求各种新颖、刺激、强烈且极具挑战的体验。感觉寻求的经典案例在极限运动中不胜枚举：徒手攀岩、翼装飞行、定点跳伞、自由潜水、高山攀登、摩托赛车、旱地雪橇等。感觉寻求还体现在去抑制行为（disinhibitory behavior）中，如药物中毒、物质成瘾等一般非从众行为。在神经学上，感觉寻求是最佳刺激（optimal stimulation）水平⊖阈值较高的一类人追求平时生活中难得的沉浸体验的表现，并被认为

⊖ 最佳刺激水平指适合于有机体的最佳刺激量。能与个体感知水平达到平衡状态，对人的情绪、健康和工作产生有利影响。——译者注

与产生恐惧的杏仁核活动降低和多巴胺介导的奖赏环路,尤其是伏隔核的过度活跃有关。这些人"需要更多刺激"。

沉浸与开放性

和其他动机一样,沉浸主要表现为一种状态。但是,当我们转过头将对沉浸的需要,或者说个人对沉迷于当下体验的一种倾向视为一种特质,就能在大五人格理论描述的五种特质中找到它的影子——开放性。开放性体现了对沉浸的长期需求,被广泛应用在心理学基本原理中,最不为人所知,也最神秘。具有"开放"特质的个体好奇心旺盛,更容易对艺术和美产生共鸣,一般来说更常聆听自己内心的感受。一方面,他们往往更有创造力、想象力和创新能力,更开明、更愿意尝试新事物,更少表现出防御状态和犹豫。另一方面,由于这种"开放"的心态会接纳各种各样的想法,在包容更进步的社会、政治和宗教立场之外,它也更有可能导致不受欢迎的特质,如抑郁症、夜惊或是滥用药物。

沉浸和创造力。 马斯洛认为,沉浸在当下是创造力的必要条件,因为发挥真正的创造力需要个人(在某种程度上)走出自我,远离一般大众共同关心的话题,跨越定义已知的和熟悉的事物的时代局限。他认为,创造力的本质是对事物不偏不倚的感知,这让窥见和理解难题内在的运作方式并从中发现答案成为可能。这是将基础层面的自主性转化为体验层面的沉浸的一大例子,马斯洛认为真正的创造力的准入门槛是触碰到与诗意、隐喻、神秘、原初、古老、天真烂漫这些特质相关的最初的潜意识。他特别将女性创新视为沉浸式创造力的典范,因为这种过程"更少关注产出和成果,更多关乎过程本身及其延续,而非以有目共睹的胜利或成功为高潮"。为了说明这一点,他引用了西尔维娅·阿什顿-沃纳(Silvia Ashton-Warner)的一句话,"我完全迷失在当下"（1986, p. 59）。

不再在乎表象。沉浸的一个重要前兆是至少暂时不去追求社会生活的回报。只有不再为了获得认可、归属感或是满足他人的期望奔走，我们才能摆脱进入沉浸之前的阻碍，摆脱社会角色对于立场和着装的约束，不再需要掩饰自己，同时摆脱我们为了得到爱与尊重不顾一切，不惜阿谀他人、取悦他人，苦苦寻找被爱的感觉。正如马斯洛所说："一旦没有观众，我们将不再是演员。"（1971, p. 63）

关于沉浸的教育。马斯洛注意到（自我）实现者和超越者与那些仍在初级的缺失性需求中挣扎的人之间的明显分别。他认为有必要改革教育体系，以培育大众更敏锐的感知。为了解决类似"怎样才能用耳朵感受美"的问题，他十分有针对性地提出了狂想式传达，它可以发掘大众独立享受经典音乐作品、品味各地的美食、欣赏各种伟大的艺术形式等的潜能。他将这种教育形式称为元咨询（metacounseling），认为除了改善审美体验，元咨询还可以教会个体感知自己内心的声音，减少对新鲜事物的抗拒和天然的愤怒，回归孩提时的纯真和对事物持开放态度。

最近，马斯洛有意发展、推介的这种方法已被教育心理学家吸纳到沉思教育（contemplative education）这个教育学体系中，旨在"唤醒"学生更深刻地感知现实、学习和成长、同理心、关心他人的意识，以及对伦理原则和更高目标的敏感性。它在设计上非常全面，跨越了所有的人生领域，不仅能处理有关自我的概念（例如减压、冥想、成长导向培养）、社会情感发展（例如归属感、同理心、同情、尊重）、与物质世界的身体互动（例如与自然亲密互动、艺术、瑜伽、太极），还能用于调和在伦理考量上有冲突的矛盾。这套课程已经写入西蒙弗雷泽大学、蒙特克莱尔州立大学、范德比尔特大学、哥伦比亚大学和布朗大学的课程大纲并运用到实际教学中，最近还在纳罗帕大学等学校开设。

契克森米哈赖与最优体验

心理学家米哈里·契克森米哈赖通过引入心流理论,为沉浸需求的研究做出了根本性的、不可磨灭的贡献。最初令他产生研究兴趣的,是伟大的艺术家在工作中的"迷失"状态,他们在持续的创作中无比沉浸,不需要进食、饮水或是睡觉,甚至几乎不需要去厕所。心流理论认定,任何人都可以有这种体验:无须费力的深度集中,感知不到时间流逝和自我意识,涌现积极情绪,我们也可以称其为"自成目标体验"⊖。

欧文·谢弗(Owen Schaffer)提出了促进心流体验的条件。为了更好地融入契克森米哈赖提出的原理,我对这些条件进行了调整。

下列条件可以为希望进入"心流"的人提供指导。

1. 知道要做什么。明确的、可实现的目标是"心流"依托的基本框架。

2. 知道如何进行,清晰感知到挑战的难度,拥有足以应对的技能水准,选择处于最优挑战水平的任务。因为难易适中的任务恰好足够支撑自我效能和内在动机。

3. 知道自己的表现如何。给予清晰、直接和即时的反馈,让处于心流中的人随时调整,维持状态。

4. 知道行为大致的预期结果。对自己的表现有完全的掌控感,以维持心流状态。

5. 不受干扰。能够在有限的范围内集中注意力而不分心,有两个特别要规避的潜在干扰是自我意识和时间观念。因此,我们增加了以下条件。

⊖ 是研究人员对"心流"的另一种称呼,指进行本身就有益、值得去做的事情,有时这种体验也被称为"内在奖赏体验"。——译者注

(1)忘记自我意识，让行动和意识在感知层面上融合。

(2)抛却时间观念，灵活地感受时间的流逝。

沉浸与员工敬业度

关于这个混乱概念的简史。"沉浸"这个概念在物质领域与工作密切相关，在管理咨询的学术研究领域中以"员工敬业度"的形式存在。这个商业概念少见地引起了公众的广泛关注，而且关注度仍在不断稳定增长，谷歌趋势（Google Trends）确证了这一点。在搜索中，涉及词条"员工敬业度"（employee engagement）的相对搜索指数呈稳定上升趋势，从2004年4月（他们最早的数据）的0开始，直到2021年10月突然飙升至100（表明迄今为止最高的搜索量），在持续增长轨迹中达到显著峰值（见图8-1）。

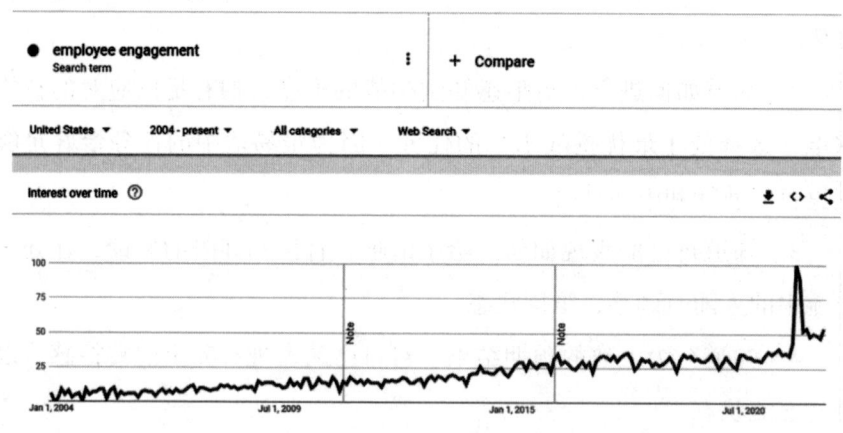

图8-1 没有明确理论解释，但公众对"员工敬业度"的搜索指数一直在上升

资料来源：谷歌趋势。

值得注意的是，尽管"敬业度"这一概念明显与员工情绪健康有关，但搜索上升趋势早于新冠疫情。此外，研究发现员工的敬业度与身心健康有显著关联。

考虑到搜索趋势，为"员工敬业度"下一个明晰的定义不仅对理论的发展和评估有益，而且很可能对改善公共心理健康很重要。

员工敬业度没有公认的定义，目前已有五种主要研究趋势。

- 威廉·卡恩的需求满足研究路径，代表组织行为学领域。
- 克里斯蒂娜·马斯拉奇（Christina Maslach）的倦怠模型，代表社会心理学领域。
- 詹姆斯·哈特（James Harter）的满意度–参与度模型，代表商业民意调查机构的应用视角（在案例中为盖洛普）。
- 艾伦·萨克斯（Alan Saks）的多维研究法，代表人力资源管理的学术研究领域。
- 威尔玛·萧菲立（Wilmar Schaufeli）和阿诺德·巴克（Arnold Bakker）的模型和Utrecht工作投入量表^㊀，代表组织心理学领域。

这五种不同的传统方式各自做出的研究就好比盲人摸象，从各自的角度看完全正确，但都是片面的。随着研究的进行，上述学科领域的学者和咨询行业的从业者都在不断扩展"员工敬业度"的定义及其组成部分的变体、子变体，导致定义不断复杂化。这些互不干涉的研究活动催生了各种评估敬业度的要素：心理变量、状态和特征、认知和情感；组织变量；行为变量；前提条件、中介条件和结果。这些文献的评审员谴责道，"有关敬业度的研究简直是一团糟"。[2]

员工敬业度的所有定义都有一个共同要素——在工作中的"沉浸状态"，这是"敬业度"概念的核心，周围紧密围绕着其他动机概念。对"沉浸"的需要意味着员工必须努力做到完全集中、参与当下的事务，处于全面觉知、完全专注和"心流"中，失去对自我的感知。截

㊀ Utrecht工作投入量表（Utrecht Work Engagement Scale，简称UWES），一种用于评估工作投入的量表，由萧菲立等人在2002年开发。该量表包含三个维度：活力（vigor）、奉献（dedication）和专注（absorption）。

至目前，在文献综述确定的不同学者提出的一百多个"敬业度"概念中，"沉浸"这个词是最常被提及的，约占 1/4；该概念最常见的用法是"专注"（absorption），卡恩、萨克斯、马斯拉奇、萧菲立和巴克都使用过这个术语。

和动机本身一样，"沉浸"是混沌领域中的核心概念，它主要通过三个渠道表达：认知、情感和行为。

- 认知变量包括注意力、心理可得性、认知存在、基于经验的工作质量、专注努力和工作参与度。
- 情感变量包括激情、享受、快乐、热情和积极影响。
- 行为变量包括效能、生产力、活力、能量和自主努力的表现。

几位研究者指出，培养沉浸感的前提条件是具有最优挑战水平，这和契克森米哈赖的心流理论预测的一样。其中的道理在于，当一个人面对需要集中注意力的有趣挑战时，会变得投入而专注，工作时高效而富有成效，进而体会到充满精力、高度专注以及忘记自我意识带来的积极反馈，这既是沉浸，也是管理咨询领域的至高追求。

沉浸与职业人格理论

六种职业人格。"沉浸"的健康驱力与约翰斯·霍普金斯大学的心理学家约翰·霍兰德（John Holland）确定的某种职业人格有关，他的主要研究内容是帮助人们做出最佳职业选择。以他的名字命名的"霍兰德职业人格"（Holland Occupational Personalities）有六个基本类型：现实型（realistic）、调研型（investigative）、艺术型（artistic）、社会型（social）、企业型（enterprising）和常规型（conventional）。这些类型在描述人们的特质、喜好时，以及在其他不同情形下都很有用，通过分类，人们更容易找到适配的工作环境。和现有的描述人类动机的模型一样,霍兰德创立的体系将职业人格配成相互对立的三对:企业型人格关注物质世界中的工作和任务,与之相对的是关注非物质想法的调研型人格;社会型人格显然关心其他人的社会世界,它的对立面是自我的"非社会"世界,也就是将单一的个体置于物体、机器、工具、动植物所构成的环境中,他称之为现实型人格;最后一对是具有独特创造力的艺术型人格与追求趋同和秩序的常规型人格。[3]

这些类型中的一些在自我认知和社会期望方面天然地更受欢迎。按照喜好程度排名,在我们的研究中大多数人会将自己归类为社会型、艺术型、调研型、企业型,最后才是现实型、常规型。乐于助人、具有创造力、有好奇心或进取精神,这些特质听起来比"做事不经思考"(现实型)或"遵循规则和秩序"(常规型)诱人得多,后两者都会让人立即联想到负面的心理状态,比如头脑简单、"无趣"或是会服从权力。然而,我们的社会正在缓慢了解不去过度思考、"放空"、清理思绪和忘我状态的本质和重要性,如果这些的确是幸福生活的秘诀,那么为什么我们仍然给予那些充满压力的职业(比如艺术表演、急救医学、法律、消防、外科、国防、军队等)最高的世俗评价?这些网络上、电视剧里频繁论及的职业表面上看起来十分有趣,但实际生活中往往并非如此。据我所知,没有专门讲述建筑师、木匠、牙医、司机、理疗师、程序员或兽医(这些职业都适配现实型职业人格)生活的电视剧。那些符合常规型职业人格的职业也是如此,包括保险精算师、图书管理员、生物统计学家、注册会计师、金融分析师、人力资源专员、行政管理、律师助理、药剂师、物业经理和技术文档工程师。直白点儿说——"听上去就很无聊"。

事实上,与积极寻求沉浸关联最深的人格特质是现实型职业人格。这是因为现实型的人往往能持续保持活跃状态,喜欢动手的工作,如修理、组装和操作器械。他们喜欢和事物或动植物而非和人或想法打交道。这类工作明显无法撑起标准的影视剧情:政治斗争、三角恋、伟大的成功、失败和生死攸关的悬念。现在，让我们来想想它能带给我们的其他好处。

想象自己在心流状态中，全神贯注于当下的工作。你刚才在做什么？和谁一起？有没有什么事干扰你、令你分心？我敢说你那时是独自一人而且没有被打扰。研究表明，身处这种状态一点儿也不无聊；甚至可以说是正在经历我们生活中最美好的时刻，"高峰体验"。除了这种不可思议的能力，现实型的人与其工作环境之间的交流往往直接、坦率，关乎事实，而非"胡说一气"。在一天结束时，他们会因为出色完成工作而感觉良好，并且能够拿出实际的、有形的工作成果（与说服或发展新的潜在客户相对）。最重要的是，这种类型的工作往往在户外进行，能够被大自然包围也是一种不错的补偿。

与积极寻求沉浸关联次深的另一个"无人问津"的人格特质是常规型职业人格。如果你认为现实型职业人格已经足够无聊，不妨来看看常规型是什么样。常规型的人以其效率高、遵守规则、有条理、可信、可靠和坚持不懈著称。作为执行他人指示的工作人员，他们在行政管理体系中表现极佳，不会试图成为领导者；讨厌模糊、混乱，并在组织良好、结构化的活动中适应良好；让组织的数据井井有条、时刻保持最新状态，而且知道如何操作办公设备。喜欢办公用品的人可能会被归为这类职业人格。这时再来想象心流状态，就能想象到与许多常规型的人一起工作时，我们达到了沉浸的状态——更有可能是与数字和数据打交道，而不是木材和金属；更有可能在办公室里发生，而不是在草地上。正如现实型职业人格及其身处环境的案例，他们同样很容易沉浸在记录保存、数据处理和管理、清点库存、用算法运行数据等的节奏中，因为准确有效地执行这些任务，需要失去一部分的自我，需要在过程中全神贯注，在朝着目标大步向前的同时，忘记时间是很正常的。虽然产出不如现实型的人具体，但结束了一天的工作后，这类人同样可以指出已经结束的工作中那些整齐的文件，从中享受成就感。他们还会敏锐地觉察准确性和效率（在给定时间段内完成的工作量）这一类的绩效指标如何衡量自己的表现，使得无论制度的风怎样吹他们都能不受影响，维持一定的内心平静，对许多人来说，这是对缺乏创造力或领导才能的最好补偿。

现实型和常规型的职业人格和职业都需要人们完全沉浸在手头的事务中，犹如禅宗般专注：组装家具、安装系统、组装个人电脑、打印 3D 模型、加载软件、校对文档、更新电子表格或网站、盘点库存，这些无一例外需要长时间的、一心一意的专注力，需要不受干扰地工作，这能使人心情愉悦，并激发出内在动力。

沉浸需求的关联因素

对沉浸的正向追求。除了与现实型和常规型职业人格、这两类职业相关联之外，对沉浸状态的正向追求往往与需要耐心的活动有关。耐心通常服务于更高的目标或更高的回报，能助人撑过困难时期，获得延迟满足。根据这一定义，对沉浸的正向需要与从事慈善志愿工作或与照顾者的角色有关。当承担主要照顾职责的人无法满足照顾孩子或伴侣的需求，想要休息却无人可替的情况下，所有进入忘我状态的努力都会被另一个人的即时需求打断。在我们重点描述的这种关系中，人们对沉浸的需要与近期经历的创伤或是去扮演"超人"的角色有关，即为了他人（尤其是亲人）被迫表现出"勇敢的一面"，必须时刻"在场"、不得休息。同样，对沉浸的需求也与拥有更高的情商有关，特别是当一个人有能力解读他人情绪时，便总是激发出同理心、同情心，难以走出照顾者的角色。

和开始预测的一样，我们发现对沉浸的正向需求与开放性人格特质之间存在显著关联。如前所述，二者几乎同义，因为这种特质的多少由对沉浸的需求程度决定。沉浸的重要特征是忘记自我意识和不再关注社会形象。毫不夸张地说，不断查看社交媒体正是过度关注自己社会地位的表现，也体现了思想上的"不开放"，而在我们的研究中，努力追求沉浸和查看社交媒体的频率之间存在显著的负相关。

努力克服"低参与感"（feelings of disengagement）。一个发现是，摆脱停滞感、无聊或倦怠感的愿望也与提高照顾职责的价值排序和成为实际的照顾者有关。对于那些不得不照顾有特殊需求的成年子女的人，这种关联尤其强烈。为了照顾子女的感受，他们必须伪装出快乐和轻松的样子，长期无法表达真实情感加重了照顾者的负担和"情绪工作"，是一种隐瞒压力的行为。这同时也证明，努力减少"低参与感"有带来情感倦怠的风险。

更有说服力的是，需要从牺牲自己、取悦他人中获得满足的人格特质与摆脱低参与感的需求有关。譬如尽责性这一通常被视为兼具勤奋、责任感和毅力的美好品质，其必须完成工作的背后潜藏的不良影响是：不顾做出过多少承诺，也不去留意获得帮助的可能。人格特质"顺从"同样很受欢迎，对于试图"取悦他人"的一类人来说，这种特质很重要，它让人服从、更容易相处，同时也潜藏着负向的一面，即必须隐藏自己的真实情绪，尤其是在面对面的互动中，比如聚会。其他相关的品质也印证了上述观点：追求摆脱无聊和低参与感的人往往更加重视与他人的联结，更有可能是所有人的朋友。在传统的观念里，这类角色通常与女性有关。

关于沉浸需求的其他观点

许多心理学家对沉浸需求提出了类似的观点，并在 21 世纪中叶获得了广泛的关注。

- 20 世纪 50 年代初，所罗门·阿希（Solomon Asch）提出了受兴趣驱动参与周围环境的动机概念，这代表了对精神分析和驱力理论的生存和自我利益的背离。
- 20世纪50年代中期，心理学家阿瑟·科恩、埃兹拉·斯托特兰和唐纳德·沃尔夫提出了一种独特的认知需求，即参与和享受需要付出努力的认知任务的倾向，这代表了一种沉浸的形式。不过这类任务需要付出努力来保持注意力集中，不利于进入心流状态。
- 20世纪50年代后期，罗伯特·怀特提出了效能动机的概念，他将其描述为探索并且影响一个人的身体和所处社会环境的动力。怀特深受皮亚杰的理论影响，他认为有效互动的体验不仅愉快，而且具有内在激励作用。怀特的理论跨越了自主和沉浸需求之间的界限，因其强调当下的体验而似乎更接近沉浸。怀特的理论贡献意义重大，因为他跳出了所处时代的精神分析和驱力理论的桎梏，提出了一种寻求刺激和有效互动的独特需求。
- E.托里·希金斯的概念调节性匹配（regulatory fit）与契克森米哈赖提出的心流状态非常相似。调节性匹配描述了促进任务或活动继续进行的条件，使它们"感觉正确"。
- 除上述理论外，以下动机概念也与沉浸需求一致。
  - 戈登·奥尔波特的享乐主义和快乐需求。
  - 威廉·詹姆斯和亨利·默里的娱乐与建设的需求。
  - 亨利·默里的感知需求，与科恩、斯托特兰、沃尔夫提出的认知需求的概念类似。
  - 曼弗雷德·马克斯–尼夫的参与和放松需求。

与沉浸需求相关的情绪表现

积极的、促进性的沉浸需求往往与渴望和期待的感觉联系在一起，就像是即将乘坐过山车。得到满足后，我们将完全专注于当下，进入心流状态。消极的、预防性的沉浸需求可以表现为无聊或停滞的感觉，或是因为进入沉浸的过程持续受阻而感到愤怒、不悦；找到放松的感觉，我们就能摆脱停滞感，并且迅速将其转化为对所渴求体验的急切期盼。

确定沉浸需求的来源

既然你已经沉浸在阅读这本书中，那么现在就是思考个人沉浸需求的最佳时机。闭上眼睛，花点儿时间想象你工作的方式，什么形式的工作都行。想好后回答以下问题。

- 你是否经常在做事时完全专注，有时间飞逝的感觉？回想你是否有在某项活动中专心致志而忘记时间的经历。
- 你上一次全身心投入某项活动是什么时候？当时在做什么？明确具体是什么活动持续吸引你的全部注意力并提供成就感。
- 有没有因为枯燥或无趣而令你心生胆怯的任务或项目？想想日常生活或工作中你不愿意做的事情，以及为什么会有这种感觉。
- 你有让你兴奋又富有挑战的兴趣爱好吗，多久实践一次？想想你是否积极地为使自己充实、专注的爱好留出时间。
- 你能做些什么来使工作或日常活动更有沉浸感？探索修改或处理任务的更多方式来增加参与感，比如设置个人挑战或改变环境。
- 你觉得你所处的环境对深度参与有帮助，还是时不时有干扰让你分心？评估你周围的可能阻止你进入深度沉浸的干扰因素，并思考如何最大程度降低其影响。
- 你能以一种不因自己思想分心、不受他人干扰、不受时间限制的方式工作吗？如果不能，你能为减少侵入性思维做点儿什么？你如何降低已逝时间对自己的影响？你如何使工作进程免受他人的干扰？
- 你的工作性质与你的能力、优势适配度高吗？你是在工作中自然地表现出色、毫不费力，还是无比努力才能将工作做好？如果是后者，你如何承担更多和你的专长更适配的工作？如何将不适合自己的工作内容分派出去？

- 你是否有明确、合理、可实现的目标，并对你的表现有即时反馈？如果没有，你会如何明确目标，重新安排工作内容，确认其可行性并提高反馈的频率和质量？

第 9 章
成功

如前所述，西方社会明显受到"物质成功是通往幸福的康庄大道"这类错误认识的影响，过分强调成功的必要性。这样的文化环境导致人们对"一心一意追求成功"的人只会产生正面联想，广告中充满了对这些"成功人士"热切的关注。黎明之前，他们到达健身房；夜幕降临时，走向停车场的最后一辆车。失衡的成功动机可能带来财富，却无法赋予人生意义和目的。相反，一旦动机能量平衡，我们就能通过物质世界的活动同时寻求适当的物质和精神回报，如出色完成工作后产生的满足感。

合作与竞争

人无疑是群居动物，合作和竞争都是复杂动物社会固有的特征。蚁巢、蜂巢的构建，狼群、狒狒群乃至人类社会得以稳定存在，都得益于个体生物的复杂协作。合作策略大获成功，完全颠覆了自然选择的规则——为了合作，能够适应环境的个体获得的利益几乎必然受损。个体由于发起合作行为而降低了自己的生存概率，这样的例子比比皆是：通过嗥叫警告族群捕食者将至，会暴露自己的位置；选择与族群分享猎物，分到的会比独享少；最先与敌群战斗，则受伤、死亡的概率更大。既然如此，为什么还要合作？

尤瓦尔·诺亚·赫拉利（Yuval Noah Harari）指出，推动人类进步的不是聪明才智或对生的大拇指，而是人类以越来越复杂的方式合作的能力。复杂社会中，动物的需求也复杂，高效摄食、寻找住所、抵御外敌，随之而来的压力催生了特定的行为模式。复杂的哺乳动物社会的普遍特征是形成优势序位，个体成员之间需要通过竞争来确定各自在阶级中的位置。

关于竞争的生物学理论基础，我们不必看得太远。我们生存所需的工具都能够很容易地在心理、生理机制中找到。直接出击的手段有，使用狩猎和杀戮本能；挑战更强大的个体之前发挥社交技巧、拉帮结派；采取剥削策略，让强大的竞争对手垄断资源，或是掠夺弱势群体成员的资源；非直接手段则是通过破坏或使竞争对手的潜在资源无法使用，挑战其优势地位，直至削弱、赶走他们。所有竞争方式都必然迎来"赢或输"的终局，胜者欢欣鼓舞、享受胜利的感觉，败者则心情不愉、怅然若失，甚至心生怨憎。

除了身处战争和监狱这些罕见的情况，我们很少使用如此赤裸的方式争夺资源。为夺取优势地位，许多群居物种采用了更安全的替代方案，比如不断发展变化的"锦标赛"，一种象征性的、不流血的比赛，整个动物界几乎都有这种形式，包括但不限于狼、鬣蜥、鱼、蛇和仓鼠。所有比赛的核心是同一种观念，即"打斗只是一种仪式"，最多只允许造成轻微的伤害而绝不能置对方于死地。当较弱的参与者在比赛中释放投降的信号，例如翻身着地并且露出没有防备的喉部时，新的优势地位确立，战斗即停止。在人类社会，摔跤、拳击和综合格斗比赛以惊人的相似方式遵循着这种模式。

人类追求成功、成就的背后还有更多的驱力，物质上的成功既是对力量、权力、特权、能力和智慧的公开展示，也是对物质领域（优势）地位动机的重申。作为物质成就的顶点，成功是对物质的神化，引发了物质崇拜甚至信仰，这让人们的物质需求与超越需求直接对立，难怪对超越或更高目标热切的追寻总是与禁欲主义或者降低物欲有关。对于那些将动机分为恐惧和贪婪（华尔街的惯用语，相当于空头和多头）两大类的人，如果说对安全的需求由恐惧驱动，那么成功动机主要的底层情绪一定是贪婪。好在人类不止有这两种情感需求，毕竟有太多人受贪婪蛊惑，参与了合法但不道德甚至是彻头彻尾的非法活动。电影《疤面煞星》（*Scarface*）中托尼·蒙塔纳（Tony Montana）家中极度奢华的装饰和随处可见的佩戴沉重金链、驾驶改装豪车的黑帮分子正是对无止境的欲望最好的例证——靠坑蒙拐骗谋生之人不可能只图"生活舒适"（见图 9-1）。

图 9-1　我们应该不顾一切地追求成功吗

资料来源：BMW Group（1976）。

利用成功满足其他需求

我们通过物质成功来巩固动机矩阵的成果,并通过下列典型的行为模式来体现这一过程。

新晋成功人士会有如下行为。

- 搬到有门禁的安全小区,安上家居安全系统(安全感动机)。
- 将其业务的日常管理交给下属,以便:
  - 追求激情所在,通常是艺术或音乐(真实性动机)。
  - 通过教育、旅行和志愿服务重新聚焦自我提升(潜能动机)。
- 开始资助政党和候选人以增加影响力(自主性动机)。
- 沉浸在美食、陶醉感或性爱等享乐主义快感中(沉浸动机)。
- 专门购买法拉利、布加迪、兰博基尼、阿斯顿·马丁或科尼赛克等品牌的豪车炫耀财力(成功动机,为成功再次加码)。
- 加入董事会或其他组织,举办晚宴等活动以扩大社交圈(归属动机)。
- 用昂贵的礼物、出国旅行和其他资源来满足对亲密(关系)的渴望(关怀动机)。
- 资助建造新的医院大楼,并以自己或者配偶的名字命名(认可动机)。
- 推进社会与环境公平的倡议(正义动机)。
- 竞选政治职位以支持一个当前具有争议的立场,可能是修改关于自主死亡权利的法案、致幻剂合法化问题或停止对动物的虐待行为(伦理动机)。
- 放弃物质财富,彻底开悟(超越动机)。

个体和群体对成功的需求

作为典型的个人主义国家,美国尤其推崇和重视个体对成功的需求,广告中经常细致展现的"胜利时刻"就是证明。相比之下,以日本为典型的奉行集体主义文化的国家虽然也很重视成功，但将成功置于以长期关系、忠诚、团队协作为基础的集体成功之中。不同类型的成功自然应当使用不同的描述。在美国，成功往往指个体成功，而在日本，成功则仰赖集体的努力。

麦克利兰的成就需求理论

亨利·默里的学生、哈佛大学的教员戴维·麦克利兰曾经接受挑战，研究"非理性"经济行为问题。很多年后，丹尼尔·卡尼曼、阿莫斯·特沃斯基和丹·艾瑞里等人做出了这个领域十分有名的研究。20世纪60年代中期，卡尼曼在哈佛大学担任认知心理学讲师，而麦克利兰的《成就社会》（*The Achieving Society*）出版于1961年，这也许不是一个巧合。在老师亨利·默里列出的长串动机清单中，麦克利兰选择了与他对组织动力学的兴趣相符的三个进行深入研究，即对成就、从属和权力的需求。他最著名、最持久的研究对象正是成就。麦克利兰和约翰·阿特金森一起将成就定义为解决问题、完成目标和创造新事物的需要。

研究表明，具备成就需求人格特质的人不只看重成功这一种回报，还在完成工作和限时任务的过程中表现出了高度的尽责性。这些个体知道如何在工作中获得内在回报（更快地进入沉浸），麦克利兰和阿特金森还因此发现，这些个体对出色的工作成果和表现等内在的评价体系更敏感，却对外部回报（如认可）反应平淡。麦克利兰和阿特金森对成就需求的定义无意中融合了两种截然不同的需求：成功需求和发挥个人潜能的需求，极具开创性（后者相当于马斯洛的自我实现需求）。通过区分个人成长的需求与相对粗俗的、对物质成功的渴望，我们的研究发现两者各有一套完全不同的关联概念，这表明成功需求和潜能需求更近乎对立，而非互补。

创业与成功

美国文化十分看重白手起家的个体,不仅因为人们都暗暗期待有一天可以取得巨大的成功,对那些功成名就之人有一定的敬畏之心,还因为白手起家的故事是美国文化中一个重要的传奇篇章。美国人的集体故事最看重"叛逆"(美国开国元勋就是例证)和强烈的个人主义。这些故事告诉男人要拒绝顺从,"让这份工作见鬼去吧",总是喜欢写牛仔、亡命之徒或者海盗,这种时候,没人会愿意排队等着进入"会计师聚集的迷你高尔夫球场"⊖。

人们往往将拥有创造力、驱动力、卓越资质和独特视角等美好品质与企业家联系在一起。最典型的企业家是史蒂夫·乔布斯(Steve Jobs),他具备上述所有特征。我们都问过自己,"我具备成为企业家的条件吗"或者"我能成为下一个史蒂夫·乔布斯吗"。

我们的团队最近为创业偏好和兴趣制订了评估标准,主要包括创办和经营公司、组建团队和在感兴趣的领域有所建树的意愿。我们发现,创业冲动与高情商即擅长认识、调节自己和他人的情绪有关。初露头角的企业家特别擅长调节和改变他人的情绪,还会利用自己的情绪来解决问题、实现创新。

有趣的是,一些志在通过创业"走自己的路"的人和成功导向型的人往往都有一种常见的心理障碍:冒名顶替综合征,即怀疑成功并非自己靠能力取得,感觉像是在欺骗他人。某些创业者的动力往往是缺失感或无助感,他们希望实现物质成功能够克服这些感觉。这类人不太可能完成自我实现(即发挥全部潜能)。推动创业的重要内在动力之一是"心有不甘",或是想证明自己,这些创业者必须察觉这种焦

⊖ 比喻非常无趣的活动。——译者注

虑。问问自己，"我在努力实现对个人有意义的事情，还是想让那些反对者闭嘴？"事实证明，不同的目标对创业者最终能否成功有巨大的影响。

"黑马项目"（The Dark Horse Project）是一项长期的、针对取得意想不到的巨大成功之人的研究（由哈佛大学的心理学家主导），弄清了这些克服重重的现实阻碍才取得成功的人具有什么特征。

其中最重要的两个特征是：

- 对发展自己最重要的部分的热情和长期关注（内在关注）。
- 不关心与其他人相比自己的表现如何，不在意典型的成功衡量标准（即没有外部焦点）。

想要创业的人必须在保持对事业的热情和对抗反对的声音之间进行关键的抉择。数据清楚地显示，这将是两条完全不同的路。

希望反对者保持沉默的创业者往往以减少被排斥感为动力，努力寻求社会的接受和认可。他们不仅面临寻求社会支持的压力，还有冒名顶替综合征，同时认为自己还没有发挥出全部潜能。

而那些有内在动机的人往往对目前的处境非常积极。在情绪需求方面，他们努力在工作中获得沉浸感、参与感和专注的感觉，完全活出真实自我，实现更高的目标。有趣的是，这些人更有可能体验到超越的感觉（也就是说，感受到自己是更大的事物的一部分，万物皆以某种形式相连，这里的所有愿望都能实现），更有可能相信命运掌握在自己手中。论及"角色定位"，他们更有可能将自己视为勇士、艺术家或探险家，对于将自己的工作视为更大层面上的、意义非凡的"求知"的人而言，这些描述恰如其分。

因此，如果你被创业所吸引，必须明白你前行的真正动力会带来怎样的现实结果。以击溃反对的声音为动力，你可能会在短期内持续行动，但从长远来看，这无法为成功打下良好的基础。为创业找寻更大的目标能够更好地实现真正的成功,无论是物质上的还是精神上的。

浮夸型自恋与成功需求

经济学家约瑟夫·熊彼特(Joseph Schumpeter)对创业精神和资本主义的过去和未来进行了深刻分析。他认为,企业家推动了私营部门的增长,除了追求利润之外,他们还想"建立私人王朝,赢得市场竞争,享受创造的乐趣"(1934, p. 93)。[1]换句话说,成功需求的动机既有理性的也有感性的,后者包括渴望留下遗产,追求永垂不朽,渴求胜利和见证创意成真的喜悦。

在这里,我们再次看到了缺失感和野心这两种动力的不同。熊彼特观念中的试图建立王朝的征服者往往渴望弥补生活中缺失的东西。相比之下,"创造的快乐"则指向长期投身于真正的沉浸需求、开放性和不在乎他人想法的"黑马"特征。用成功来填补空虚的人深受成功的表象吸引:获得奖项、进入排行榜、登上杂志封面,受到社会地位的驱使,以致浮夸型自恋倾向愈演愈烈。

成功需求的关联因素

对成功的追求代表了一种迅速到达"终点线"的普遍愿望——不必在自尊、真实性和个人成长方面打下坚实基础,不必具备良好的社会关系,也不必过多关注伦理或目的。前文在创业情境下已经指出,追求成功会带来大量的情感负担,这在正向追求成功和努力克服失败感的过程中都有所体现。

成功动机:正向与负向。不论是正向还是负向的成功追求,都肉眼可见地必将面临一系列难题。两者都与家庭生活中缺乏情感支持和身体健康欠佳有关,与缺少与他人的联系和缺乏社会支持有关。除了面对广泛的社会挑战之外，那些正向追求成功，同时又受到负向动机影响的人，通常会感到与工作（包括经理、工作中可利用的资源以及公司提供的福利）的联系较弱。他们更容易表现出由不满驱动的鲁莽行为，这种行为通常会表现为"打破规则"或是"尽情享乐"。相对而言，这些人不太可能表现得尽责又乐观，扮演无辜又纯真的角色。

正向追求成功（positive aspirations for success）。和预期一样，我们发现对成功的正向需求与沉浸（动机矩阵的物质领域中与成功相邻的动机）需求显著相关。正向追求成功不仅与社会隔离和负面预期有关，还与外部控制点有关，即相信超越自我的力量决定着事物的关键走向。这个群体具备充满勇气的、大胆的自我认知，更有可能扮演"探险家"的角色。

优先考虑物质成功与灵性需求、精神需求呈负相关，后者包括参与宗教仪式、追求更宏大的人生目的，以及希望祈祷应验。

努力克服失败的感觉。如果身处"有毒"的工作文化，受其工作指标影响，人会不可避免地恐惧失败，从而产生强烈的避免失败的需求。这种工作文化有如下三重特征：

- 高管和员工之间的薪酬差距很大。
- 在促进社会公平方面仅做表面文章。
- 对员工漠不关心。

恐惧失败的一个重要原因是极度担心在工作中感到倦怠，这也是有毒的工作环境的一大特征。此外，那些在失败感中挣扎的人往往认为自己没有想象力、创造性，或者说无法成为艺术家；更少认同真实性的价值。

令人关注的是，在对失败的恐惧中，我们没有看到一个人对自己的命运或才能感到恐惧，即马斯洛所说的约拿情结（Jonah complex）[2]。如果这种情况总是发生，那它多半会与实现潜能的需求相伴出现。

关于成功需求的其他观点

许多心理学家对成功需求提出了类似的观点，并在 21 世纪中叶获得了关注。

- 20 世纪八九十年代，卡罗尔·德韦克和卡萝尔·埃姆斯引入了成就目标理论（achievement goal theory），该理论区分了适应性和非适应性的目标导向行为（goal-oriented behavior），即分别具有成长型或固定型思维模式。固定型思维模式与绩效目标导向有关，固有地将结果评价为成功或失败。成长型思维模式与学习目标导向有关，会基于过去的表现做出比较评价，关注个人的提高和成长。因此，我们将固定型思维模式/绩效目标导向归为典型的成功需求，将成长型思维模式/学习目标导向归为典型的实现潜能需求。
- 除上述内容外，以下动机概念也与成就需求一致。
    - 威廉·詹姆斯、威廉·麦克杜格尔和亨利·默里的习得需求。
    - 麦克杜格尔的贪婪驱动理论。
    - 埃里克·埃里克森的"勤奋"概念。
    - 曼弗雷德·马克斯-尼夫的创作需求。
    - 史蒂文·赖斯的储备需求。

与成功需求相关的情绪

积极的、促进性的成功需求通常表现为目标即将完成时伴随的强烈渴望和内在动机。这种需求表现为想要完成任务、完成工作，并且在完成后感到满足，像是"画上了圆满的句号"。当然，如果完成目标还有奖励，这种渴望可能会延伸为对奖励的追求。满足这些需求通常伴随着解脱和兴奋的情绪，就像是在一场激烈的比赛中获胜一样。在这个领域，消极的、预防性的需求则与想要避免失败相关，通常表现为不安或是害怕迷失、能力不足、对自身的行为后悔。

确定成功需求的来源

我想花一点儿时间向那些认为自己专注于成功需求的读者道歉。在本章中几乎没有什么令人感觉良好的内容。然而，我也可以肯定地说，大多数认为自己专注于成功的人，实际上同样专注于其他所有结果需求——发挥潜能、获得认可、为了更高的目的而努力。现在，请花点儿时间，闭上眼睛想一想专注于成功对你意味着什么。

当你想象出成功的样子后，请回答以下问题。

- 你是否在生活的各个方面（如职业、关系或个人成长）对成功有明确的定义？想想你如何定义成功，以及这些定义是否符合你的价值观和抱负。
- 你如何衡量自己的成就，这些衡量标准是否激励你继续努力？回想你用来评估成功的标准或指标，以及它们是否会推动你朝着目标前进。
- 你最为骄傲的成就是什么，为什么？回顾过去的成功，分析是什么让这些成就对你而言具有重要意义。
- 你是否为自己设定了现实的目标，遇到挫折时你是如何应对的？评估一下你的目标是否可以实现，并考虑你应对阻碍或失败的策略。
- 外界的认可对你感受成功有多重要？想想外部认可在你的成就感中的作用，以及它是否会影响你的动力。
- 你目前正在朝着什么一旦实现将会是重要成功的目标努力？确定当前对你来说重要的项目或目标，以及你为什么重视它们。
- 你如何平衡对成功的追求和生活的其他方面（如娱乐放松、人际关系和个人幸福）？评估一下你对成功的追求与生活中的其他重要领域之间平衡的程度。
- 没有人的成功兴趣是完全由内在或外在动机驱动的，你对成功的兴趣有多少来自自己的热情和目的，而不是为了"超越"同龄人或"击败反对者"？
- 找到你的热情、个人成长方式和目的对你来说重要吗？如果不重要也没关系。正如我们在本章中看到的那样，有很多人一心一意地专注于物质上的成功。
- 如果你想要与自己的热情和目的连接起来，可能会有哪些想法或信念阻碍你？通过揭示这些通常无法言说的东西，你将朝着真正的、持久的成功迈进。

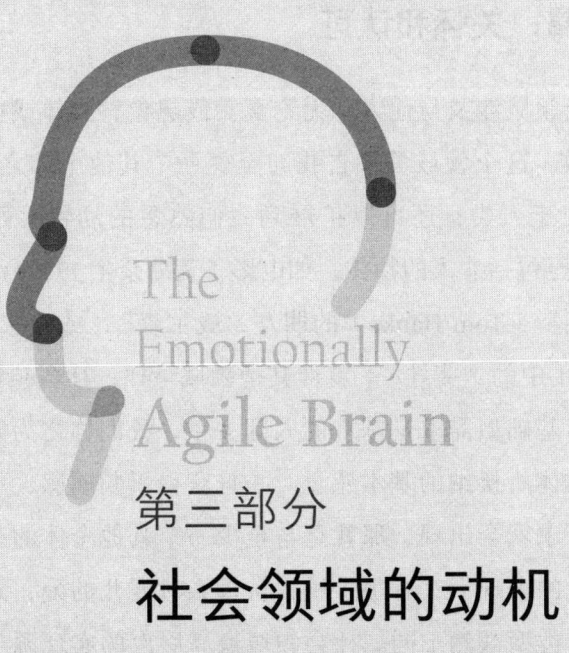

第三部分

社会领域的动机

归属、关怀和认可

社会领域涉及与他人（无论真实或想象、实体或虚拟）相关的愿望和挫败。这个领域关乎自我与至少一个其他个体之间的情感关系，它不仅限于人类，还可以扩展到我们熟悉的动物（如工作动物或宠物），甚至包括非人的物体，如电影《荒岛余生》（Cast Away）中的汤姆·汉克斯（Tom Hanks）的朋友"威尔森"，或电影《机械姬》（Ex Machina）中的"艾娃"。就像其他领域一样，社会领域也有三个层次的实现。基础型需求是基本的人际关系，我们称之为归属，即一个人被某个群体所接纳的基本感觉。一旦获得了归属感，更高层次的体验型社会需求就会出现，那就是与至少一个其他个体的亲密关系或深度联结。爱的表现形式有很多种，从母亲对婴儿的爱，到恋人之间的浪漫依恋，类型截然不同。社会领域最高层次的实现源于积累大量成功的群体联结和爱的行为，体现为个体很好地扮演了社会角色，并在社会共识中获得尊重、肯定、验证、欣赏、尊敬、信任。

马斯洛与社会领域。我们的社会领域大致等同于马斯洛的社交需求和尊重需求。我们的模型与马斯洛的观点一致：社交需求（即归属和关怀）只有在生理需求和安全需求得到满足后才会出现，而这些需求是自我的基本需求；更进一步地说，归属需求和关怀需求必须得到满足，才能凸显尊重需求（即认可）的必要性。不同之处在于，我们目前的模型强调这两种需求分别属于社会需求的不同层次。

在马斯洛于 1943 年发表的最初论文《人类动机理论》(*A Theory of Human Motivation*)中,他明确将归属需求和关怀需求融入了"社交需求"这一概念中:

> 如果生理需求和安全需求得到相当程度的满足,那么爱、情感和归属需求就会出现。此时,人会深切地感受到没有朋友、恋人、配偶或孩子是一种怎样的缺失,这是从未有过的感受。他会渴望与人建立亲密关系,渴望在群体中找到自己的位置,并为实现这一目标付出极大的努力。

和许多人一样,我们认为群体联结和归属的需求,与对浪漫激情的猛烈需要或母亲在爱意的强烈驱动下保护孩子明显不同,尤其是在即时强度和最终目标上。它们也有一些共同点,比如目标实现后的欣喜和目标未能实现的痛苦。马斯洛指出,爱与归属需求未能满足的常见表现是无法融入群体或爱无能,这往往是导致不同形式的适应不良乃至严重心理问题的根源。

孤独与马斯洛需求层次理论(the hierarchy of needs)。《荒野独居》(*Alone*)这一历史频道的系列节目是一个很好的自然实验。节目中,十位老练的生存专家同时置身于严酷的荒野中,只能使用最基本的工具(例如斧头、锯子、小刀、防水布、绳索、弓箭、容量两夸脱㊀的锅、防熊喷雾、水瓶等)独自生存。节目通常从北极的秋季开始直到冬季,这意味着食物的获取将变得越来越难。成功的最高要求是相对健康地生存至少 100 天,并 / 或比其他参赛者生存更久。获胜者最终可以赢得 50 万美元的奖金。

每个赛季都差不多有两三名选手在比赛开始的前 30 天内即遭淘汰,通常是因为生病、受伤或食物不足等生理需求的威胁。其他选手

㊀ 约等于 1.89 升。

此时已经搭建了坚固的庇护所，并为寒冷的日子储备了足够的食物。这些人享受当前的成就，享受与自然相处的时光，细细品味猎获到的各种动物。此时，他们的生理需求和安全需求都已得到满足。更高层次的需求紧随其后，如物质层面的自主（"我能做到，我能在这里生存下去"）和个人层面的真实性（"我喜欢用多种不同的方式打造庇护所，这是我独特的风格"）。然而，不久之后，当社会需求开始显现，我们能明显看出长期维持且重视亲密关系的人（这些人总是声称忍受极端环境的折磨是为了别人）与平时就独居的人之间的不同。它始于一种模糊的孤独感，随着时间推移，孤独感带来的侵蚀越来越强烈，毕竟与他人产生联结和寻求归属本就是人类最基本的需求。有亲密关系的人不约而同地开始动摇，开始思考自己为什么选择远离家人在荒野中独居，尤其是在他们证明自己能够独立生存之后。值得注意的是，没有人在谈及放弃的理由时提到想念朋友、同事或其他非家庭成员。与挚爱的人分离的痛苦清楚地揭示出，归属需求和关怀需求的关键区别。上述情况反过来也揭示出，参与者只有克服或征服对亲密关系的需求才能专注于"奖赏"——物质上的成功、潜在的来自世界各地的认可。

社会动机独特的互惠性（unique mutuality）。马斯洛正确指出，爱与归属需求既包括付出也包括得到。这是社会领域独有的特性，与其他主张非输即赢的动机领域形成了强烈对比。在物质领域，很多时候如果A赢了，B就输了，这与他们相对的自主、沉浸和成功的程度有关。同样，在自我领域，给予A安全感可能会促进B的安全感，形成良性循环，但这并不是必然的，可以类比经济学中的涓滴效应○。让A尽情表达自我，可能会促进他人表达自我，但这种情况同样不会自行发生。想要一展身手的人不可能都如愿以偿，因为资源总体上是有限的，即

○ 认为政府对富人阶级减税、提供经济上的优待政策，可改善经济整体，最终会使社会中的贫困阶层人民的生活也得到改善，理想场景犹如给香槟塔倒酒，顶层酒杯先满，然后酒自然流下注满其余酒杯。——译者注

便对纽约大学的新生而言也是如此。

在社会领域，一个人愿意付出的程度与他得到的机会成正比。用保罗·麦卡特尼（Paul McCartney）的话说："你得到的爱与付出的爱最终会是同等的多。"这句话凭直觉看很有道理：友好和包容的人更容易获得朋友和社会接纳；充满爱心、情感充沛的人更容易获得爱和关心；乐于给予赞扬、肯定他人的人，也更容易获得相同的回报。这个原则很简单，却在我们的教育体系（无论是正式还是非正式的）中严重缺失。

互惠性的缺位（missing in action）。尽管最近的美国幼儿园前教育课程中强调了情商和基本社会技能，但社会仍然更偏爱那些拿走社会资源的人，而非付出的人。西方文化不仅崇尚"出名"，而且正在迅速地被互联网和社交媒体重塑。最近的一项研究发现，"为了出名而出名"是最受10~12岁美国儿童欢迎的人生目标，远超对物质成功和较高社区意识水平的追求。迷因文化（meme culture）中，一个人随时可能声名鹊起，或是人人喊打。QScores（一种被用于追踪名人知名度和受欢迎程度的衡量标准）显示，许多没什么成绩的网络红人在这些指标中遥遥领先，远超那些有"真材实料"的人。青少年们不断看到网络红人如 PewDiePie、珍娜·玛柏（Jenna Marbles）和米兰达·辛斯（Miranda Sings）⊖ 被赞美和被财富簇拥的景象，而这些名人之所以得到这一切，仅仅是因为出名。他们非常敏锐地推测出：这一切始于名声，接着是浏览量，最后转化为广告收入，日积月累，最终形成巨额财富。以2021年为例，新一代 TikTok 网红的年收入为：查莉·达梅利奥（Charli D'Amelio）1750万美元，迪克西·达梅利奥（Dixie D'Amelio，查莉的姐姐）1000万美元，艾蒂森·蕾（Addison Rae）850万美元，贝拉·珀尔奇（Bella Poarch）、乔希·理查兹（Josh

---

⊖ 和下文的 Poarch 等人皆为活跃在视频网站上的当红博主。——译者注

Richards)、克丽丝·科林斯（Kris Collins）和艾瓦妮·格雷格（Avani Gregg）等人的收入仅为500万美元。这些"创新者"为社会带来了什么呢？恐怕只有几招新舞步而已，余下的全是"态度"。

代表"老派"和传统成就的名人则是职业运动员。这一行业披露出许多内幕，比如运动员的大脑有内在损伤风险，他们有不当行为甚至频繁违法，各组织最高层的性别主义和种族主义倾向等，民众的指责也随之而来。因此职业体育联盟近年来着力强调高收入运动员对社会的"回馈"，这些慈善行为很显然是为了公关和社交媒体传播事先精心策划的。对于青少年来说，他们身负厚望，却生活在一套极度混乱和扭曲的生活规则中。学校教育要求他们认真对待并在STEM（即科学、技术、工程和数学）领域取得专业水平，最终在科学或技术领域过上体面的生活。这个提议听上去毫无吸引力，因为另一种声音说，只需要做自己、积累大量粉丝，就能成为百万富翁或亿万富翁，前面这些步骤都可以跳过。根据我们的金字塔模型，过程听上去就像这样：你完全可以不培养真正的社区意识，不去建立互利的个人关系，直接走向社会认可和物质成功（毕竟，谁会真的在乎实现自我潜能和寻找意义呢，反正只要你有钱有名就好）。一般情况下，这种认知顶多会让原本打算努力工作的人有点儿丧气；但在最坏的一种可能中，它将摧毁所有健康的动机。

社会动机的内涵。心理学家和神经科学家认为，我们的社会动机与金字塔模型中的"推与拉"动力学一致，反映了我们渴望体验积极的社会情感（如骄傲、钦佩或爱），希望避免消极的社会情感（如内疚、羞耻或嫉妒）。此外，人们认为，我们的社会情感是由许多基础的初级情感组合而成的。例如，厌恶情感在生物学上的基础是排出体内的有害物质。这种生理行为模式还是社会情感蔑视的基础。这些情感会借由诸多生理特征表现出来，如鼻孔闭合、嘴唇分开的面部表情。许多研究者试图借助这种行为学方法，对社会情感进行矩阵分类，该矩阵一方面区分"行为者"(即自己)和"观察者"(即社会中的他人),另一方面区分所讨论行为的结果是否成功。为了进一步细化这些分类之间的交互,我们引入了第三种维度,包括社会目标(满足他人的期望与获得他人的喜爱)、成功或失败是否值得、社会信号的状态是积极的还是消极的。为了简洁直观,我制作了表3P-1,行由社会信号的状态/关系质量(正面或负面)定义,列由相关人员(自己与他人)和结果性质(成功与失败)的四种组合定义。[1]

表3P-1 引发社会情感的条件

社会信号的状态/关系质量	自己的成功	自己的失败	他人的成功	他人的失败
正面	骄傲、感恩、敬畏/惊叹、飘然(基础:喜悦)	坚忍、韧性(基础:抑制负面情感)	钦佩、骄傲[①](为他人的成功自豪)(基础:依附、喜悦)	同情(基础:依附、悲伤)
负面	尴尬(基础:恐惧、悲伤)	内疚、羞愧、尴尬、失望、后悔(基础:悲伤、回避)	嫉妒、怨恨、愤怒、蔑视(基础:厌恶、愤怒)	幸灾乐祸("伤害的快乐")(基础:愤怒、厌恶、喜悦)

① 原文为"Nachas",源自意第绪语,通常用来表达因为某人的成就或成功而感到的骄傲和喜悦。

- 当一个人取得个人成功时,通常会产生喜悦的感觉,这种情感可以表现为自豪,感恩机遇或他人的帮助,对自己好运的敬畏、惊叹或飘然。所有这些情感都建立在喜悦的基础上。在某些情况下,个人的成功还会带来负面情感,甚至有可能完全取代积极情感。有时成功者因为自己占据不公平的优势地位而感到内疚,有时则因为引起了不必要的关注而感到尴尬,这些情感都建立在回避反应的基础上。
- 当一个人失败时,通常会产生负面情感,包括失望、后悔、羞愧或尴尬,这些情感通常由回避或悲伤产生,有时两种机制兼用。在某些情况下，失败会引发正面的信号，包括"坚定沉着"，展现出坚忍和韧性，这代表了对自然产生的负面情感的抑制。
- 当他人成功或失败时，我们的情感反应通常受到与他们当前关系质量的调节。
  - 如果彼此关系良好或有认同感，他们的成功会使我们钦佩和骄傲，这些情感是喜悦和社会性依附基本机制的延伸。
  - 当这样的人失败时，我们往往会"感同身受"，感到同情和怜悯，这是悲伤共情的基本机制的应用。
  - 如果彼此关系恶劣，他们的成功通常会引发我们的嫉妒、怨恨、愤怒和蔑视，这些情感是愤怒、攻击和厌恶的基本机制的延伸。
  - 当这些人失败时，我们会转向幸灾乐祸（schadenfreude），字面意思是"伤害的快乐"，这是由你讨厌的人的痛苦带来的反常的愉悦感，代表喜悦、愤怒和厌恶机制的奇特混合。

共情的神经科学（the neuroscience of empathy）。除了与引发情感有关的神经过程以外，科学家们还发现了一些专门促进社会关系的独特大脑结构。安东尼奥·达马西奥提出，我们的神经系统有一个"替代回路"（as-if body loop），让我们得以系统地整理对另一个有机体身上发生的事件的内在认知，并且回想这些事件，"如同"我们真的是另一个人。著名的镜像神经元曾被错误地认为是共情的神经基础。[2] 研究累积的证据表明，即便没有镜像神经元，社会协调系统在人类清醒时也始终处于运行状态。瑞典乌普萨拉大学乌尔夫·丁伯格（Ulf Dimberg）小组的研究证实，当看到包含情感的表情图像时，观众会不自觉地利用面部肌肉重现这些表情，但这种反应是在皮下且无意识下做出的，仅能通过肌电图检测到。有趣的是，脸部肌肉注射过肉毒杆菌的人通常会表现出较弱的情感反应，这可能是因为他们难以模仿他人的表情。[3]

社会协调系统的自动运行代表了一种"始终开启"的基础神经过

程,它为更复杂的共情提供了信息支持,比如有意识地"换位思考"。这种共情的延伸需要用到心智理论,即理解他人可能在思考什么或感受到了什么。根据达马西奥的研究,这种复杂的推理结果来自右半脑的信号整合,这些信号源自岛叶皮质和躯体感觉区 1 和区 2。

社会情感与伦理的神经基础。上面回顾的社会情感为伦理系统的产生奠定了基本基础,认为精神领域中的正义、伦理和目的需求根源于社会领域,这与我们动机矩阵所暗示的发展进程是一致的,即社会发展先于精神发展。

"社会情绪"(socioemotional)。社会情绪这一常用术语反映了两个概念的混合:常见的"情绪"和特定的"社会情绪"。为什么这种明显的分类错误会被容忍呢?我认为这种宽松的定义对于外行人来说是可以理解的,因为我们体验到的最强烈的情绪往往是社会情绪。

社会情绪为何如此强烈?当我们考察极端行为如谋杀或自杀时,最常见的罪魁祸首往往是社会情绪。2022 年,枪杀取代事故成为美国儿童死亡的首要原因。这一点值得重申:美国青少年和儿童的首要死因是枪杀。[4] 自杀在青少年死因中的排名也在上升,现在已成为第二大死因,超过了降至第三的谋杀。许多研究将青少年(主要是该年龄段的女生)不断上涨的自杀率与社交媒体兴起联系在一起。[5]

可以说,谋杀通常是由诸如愤怒、嫉妒或复仇欲望的社会情绪驱动的。另外,自杀可能由多种因素引起,美国疾病控制与预防中心正对此进行深入研究。其研究人员使用美国国家暴力死亡报告系统(National Violent Death Reporting System)收集的多州数据确定了 7~11 岁的青少年自杀的三个主要征兆,分别是与学校、人际关系和个人相关的困扰。[6] 最常见的征兆是与家人、同龄人或约会对象之间的人际关系出现问题。简言之,问题都出在社会领域。

典型的"激情犯罪"通常涉及亲密关系或关怀需求的进展受阻,比如因嫉妒引发的谋杀后自杀的犯罪。众所周知,有进展不顺的爱情导致的自杀；可能与明面上的欺凌行为有关，由社会排斥（涉及基本的归属需求）引发的自杀；还有羞耻感驱动的自杀，这实际上是一种负面认同，在一些文化中甚至得到了社会认可，如日本的切腹，西方也有大量的例子，比如最近的杰弗里·爱泼斯坦（Jeffrey Epstein）自杀案。可以说，这些"征兆"在其他三个领域中不会出现，除非考虑到抑郁症是由心理上的不安全感产生的情况，或一些罕见的商业失败案例。很少有人出于未能实现个体性、自我实现、自主性、沉浸、成功、正义、伦理或更高目的这些需求[7]选择自杀。相比之下，社会领域的每一层级的需求都有可能主导自杀或谋杀案件。从这个视角来看，社会情绪确实非常强大。

第 10 章
归属

在社会领域中，无论是身处同龄人中还是在家庭里，追求群体接纳和联结都是最基本的需求。这种需求体现在对某个组织、友谊、亲情的渴望或者归属于某个团体。归属需求是社会领域的基础型需求，所有更高层次的社会实现，如亲密关系和尊重需求都建立在联结（他人）的基础上。与他人之间牢固的关系也是构成我们自身的重要部分，当我们与他人关系和谐时，我们通常会觉得自己最"真实"。[1]

至今仍然经典的故事《红鼻子驯鹿鲁道夫》（*Rudolph the Red-Nosed Reindeer*）主要讲的是归属问题。[2] 从故事本身（写于1939年）和其改编的定格动画短片（创作于1964年）中我们不难窥见当时的社会观念：鲁道夫天生有一个红鼻子，它的父母试图隐藏这一"缺陷"。鲁道夫的"缺陷"暴露后，同龄驯鹿无情地嘲笑它；象征"成年人"的老师告诉它，"这个社会不可能接纳你"。直到鲁道夫的"缺陷"派上用场，族群才给了它迟到的认可。无论是当时还是现在，故事中严苛的社会规则从未变过，而这样的故事至今依然深受家长喜爱，每年都会被讲给孩子们听。

可口可乐是世界上最具辨识度的品牌，同时也是全球最受欢迎的饮料，其品牌建设和持续发展依赖对"社会归属"的承诺，依赖每年在营销上高达 40 亿美元的巨额支出。该品牌的广告对流行文化和社会有着深远的影响，包括塑造了标准的圣诞老人（没错，就是那个让鲁道夫被社会接纳的人）形象。这些广告到底满足了人们的什么需求？这个品牌在情感营销上始终领先，在归属需求上做得特别好。它曾推出过名为"Share a Coke—Share a Feeling"（分享一罐可乐，分享此刻快乐）和"Hug Me"（拥抱我）的营销活动，后一个鼓励消费者给饮料机一个拥抱，把免费的可乐"挤压"出来。可口可乐的社交媒体负责人曾说："可口可乐讲述的是人与人之间的联结。"可以肯定的是，营销归属需求的策略相当有效。

神经科学与归属

达马西奥提出，我们的身体能够借由共情的神经基础发出有效的社交信号，促进归属的实现；他还提出腹内侧前额叶皮质（ventromedial prefrontal cortex，以下简称"vmPFC"）在调节合作行为中具备核心作用。脑成像研究表明，包含囚徒困境（合作与背叛）的实验能够稳定地激活 vmPFC。那些 vmPFC 受损的患者无法应用合作策略，无法表达社会情感，在社交中缺乏智慧，倾向于做出违反一般社会契约的行为。我们希望患者在过去的人生经验中积累的社会知识能够减轻 vmPFC 后天损伤对社交关系的负面影响，然而事实证明，光有理论知识不足以维持正常的社交行为。社交行为的规则必须通过情感表现出来，只有后者正常运作，社交行为的规则才能发挥作用。

社会隔离

哈洛的猴子实验。"社会隔离的影响"是 20 世纪 50 年代哈里·哈洛（Harry Harlow）在威斯康星大学麦迪逊分校进行的一系列实验的主题，实验内容包括将幼年恒河猴与母猴分离，并让幼猴长期处于完全隔离的状态，这对它们的成长造成了非常可怕的影响。如今，人们认为这些实验违反了研究最基本的伦理标准。亚伯拉罕·马斯洛在职业生涯之初曾在麦迪逊分校与哈洛一起工作，实属不幸。

哈洛试图验证约翰·鲍尔比依恋理论的正确性。该理论认为，在婴儿的成长过程中母亲的重要性更多地体现在建立婴儿与母亲之间强韧的社会纽带，而非单纯地提供营养。这种纽带为后来所有社会的、情感的发展提供了模板。尽管今天看来这一理论不言自明，但当时的育儿"专家"认为，和婴儿身体接触对他们的成长有害无益。哈洛最不道德的实验是将幼猴分开禁锢在他称为"绝望的深渊"的完全隔离装置中，幼猴在长达两年的时间里始终独自在黑暗里生存。他的实验报告中写道，幼猴被释放后陷入了情感震荡的状态，出现了自闭症的自我刺激行为，表现为抓着自己的身体前后摇动。有些幼猴拒绝进食，最后死于饥饿。哈洛尝试让这些猴子恢复活力，但它们已经永远无法再进行任何正常的社交。可悲的是，在不道德的人类"自然实验"中，哈洛的发现得到了进一步证实。

罗马尼亚孤儿院事件。 罗马尼亚在20世纪60年代时全面禁止堕胎，导致大量婴儿（实际上并非孤儿）一出生就被安置在国家管理的孤儿院中。这些孤儿院不仅卫生差劲、食物和药物匮乏，而且充斥着身体虐待和性虐待，经常长时间束缚儿童，并且将他们赤身裸体地置身于自己的排泄物中。由于缺乏消毒器械，孤儿院里的艾滋病病毒扩散迅速，许多儿童死于饥饿、可医治的疾病或轻伤。在这样的环境中成长的儿童约有50万，他们在孤儿院中完全不被重视，成长过程伴随着显著的身体和心理发育迟缓，最终长成了情感上饱受伤害的一代。和哈洛的猴子实验一样，这些发生在人类幼童身上的暴行为看待个体与他人（尤其是照顾者）之间联系的神经学基础提供了窗口，也证明基本的社交是人类的基础型需求。这些孩子在成长过程中缺少社交带来的社会刺激，只能用自我刺激行为来代替，例如前后摇晃、挥动手臂，这与哈洛的发现非常相似。这些孩子的经历充分说明，幼儿必须至少与一个照顾者建立信任关系才能发展出基本的社交和情绪管理机制，这和约翰·鲍尔比的依恋理论的猜测一致。这些孩子在缺少社交的环境中长大，大多错过了培养依恋能力的发展阶段，未来可能面临许多问题，比如无法与收养家庭建立亲密关系。从神经学角度来看，这些孩子的大脑通常较小，其杏仁核无法区分照顾者与其他人，这无疑是一种损害。在近1/3的随访案例中，损害近乎不可逆。

独处。一项针对美国监狱中被单独监禁的囚犯的研究记录了他们长期的心理健康，这份记录悲剧地重申了人类与他人联结的需求。为了维持法律和秩序，美国每天有约6万名囚犯刚刚结束在州立或联邦监狱中为期两周的单独监禁，这些单人牢房通常像衣橱一样小。囚犯们有时会在这种条件下被关押数年，甚至几十年。越来越多的证据表明，即使已经出狱，长期单独监禁的经历也将影响囚犯的健康。但这些证据有意地被忽视了，单独监禁仍然存在。研究显示：尽管监狱中单独监禁的囚犯不足10%，但自杀死亡人数却占总数的一半。人类天生具有社交属性，剥夺囚犯的社交自由会导致其大脑结构发生永久性变化。独处对海马的再生神经元能力有惊人的影响，作为与学习和记忆显著相关的大脑结构，海马在独处的环境中会物理萎缩。海马还作用于识别他人和环境并且做出适当回应，维持自我的一致性，值得注意的是，罗马尼亚孤儿院事件中损伤的关键情感中心——杏仁核与它紧密相连。

孤独蔓延

孤独不同于社会隔离，汉娜·阿伦特（Hannah Arendt）对此做过区分。社会隔离描述了一个人的处境，即与他人物理隔离的状态。有时我们为了与他人分离而寻求独处，这种状态的开始或者结束在我们的掌控中，它有疗愈作用。然而孤独是一种感觉，社会心理学家将其定义为个人所希望的社会联结与实际体验之间的差距。换句话说，你周围可能有很多看得见、摸得着的人，可能在 Meta、Instagram、Snapchat、WhatsApp、TikTok 等社交平台上有成千上万的"朋友"和无数粉丝，但你依然可能感到孤独。大卫·理斯曼（David Riesman）于 1950 年在《孤独的人群》（*The Lonely Crowd*）中描述了这个问题的本质。今天看来，这几乎是对社交媒体的预言。他认为，传统的参照点和内在标准已经让位于外部的、他人导向的参照（如社交媒体的帖子），人们用这些参照物来衡量自己在社会中的相对位置（我够富有吗？够瘦吗？够美吗？）。随着我们向他人导向的转变，我们已经忘记了真实性需求（自我领域）和原则。在此基础上，他预测，领导力、自我意识、人类潜力和生存意义的危机即将到来。

普遍流行。 凯瑟家庭基金会（Kaiser Family Foundation）在 2018 年进行的一项研究发现，美国近 1/4 的成年人（接近 6000 万人）承认他们"总是"或"经常"感到孤独或者处于社交隔离。美国信诺保险 2019 年的调查报告显示了类似的结果，近一半的美国人"总是"或"有时"感到孤单（46%）或被遗忘（47%），过半数的人（54%）"总是"或"有时"感到没有人真正了解他们。近期探讨社会联结减少的出版物包括罗伯特·帕特南（Robert Putnam）的《独自打保龄》（*Bowling Alone*）、社会神经科学家约翰·卡乔波（John Cacioppo）《孤独是可耻的：你我都需要社会联系》（*Loneliness: Human Nature and the Need for Social Connection*），后者着重研究了其神经学后果。重度孤独究竟有多普遍呢？在美国、加拿大和英国这些西方国家中，如果孤独是指没有倾诉对象、感到被遗忘、被排斥、缺乏陪伴或经常感到孤独，那么至少有约 1/4 的成年人正处于极度孤独的状态中。

越成功，越孤独。 孤独蔓延的主要原因之一是成功。正如罗伯特·帕特南所说，19世纪末和20世纪初的工业化、城市化和全球迁移共同破坏了社区的组织结构。在相对同质的小社区里，人们来自同一种族，信仰同一个宗教，语言和文化相同。被迫搬离社区后，他们深刻地感受到精神缺失，于是着手组建社会团体以重建社区感。这些因素催生了许多社会组织，包括美国意大利之子协会（1905）、挪威之子协会（1895）、哥伦布骑士会（1882）、古爱尔兰修道会（1836）、圣约之子会（1843）、美国童子军（1910）和美国全国有色人种协进会（1909）。这些组织大多充当群体之间的纽带（面向同一身份群体的封闭组织），而有些是群体之间的桥梁（围绕理念而非身份构建的群体）。随着汽车和州际公路系统的普及，大量相对富裕、活跃的社会群体成员搬到了郊区，实质上是与其他群体成员分开了。城市化带来的物理隔离和20世纪六七十年代的社会动荡削弱了这些群体之间的隔阂，一种更具个人主义的思维模式随之兴起。

独居。随着社会福利系统的普及（如医疗保险、医疗补助、社会保障和养老金计划），人们的年龄越大，财富和经济方面的安全保障越多，原先无法独自承担生活成本的人也有了独居的条件。从许多方面来看，婚姻制度本是社区稳定的关键。然而，离婚率从20世纪初的不足10%开始一直稳定上升，直到20世纪70年代末、80年代初飙升至53%；美国的结婚率却持续暴跌，1970年为峰值86%，到2019年仅有33%，这可能更令人忧心。

20世纪60年代前，单员家庭（single-occupant households）在全世界范围都很少有。如今，单员家庭已经远超已婚有孩家庭成为第二大的家庭类型（28%）。[3]在欧盟，这一比例为34%；在城市中，约有40%；在曼哈顿，这一比例为2/3。最近的一项元分析回顾了70项不同研究的结果，指出孤独的人在任何年龄段的死亡风险都比其他人高26%，而独居者的相对死亡风险高达32%。[4]

技术与隔离。互联网、智能手机和媒体碎片化的兴起进一步加剧了人与人之间的隔阂。帕特南认为观看商业性的电视娱乐节目这一休闲活动与众不同。看得越多，人宅在家中的时间就会越长，从而不愿外出。[5] HBO、Netflix 和 AppleTV 等平台的出现让电视节目的质量大大提高，那些让人上瘾的连续剧好像永远也看不完，当我们身处相对隔绝的环境时，会花费更多时间整集、整季地追剧。如今技术的进步让我们可以选择远程办公，通勤时间和空气污染减少了，却让数百万居家办公的人与世"隔离"，仿佛时刻置身孤岛。随着工作效率和生产力的提高，人们不得不适应越来越快的工作节奏，社交的心理准备时间大大减少。你可能没发现，茶水间闲谈时间已经不复存在，公共场所的眼神接触也已经消失，因为我们不愿引来陌生人不必要的关注（那些耸人听闻而不入流的所谓"头条新闻"总是夸大其后果），或者只想埋头玩手机或听音乐。在公共场合刻意保持距离是千禧一代和Z世代[①]的习惯，现在他们的长辈也纷纷效仿。对于孤独问题来说，很多时候我们眼前看似更为轻松、方便的选择，长期累积下来会造成负面影响。

社会影响。 帕特南爬取了恒美广告公司（DDB Worldwide）和罗普社会与政治趋势收集的大型数据集，从中选取并记录了衡量社交资本的指标数据，包括政治参与、公众参与、宗教参与、工作场所社交圈、非正式社交圈、相互信任和赠与行为七个方面。在过去的 25 年中，社团会议的出席率下降了 58%；一家人共进晚餐的频率下降了 43%；邀请朋友到家里的次数下降了 35%——这些还只是新冠疫情前的数据。

致命的孤独。 社交资本减少的同时，自杀率持续上升，这绝非巧合。在经合组织的成员国中，美国的自杀率最高，是英国的两倍。根据美国国家卫生统计中心的数据，从 2000 年到 2020 年，年自杀率上

---

① 千禧一代，通常指 1981~1996 年出生的一代人；Z 世代，通常指 1995~2009 年出生的一代人。——译者注

升了30%，目前的自杀率达到了三十多年来的最高水平。美国50个州中，仅有一个州的自杀率未呈上升趋势。

在美国，除了自杀率以外，服用药物过量的现象也在增加。普林斯顿大学的经济学家安妮·凯斯（Anne Case）和安格斯·迪顿（Angus Deaton）为此命名了一个新术语——"绝望之死"（deaths of despair），他们认为死于绝望的人增多是人口平均预期寿命下降的主要原因。绝望之死代表着终结，是一个相对容易衡量的指标。然而，越来越多的证据表明，孤独才是对公众健康最普遍的重大威胁。2017年，美国卫生局局长维韦克·默西（Vivek Murthy）正式将慢性孤独列为与阿片类药物和肥胖问题同样严重的公共卫生流行病；2018年，英国任命了一位"孤独大臣"。

孤独如何摧毁健康。芝加哥大学已故的社会心理学家约翰·卡乔波首创了社会神经科学（social neuroscience）这一术语，并且成为该学科的首位研究人员。他从劝服理论（persuasion theory）转向对孤独的严重性和普遍性的认知研究。他的工作和其他学者的研究证实，孤独是我们心理和身体的应激源之一，和其他应激源（如缺乏掌控感、受害者化、睡眠不足等）一样，与焦虑、抑郁和滥用药物的高发有关。此外，孤独还与一些特定的身体疾病联系在一起，包括心脏病、癌症、认知衰退和会导致早亡的疾病。孤独和饥饿、口渴一样，是我们心理仪表盘上的警示灯、一个正常的指示物，提示这个系统有所缺失，亟待补足。相比其他缺失性需求（如饥饿、口渴或疼痛），孤独有更多的对于缓解的需要，而这仅仅是为了获得必要的满足感。然而，当孤独成为一种慢性状态，就将侵蚀我们的心理和身体健康。杨百翰大学对许多项目独立研究做出的元分析表明，孤独的危害相当于每天抽15支烟，还会增加20%早逝的概率。

- 对孤独人群和非孤独人群的大脑组织研究揭示了身体在孤独状态下

会启动一种"自我毁灭"模式。

- 增加癌细胞转移的基因在孤独状态下更有可能被激活，加速癌症扩散至全身。
- 减少炎症的基因更有可能被抑制，从而增加罹患阿尔兹海默病、心脏病和中风的风险。
- 根据纽约州立大学神经科学教授图尔汗·坎利（Turhan Canli）的研究，"我们发现了数百个根据人们的孤独程度不同有不同表达的基因"。

- 孤独的人免疫功能较弱。当他们接触到感冒病毒时，比非孤独者更容易出现感冒症状。
- 孤独的人睡眠效率更低。他们的睡眠通常断断续续，早晨醒来时总是感到疲惫，进而免疫力降低，更容易罹患抑郁症。
- 孤独会增加出现幻觉和精神分裂的风险，当天生对这些症状易感的人群处于长期孤独时，这种风险尤其容易转化为现实。

以上列出的内容描述了孤独从内而外摧毁健康的方式。社会孤独感的增加还会带动大规模枪击事件和其他暴力事件的数量增加，这是孤独的另一种致命的方式。大规模枪击事件通常由"孤独的人"（以被社会排斥、缺乏健康社会联结的年轻男性为代表）策划实施，这其中的含义不言自明。

新冠病毒与孤独。 2020年初爆发新冠疫情时，以上描述的情况都存在已久。疫情爆发后，公共场所关闭，工作转为远程进行，老年人和免疫力低下者被隔离保护，人们戴上口罩，被要求保持社交距离。这一切只会加剧孤独感，对于本就感到孤独的人群，这无疑是更加不利的因素。有大量证据表明，大众心理健康在疫情期间急剧恶化，至今仍在努力恢复。我们的研究记录中，对社会完全崩溃表示担忧和因心理脆弱而有成瘾可能的概率都翻倍了，感到"在家不安全"的发生率更是增至原来的7倍。

脸书（Meta）好友、领英（LinkedIn）社交与孤独。尽管孤独与社会隔离相关联，但许多人即便拥有大量的社交联系，仍然感到孤独。最明显的例子是明星的孤独感，如玛丽莲·梦露（Marilyn Monroe）、惠特妮·休斯敦（Whitney Houston）、艾米·怀恩豪斯（Amy Winehouse）、希思·莱杰（Heath Ledger）、林赛·洛汉（Lindsay Lohan）、戴米·摩尔（Demi Moore）和布拉德·皮特（Brad Pitt），最后一位明星患有面孔失认症，也被称为"脸盲"。另一个例子是那些拥有大量在线"好友"的人。根据英国的最新研究，平均每个脸书用户有245个"好友"，但是实际上认识其中1/4，在危机时只会信任其中4个。在互联网上有更大的交际圈可以降低孤独感，但是在脸书上花费大量时间自我反思和与他人比较则正相反。尽管研究表明拥有更多亲密朋友更好，但是无论有多少熟人，都无法与亲密关系带来的益处相比。虽然社交媒体最初宣称可以产生更广泛的社会联结，但从根本上说，它是社会比较的工具。

孤独传染（loneliness contagion）与朋友悖论。与弗雷明翰心脏研究（Framingham Heart Study）中的快乐传染相对，约翰·卡乔波发现孤独同样可以传染。通过长年观察一群人的社交联系，他发现这一过程隐蔽又简单。起初是群体中的一员X因为某种原因（如成瘾、抑郁、遭受指控、离婚等）开始回避社交，减少与朋友Y的相处，最终与Y断交。这种失联的情况会渐渐影响更多的人：最初是X，后来双方都受到影响，导致双方都在其他社交场合中变得更加谨慎，更少敞开心扉，这样一来，他们与平时常去的教堂、居所和工作环境中的群体的联系都会变弱。这一过程继续传导，将进一步失去社会联系，错失产生新联系的机会。这说明如果放任孤独问题不管，情况只会越来越糟。

还有一种说法是"朋友悖论"，这是社会学家斯科特·菲尔德（Scott Feld）提出的强有力的发现，即大多数人拥有的朋友比他们的朋友平均拥有的更少。这一发现戏剧性地在对社交媒体网络的分析中得到了证实。上文提到,平均每个脸书用户有 245 个好友,但根据皮尤研究中心(Pew Center)的数据,每个脸书上的好友平均有 359 个好友。这怎么解释呢?其实这其中的道理和"社会联结随时间递减"一样简单。这与每个人成为他人好友的概率有关。如果 X 有一万个好友,那么 Y(或者其他任何人)有较大的可能是 X 的好友,如果确实如此,X 庞大的社交网络将会抬高好友的平均数量。[6] 这种现象也加剧了人们的焦虑感、错失恐惧症和孤独感,因为他们的好友很可能是"超级联结者"。

"我不需要其他人。" 每个个体的社交动力必然有所不同,因为我们的基因中早就写进了不同程度的孤独感。这是基因复制的正常过程。对于一些人来说,失去社会联结极为痛苦,甚至迅速发展出明显的心理和生理疾病。另一些人则几乎意识不到社交隔离,也不会表现出任何困扰。那些在《荒野独居》中获胜的人可能就是这样的人。

尽管社会极力推崇"孤狼"、反叛者、独行者,但大量证据表明,这些特征与心理学中"黑暗三联征"(dark triad)所说的精神病态、马基雅维利主义和自恋有关,这些特质显然不被大众所推崇。源自进化生物学的一个思考实验总结了这些关系:

- 想象一个好人。列出三个形容词来描述。
- 现在,想象一个坏人。列出三个形容词来描述。

好人总是被形容为具有同情心、慷慨、善良、热心、仁爱、温暖或是其他相似的特质,坏人则通常被形容为冷漠、工于心计、离群索居、自私、以自我为中心、不关心他人等。通过这些描述我们可以看出,这些特质无一例外地与人类内心深处是否需要真正的社会联结有关。那些需要社会联结并努力追求的人被认为是"好人",而那些不需要或不努力争取,只关心自己的人则被认为是"坏人"。这一见解非常重要，而且我们能在很多文化中不断看到这些观念复现。我们将在后面的"伦理"一章中继续探讨这个现象。

孤独的政治

极权主义（totalitarianism）。政治哲学家汉娜·阿伦特曾写道，孤独既是极权主义的开端，又是极权主义的终结。这一见解在当前的政治气候中尤为重要，因为有些政策仍然倾向于煽动仇恨，对移民、少数群体以及其他少数群体的仇恨。

> 在非极权主义的世界里，是什么促成了极权主义的盛行？是孤独，曾是某些特定社会群体（如老年人）在边缘社会条件下体验到的孤独，如今在 20 世纪却成为越来越多人的日常感受……即便你孤身一人，极权主义统治也会使用恐怖的铁链锁住你，并且尽力让你回到集体中（单独监禁这类极端情况除外）；破坏人与人之间的社交距离，强迫他们彼此靠近，人在独处时潜藏的创造力自然也无处施展。极权主义还会宣扬一种经过美化的孤独理论，一旦被教导允许整个过程最初的前提存在，他或将完全迷失在这团逻辑的混沌中，抹杀掉最后一线自由地选择孤独和获得合乎逻辑的思想的可能。要说极权主义和暴政有什么不同，它可以让沙漠本身流动起来，卷动一场足以覆盖人类全境、遮天蔽日的沙尘暴。[7]

阿伦特看到了极权主义与孤独之间的联系，这种孤独表现为失去对自我和群体的基本信任，失去生命的意义。她将孤独（loneliness）描述为一种仿佛被所有人遗弃的状态，哪怕置身人群也如行在荒野。这正是极权主义生根最好的土壤，只要夺去人们批判性思考的能力，将孤独的人推向那些模糊不清的"他者"，他们就会误以为这才是自己痛苦的根源。此时，在每个人心中不断地播下怀疑的种子，让他们怀疑社会机构，怀疑真相本身，整个社会遍布怀疑论，最后连自己的亲身经历和历史都模糊了。在这种人造的空洞中，真假之间的界限不复存在，一种外部叙事被用来"解释一切"。难道 1/4 的成年人认为自己极度孤独，又恰好有 1/4 的人相信明显错误的阴谋论真的是巧合吗？

公共和私人机构的应对措施。为了避免不必要地兜圈子，下面我简要说明。普遍的孤独感将增加医疗和心理健康方面的支出，导致生产力下降，出现旷工、成瘾现象等，这些应该引起所有公共和私人机构的高度关注。孤独的日益流行如此有破坏力，机构能采取或者说应该采取什么措施来扭转局面呢？目前大多数应对措施集中在改善老年人的社会联结上。然而老年群体虽是孤独的代表群体，却不是人数最多的群体。只关注老年人群体中的孤独蔓延不仅错失了问题的关键，而且忽视了大多数孤独群体的痛苦。经济、技术和社会力量多方因素共同作用下，普遍的孤独感无法轻易得到控制，仅仅是缓解都很难。

共享办公空间 WeWork 的悲剧值得我们深思，其创始人亚当·诺伊曼（Adam Neumann）在以色列的一座集体农庄长大，认识到美国社会有相当大的社区需求缺口，以此为契机创办了 We Work。在亚当的设想中，We Work 是依托现实生活的人际网络，旨在为缺乏交际的打工人（典型代表为自由职业者和初创企业）搭建一个社区；接着，将社区的概念延伸到住宅、学校、健身和生活中的其他领域，试着整合一套能够实现马斯洛人类进化原则的体系，跨越自我与社会、工作与生活之间的界限。不过，由于愿景过大、商业模式不切实际，We Work 的首次公开募股（IPO）失败，诺伊曼被迫辞职。新冠疫情后，许多公司再次尝试灵活安排工作，We Work 也因此恢复生机，或许未来的某一天，其新的领导团队真的能够开创新的社区模式。

对于政客来说，与归属感、社区感相关的承诺有天然的受众。千禧一代正在积极借鉴婴儿潮一代⊖年轻时的风格和观念,忙于构建各种社区,进入群居生活,在共享办公空间(如 We Work)工作,努力维持长期的社交,这使得原本生活成本较低的城市地区人口密集了许多,也高档了许多。尽管有如此多的努力,孤独仍然力压没工作、没住房,成为千禧一代最关心的问题,超过四成的人更害怕孤独而非癌症确诊(在所有世代中最高)。用千禧一代和 Z 世代的话来说,等在孤独前面的终局是他们最深的恐惧,即染上错失恐惧症。

重建归属感

面对潜在可行的干预措施,政策制定者需要对其进行理智的、去政治化的分析。卡乔波及其同事已经着手了这项重要工作,并决定重点关注退伍军人,一个长期遭受孤独折磨的群体。

心理治疗。那些将孤独视为心理健康问题的人往往认为,心理治疗师是可以"治愈"孤独的人。卡乔波发现这样的医患关系聊胜于无,并不足以缓解孤独,不仅因为孤独的人知道和他们交谈的人的动机是获取报酬,还因为这个形式从根本上不是解决之道。接受治疗或陪伴意味着接受,这是消极的模式。孤独的问题在于需要一种相互支持的关系,需要和被需要都不容忽视。当一个人不被需要时,将无法满足对互惠的需求。

社会支持。社会支持是各类干预措施中最受欢迎的万金油,在行为改变计划中也随处可见。为有需要的人提供社会支持无可厚非,但是它和心理咨询一样,忽略了人们真正的需求。获得没有现实关系的人的支持可能会让你感到更好,但是一旦你加深自己需要帮助却不被他人需要的自我认知,事态就会变得更糟。再次重申:接受他人的帮助、

⊖ 婴儿潮一代,通常指 1946~1964 年出生的一代人。——译者注

指导或者支持是单向的行为。如果关怀和支持可以缓解孤独，那么人在医院看病或者在养老院期间受到悉心照料也应该有同样的效果。当然，情况通常正好相反。

社会参与度。将孤独的人聚集在一起是一种本能反应，但是效果类似那个过时而乏味的建议：创设精神分裂症患者与彼此交谈的机会，乍看就和真实的社交场景一样。虽然干预者可能会因为成功地将孤独的人聚在一起而产生虚假的成就感，但这种做法流于表面，混淆了"独处"（being alone）和"孤独"（being lonely）的区别，没有实质效果。必须再次重申：孤独的人需要现实的、可以自由选择的关系，同时这种关系又是自然而且能让双方都满足的关系。强行把孤独的人凑在一起只是一个虚有其表的替代方案。

社交技能训练。干预者喜欢的一种做法是教育，此处提及的"教育"认为孤独源自社交技能不足，现实情况却恰恰相反。孤独的人构成的群体通常都拥有足够的社交技能，问题出在他们的社交体验中充斥着焦虑和回避，因而将注意力更多地转向自身和敏感的内心。孤独的人专注于内在，很少有共情他人、分享经验的机会，长此以往自信心或将消磨殆尽。

加深理解。你可以想象干预者在尝试上述所有方法时屡屡受挫。他或许会愤怒地砸桌子，发表一番关于战胜孤独感有多么重要的演说，宣称孤独对身体和心理都会产生现实的影响已经是不争的事实。正如卡乔波所说，这实际上是一种新的干预措施，即陈述孤独感带来的身体变化，强调人际关系中互惠的意义以及如何实现这一点，这种"有话直说"的直白策略确实在发挥作用。有时候，没有什么比实话实说更有效。

在我的假设中，加深理解、投身实践的关键在于认识到必须利用孤独群体现有的社交状况。孤独的人也免不了与某些人接触，他们可能有潜在的、未开发的关系有待重新激活；或是有失去联系的老友和一度疏远的家人。即便没有这些，列出他经常互动的人也可以揭示潜在的交往对象，为采取具体的行动策略进而发展互惠关系做准备，例如自我介绍、了解对方的名字、自然地微笑、进行眼神交流、提出为对方做点儿什么或自发地做点儿什么、邀请对方去某些公共场合（和共同的朋友一起），等等。在已有的社交关系的基础上行动，成功的概率会更大。再次说明，互惠是关键因素。请求孤独群体中的人帮忙能够十分有效地缓解孤独，培养利他主义和感恩之心，进一步打开社交的可能性。

调整社会价值排序。针对孤独问题还有一项更为宏大的提案，即呼吁社会和文化重新调整价值排序。人们身处坚固的社交网络时会更幸福、更长寿、更健康，这一点已经得到了证实。美国卫生局局长默西呼吁人们在根本上改变生活重心，将生活的焦点从工作转向人际关系，从物质领域转向社会领域。我认为还要从专注自我转向关注精神。

这会带来怎样的改变？我认为这种转变本质上是在设立一套新的行为模式。当一个人或家庭搬进新社区时，邻居们会带上自制的馅饼，主动自我介绍并且回忆往事，或是采用其他类似的待客方式。人们应当知道邻居的名字和一些基本信息，比如邻居家宠物的名字，这些社交信息都是非常基础的。根据皮尤研究中心的统计，3/4 的美国人不了解自己的邻居，也没有和任何邻居成为朋友。此外，大多数人对了解邻居并不感兴趣。

提升工作满意度和员工敬业度的一个重要因素是"在职场拥有一位好朋友"，这是公司乐见的结果，然而在盖洛普针对美国职场的报告中，只有 20% 的员工拥有职场友谊。公司可以建立一种友好的规范来增进员工之间的信任，营造友好和开放的环境，比如要求团队成员之间知道名字和其他基本信息，为工作以外的私人活动的自然发生提供便利，这些措施不仅能让员工在共事时感到舒适，也有望促进团队的凝聚力。鼓励员工接纳不同类型的同事，激发他们了解彼此的兴趣，这些无疑能让团队走得更远，但是对绝大多数公司来说，这些举措充其量是不切实际的马后炮而已。当我们成功与他人协作，或者说建立良好的人际关系时，大脑会释放多巴胺，给予即时奖励，这一点非常重要，它意味着上述举措必将受到欢迎。

归属需求的关联因素

对提升归属感的正向追求。 当我们审视对归属的追求，其诞生模式印证了前述讨论的观点。这种追求与宜人性这一人格特征密不可分，这类人始终追求与他人和睦相处，对寻求归属感有相对强烈的动机。此外，女性比男性更容易产生归属需求，这一点也不令人意外。

回顾社会联结与精神领域的正义、伦理和超越需求之间的关系，不难发现与归属需求次相关的因素是从事慈善事业、志愿服务和相信祈祷会应验，接着是责任心（被责任束缚）和自我超越的体验，尤其是其中的联结感：

- 我认为所有人有共同的联系。
- 我相信所有生命互相联结。
- 我与某位已故的人有强烈的情感纽带。

同样地，重视拥有更高目的、内部控制或者爱好读书也与归属需求显著相关。另一个有趣的因素是准备辞职，这通常出于对雇主的伦理考量。

负相关因素看起来相当一致：正向追求归属的人很少有冒名顶替综合征的倾向，很少感到能力不足、没有目的、缺乏行动力，一般没有神经质人格，不会过分看重成功。

从被排斥感中解脱。 努力从被排斥感中解脱的相关因素与正向追求提升归属感的因素有许多重合之处，包括相信祈祷会应验、自我超越体验——尤其是其中的联结感。除了这些共同点外，还有一个完全不同的伤感的因素，也是与之最密不可分的因素，即关怀需求未被满足的经历。这类经历的起因往往是主要照顾者的孤独，其次是缺乏情感支持的家庭环境（孤独感的直接来源），以及近期经受过的心理创伤。所有这些都反映了隔离感、孤独感。值得注意的是，孤独的人追求进入"心流"状态，希望以此占据大脑的全部思绪从而不再关注负面情绪，而这种应对孤独的策略又使人更加想要从被排斥感中解脱。[8]这一群体往往重视沉浸体验，倾向于顺从实际经验，并且从事现实型的工作。

关于归属需求的其他观点

归属需求已经被准确归类为所有社会心理学理论中最基本的动机。社会心理学家罗伊·鲍迈斯特（Roy Baumeister）和马克·利里（Mark Leary）做了全面的文献回顾，详尽描述了人类行为在很大程度上受到建立和维持长期人际关系需求的驱动。在鲍迈斯特和利里的描述中，这种需求即与他人建立情感联系，并且定期进行令人心情愉悦的互动。证据显示，大多数人在正常情况下很容易和他人建立自然的关系，并且会努力防止现有的人际关系出现破裂。在处于孤独或是社会隔离状态时，人们的身心健康、整体的幸福感都会受到负面影响，这些都有据可查。

作为一种强有力的根本动机，归属需求在许多心理学理论和体系中都有体现。

- 如前所述，马斯洛的归属需求与本章的归属动机概念十分契合，马斯洛的概念还包括充满爱的关系，这涉及精神领域的下一个层级——关怀需求。
- 伦理学家，也就是如今的进化心理学家一直在强调建立社会联系的驱动力源于人类与生俱来的生存本能。不同的物种从出生的第一刻起即应用这些机制，通常表现为母婴之间的依恋关系。

- 早期社会学家查尔斯·库利和乔治·赫伯特·米德提出，社会归属的影响力非常大，他人对我们的看法（我们感受到的）甚至会实质地影响自我概念的内涵。这一被称为"镜中我"的理论认为，我们的思想和自我是社会构建的，最终是与不同的人交流的产物。这一极端的观点认为，我们如何看待自己取决于在我们眼中别人如何看待我们，并且得到另一个发现的支持——我们在与重要的人和谐相处时感觉自己最"真实"，以致真实的自我仿佛是由人际关系决定的。[9]

- 社会心理学家欧文·戈夫曼（Erving Goffman）提出，我们的社会关系应该被看作是在舞台上扮演的角色，并根据观众的期望和其他角色的变化而变化，这种观点被称为基于社会行为的拟剧论（dramaturgical analysis）。这些因素迫使我们形成一系列独特的"面具"来管理他人对我们的印象。

- 在亨利·默里列举的一系列动机的基础上，戴维·麦克利兰提出了截然不同的观点，即归属需求的本质是追求良好的人际关系，并且从中获得认同感和被接纳感。正如前面所提到的，受遗传基因的影响，群体中每个人的归属需求程度都不一样。归属需求强烈的人想要更大的人际网络，为此努力交际（与他人交谈、举办晚宴、邀请他人做客、加入团体，等等）。这些人往往也更容易感到孤独，他们的努力既是为了满足对社会联结的渴望，从中获得乐趣，也是为了对抗他们最大的敌人——孤独。

- 强调社会动力学作为动机的理论也与本章的归属动机概念十分契合。弗里茨·海德于20世纪50年代提出的平衡理论和利昂·费斯廷格提出的社会比较理论都提出人类对比自己和他人的态度、能力或表现的本能。平衡理论还认为我们会追求心理学上的平衡状态，只有当我们的观点与喜欢的人一致、与讨厌的人相反时才会获得。从这些机制促进了人际关系建立的角度来看，这些理论也可以归入归属动机的范畴。

- 对于关系性（社会领域）、胜任感（自我领域）和自主性（物质领域）的需求共同构成了理查德·瑞安和爱德华·德西的自我决定理论中的核心动机。这个理论颇具影响力。
- 除此之外，下列动机理念也与归属需求契合。
  - 威廉·詹姆斯的社交能力理论。
  - 戈登·奥尔波特的同情（归属）、建议（社会共享认知）和模仿（镜像行为）需求。
  - 史蒂文·赖斯的接纳需求和社交需求。

与归属需求相关的情绪

积极的、促进性的归属需求与强烈渴望认可、联结和友谊的情感有关。满足归属需求通常伴随着温暖的感觉和成为群体中一员的喜悦，还有可能在群体成员身份的保护下产生一定的安全感。进一步而言，归属也能赋予团队成员一定的调动群体资源及其影响力的资格，从而带来权力感。消极的、预防性主导的需求则主要关注未能融入群体可能带来的失落、悲伤、孤独或被排斥感，这些情绪通常会转化为不再害怕拒绝群体中的成员。摆脱被排斥感不仅令人无比放松，而且同样能让人体会到上述提到的其他正面情绪。

确定归属需求的来源

现在可能是一个停下来思考上述关于归属需求的见解并将其应用到具体需求中的好时机。

- 你是否在所在群体中感到被接纳和被重视，比如你的工作场所、家庭或朋友圈？想一想你是否在与这些群体互动时感受到认可和欣赏。
- 你在社交场合中会经常感到自己像局外人吗？思考一下你可能在哪些情况下感到被排斥或与周围的人产生隔阂。
- 你为融入社区或其他社会群体付出了什么？想想你与他人交往时付出的努力，以及哪些举动有助于进一步融入群体。
- 你是否有机会为你所在的群体做出有意义的贡献？评估一下你的技能、兴趣和想法在你所在的社交圈或职业领域是否受欢迎，是否可以派上用场。
- 你在群体中可以自在地表达个人意见和你的忧虑吗？考虑一下你是否在分享你的想法时感到安全、自信，以及你的意见是否受到尊重。
- 你在寻求完全的归属感时会遇到什么阻碍吗？找出任何潜在的挑战或障碍，并思考如何克服它们。
- 你与那些你名义上"归属"的群体有多强的联结感？譬如直系亲属、大家庭、你所在的社区或城镇、你的学校、运动队、宗教社群或工作小组。如果你感到与这些群体紧密联结，那当然很好。你有对这些社会联结努力地表达过感激吗？如果你感到被群体隔离或感到孤单，你可能会做什么来慢慢融入社交圈？
- 你是否时不时感到被排斥？你如何知道或为什么产生这样的怀疑？你认为原因是什么？是否有什么事或重要关系发生了变化？你能做些什么来重新与群体建立联系？
- 如果一个人感到孤独，可能做什么？列出清单，然后将清单分为直接帮助他与他人进行联结的事项和分散孤独带来的痛苦的事项。
- 本章的讨论强调了互惠性是建立有实质意义的关系的重要基础。你可能会如何开始一段互惠关系？

第 11 章
关怀

对爱、亲密和关怀的执着可能是人类行为最强烈的情感驱动力，是人们听到"情感"一词时脑海中最先浮现的概念。对爱的执着渴望比基础的归属、合作和对他人的依恋更进一步，更为深刻、强烈。这些渴望不仅关乎社会认可，不仅是同情他人，更是放下心防，真切地感受他人的情感，即产生共情的过程。我们即将看到，这些渴望是精神领域中的需求的基础，尤其是伦理需求。美国广告业界当然也不会放过用"爱"这个字眼做文章的机会，在"爱，成就斯巴鲁""没有什么比新鲜出炉的 Pillsbury 面包更能表达爱意"这些商业广告语中，"爱"这种强烈的情感词频繁出现。

我感受到的关怀。我曾经说起过我的父母，在我成长的岁月里，他们让家里始终充满爱意和欢声笑语；他们爱我，希望给我最好的一切。我也一样。据说当我还在蹒跚学步时，我会在家里四处走，送给每个家庭成员"礼物"，并宣布自己是慷慨的"叔叔爸爸"（Uncle Papa），一个诞生在爱中的角色。但是青少年时期给我留下了许多心理创伤，以致在很长一段时间里我无法理解爱是什么，直到我的妻子雪莉（Sherry）和孩子本杰明（Benjamin）、塔莉亚（Talia）先后来到我的生命中。他们始终相信我，无条件地陪伴着我，和我一同经历了许多令人难以置信的严峻考验和磨难。

- 雪莉的心中充满了爱和保护欲，我认识的人中无出其右。她一心一意地为我和孩子们付出，既有很强的共情能力，也十分勤奋，她备受尊敬，是所有人的榜样，有幸认识她的人都深感佩服。
- 关怀和正义是本杰明与生俱来的能力。我们常常开玩笑说他是"悔罪者本杰明"，因为他无法容忍任何人乃至自己的不诚实。他总是特别慷慨，曾在我质疑的情况下将他珍爱的任天堂家用游戏机捐给了当地的课后项目，总是无条件地为家人和朋友付出。他和每个遇到的人都能立刻熟悉起来。
- 塔莉亚则在高中时期作为"与他人友好相处的模范"收到了母校颁发的荣誉；我总是提醒她，她的友善"足以获奖"。她和她的母亲、哥哥一样非常慷慨，长期交往的男友和朋友都很爱她。她拥有的宝贵特质让她成为一位真正的共情者。

我因他们无条件的爱而自惭形秽，同时万分感激。

依恋理论

是什么驱使我们真正关心另一个人？依恋理论认为，母婴依恋不仅是我们与他人的第一个联系，还为后续所有爱的关系提供了至关重要的模板。依恋理论由英国精神病学家兼心理分析学家约翰·鲍尔比及其继任者、发展心理学家玛丽·爱斯沃思首创，以动物行为学和进化生物学为基础，现在看来，这一特点不仅是一大优势，也让这一理论在心理学学术论文中独树一帜。20世纪50年代初鲍尔比曾在英国孤儿院和医院从事儿童相关工作，这一深刻的理论正是基于这段经历提出的。为了与当时的精神分析学派的观点保持一致，他将儿童视为

"小大人"。鲍尔比的努力直接促成了儿童照护领域发生的主要改革，其中之一就是促使福利院的模式向寄养家庭转变。

该理论的核心观点包括：为了发展正常的社会关系和情感，婴儿必须首先与至少一位主要照顾者建立亲密关系；该照顾者在婴儿6月龄至24月龄这段时期要始终陪伴在侧、充满爱心并能敏感地满足孩子的需求。催生依恋的具体行为有积极的互动交流、日常身体接触、喂养、换尿布、洗澡和情绪安抚。

安全基础（a secure base）。依恋理论认为，正常的依恋行为可以通过观察儿童在面临压力情况时的表现辨别出来，例如突然出现陌生人或巨响。正常依恋的儿童通常会靠近照顾者并寻求保护，这种可靠的生存策略能够有效地减轻心理恐惧。随着儿童的成长，对象范围将从主要照顾者逐渐延伸到信任和熟悉的人，比如老师或年长的兄弟姐妹。该理论的一个关键观点是，儿童形成安全型依恋或是不安全型依恋，主要取决于照顾者对儿童的安全和保护需求做何反应，因为这些反应共建的社会期望模型将会始终影响儿童的行为。根据该理论，儿童时期与照顾者相处的经历会形成四种典型依恋类型：安全型（secure）、回避型（avoidant）、矛盾型（ambivalent）和混乱型（disorganized）。那些经常遭受虐待、忽视甚至两者兼有的儿童有很大的风险发展成不安全依恋类型。

"爱的激素"与生存。依恋理论认为，儿童依附于照顾者的本能增加了他们的生存机会，这是脱胎于其理论基础——进化生物学的观点。之所以产生这种依附行为，是出于对安全的心理需求，出于人类最初的心理动机。该理论在诞生之初便预见到母婴依恋主要是一种自发的、无意识的过程。近年来，大量证据支持了这一观点。多项研究表明，父母和婴儿之间的皮肤接触和游戏都会显著提高脑内催产素（即"爱的激素"，像神经递质一样发挥作用）水平。催产素水平的升高与父母和婴儿更多的亲昵行为、更频繁的互动，父母乃至婴儿的行为同步有关。

无意识的自发过程。 除了神经递质之外，许多其他自发的机制也能够加强父母和婴儿之间的联系。这些机制中，有一组先天性释放机制（innate releasing mechanisms）已经证实能够自动触发育儿行为。其中一个"释放因子"是婴儿的面部特征：圆脸、相对较大的额头和眼睛、相对较小的鼻子和嘴巴以及丰满的脸颊，拥有这些特征的成年人看起来更加幼态，似乎比同龄人需要承担的法律责任更少。另一个"释放因子"是婴儿的哭声，它与激活母亲的大脑中照顾者的预备状态有关。[1] 还有一个"释放因子"是"新生儿的气味"，这一气味通过激活母亲大脑中的奖赏路径帮助她们轻松识别出自己的婴儿，而母亲的气味反过来能够安慰烦闷的婴儿，减轻婴儿的焦虑和痛苦。触发上述机制不需要任何思考——它们都基于纯粹的情感交流。

爱的行为学

人类行为学家艾雷尼厄斯·艾布尔-艾贝斯费尔特（Irenäus Eibl-Eibesfeldt）有一个已经证实的观点，大多数人类表达爱、同情和亲密的行为都源自亲子依恋的行为模式，并如同某种仪式般一次次重演。这些例子数不胜数，在各种文化中都能见到。艾布尔-艾贝斯费尔特曾多次带领人类学考察队前往世界各地，研究马赛人、维卡人、毛利人、巴布亚人、尼罗特人、班图人、巴厘人和萨摩亚人的文化；此外，他十分了解美国、德国、中国和日本等国家的社会，还研究了多种动物社会。

各种使用嘴唇、舌头的亲吻都是母婴喂养的仪式化再现，最初是口对口转移母乳的行为。西方婚礼上新郎新娘互喂婚礼蛋糕的仪式正是来源于此，这象征着新人的结合。想要亲吻的人把嘴唇向前推的动作正是来自幼童等待父母喂食的行为。亲吻脸颊、手背和脚背等对上位者表示尊重的行为也源自喂养行为，² 这在许多文化中都很常见。许多文化中恋人间的情趣，比如相互依偎、啃咬、用嘴唇摩擦伴侣的皮肤则是对婴儿寻找母亲乳房的动作的再现，道理和舌尖轻触是性兴趣的暗示一样。

许多社交习俗的起源同样是母婴喂养。比如向陌生人提供食物和表示欢迎并尝试建立新的联结；小孩子把饼干亲手送到家中的新客人的手中，也是希望建立友好关系的习俗。可能食物就是爱吧。

1972年，我和家人在整个约旦河西岸地区四处旅行，一同找寻历史遗址和其他兴趣点。其中有一次，我们徒步穿越朱迪亚沙漠前往圣乔治修道院，那是一个镶嵌在陡峭岩壁上的古老建筑群，悬在瓦迪凯尔特山谷的悬崖峭壁上。我们在那里见到了很多修道士，他们用带有许多隔间的深色木头柜子盛装那些已经去世的修道士的头骨。在回到旅行车的途中，一位贝都因人示意我们停下来，并邀请我父亲进入帐篷和他共同享用土耳其咖啡。父亲出于想和家人在一起的本能婉拒了他，接着又拒绝了贝都因人更加热情的第二次邀请。然后这位贝都因人对他说："你可以两次拒绝贝都因人的热情，但事不过三。"我父亲进了帐篷不过15分钟，出来后他们已经成了朋友。就像艾布尔-艾贝斯费尔特提到过的一句马克卢加（Makleuga）的猎头人饱含遗憾地对他说的话："其实我本来很想要你的头颅，哪怕它现在已经不再美丽。可惜现在我们已经一起吃过饭，不再是陌生人了。"

同情的行为同样来源于母亲与婴儿之间的日常互动。拥抱、轻抚头顶和将手掌放在头上都是母亲欢迎和安慰婴儿时的常见动作。头部触摸相关的行为被抽象成把手举过他人头顶的动作，广泛用于祝福和安慰；母亲给予孩子的拥抱则可能以这样的形式得以复现：一名士兵将脸埋在战友胸前，因战友的死而痛哭。上述安慰行为都展现了安慰者如何直接安慰另一方，那么需要安慰的人如何触发这些行为呢？

艾布尔-艾贝斯费尔特认为，互补的关怀行为是通过有策略但无意识地激活"需要关怀的儿童"(child-in-need)原型来"释放"的。当"需要关怀的儿童"这一原型出现，目标对象对需要关怀者"为人父母般的"一系列情感反应（包括共情、同情和怜悯）往往会无意识地自发被唤起。回归婴儿状态有多种表现形式，包括哭泣、蜷缩成胎儿姿势、转回"婴儿语言"或假装无助，所有这些都是为了激发目标对象的安慰和关怀行为。我们必须知道的是，这些一般都是双方的无意识行为，双方都是行为的发出者兼接受者。

爱的进化

健康关系的自然演化是一个逐渐从简单的联系发展为关怀或亲密关系的过程，比如熟人变成朋友、亲密朋友，直到最好的朋友，或者是当熟人之间碰撞出的一点儿浪漫火花逐渐发展成炙热的爱意，像猫王说的那样。正如劳拉·亨德里克斯（Laura Hendricks）所言："爱是燃烧的友谊。"

激情与浪漫的爱。 人类学家海伦·费希尔（Helen Fisher）认为，激情、浪漫之爱和依恋是各自独立的神经生物学过程。约翰·卡乔波的实验展示了不同的大脑区域在调节激情和对伴侣产生依恋或是做出承诺时发挥的作用。这些系统的独立性让我们经历了各种复杂的爱，包括对我们不认识的人产生关心，对我们不喜欢的人产生依恋，以及对在我们觉得令人反感的人身上感受到激情。好在这些系统有时可以和谐地共同运作，在罗伯特·斯滕伯格（Robert Sternberg）的爱情三角理论（"triangular" theory of love）中，利用激情、亲密和承诺三种维度能够描绘出八种不同类型的关系。

在这个系统中（见图 11-1 和图 11-2），理想的关系被定义为完美的爱（consummate love），同时具备相互喜欢、激情和吸引力、长期承诺三个要素。位于另一端的是无爱（non-love），指不具备任何要素。

接下来是单一要素的类型：仅仅是"朋友"关系（只有亲密）、迷恋的爱（只有激情）、空洞的爱（只有承诺）；双重要素的类型：浪漫的爱（亲密+激情）、相伴的爱（亲密+承诺）以及愚蠢的爱（激情+承诺），最后这种类型是很罕见的浪漫喜剧式的组合，即"敌人变情人"情节：主角都"讨厌"对方但无法抗拒对方，于是做出承诺——至少直到电影结束都是如此。

	亲密	激情	承诺
无爱			
喜欢/友谊	●		
迷恋的爱		●	
空洞的爱			●
浪漫的爱	●	●	
相伴的爱	●		●
愚蠢的爱		●	●
完美的爱	●	●	●

图 11-1　爱的组成部分：亲密、激情和承诺

资料来源：https://commons.wikimedia.org/wiki/File:Sternberg%27s_Triangle_of_Love.jpg。

在动物研究中这些独立的系统已被分离，甚至可以通过实验加以操控。埃默里大学跨学科社会神经科学中心的创始人拉里·杨（Larry Young）将研究重点放在了草原田鼠——一种罕见的一夫一妻制啮齿动物（仅有3%的哺乳动物如此）身上。草原田鼠夫妻在交配、育儿以及之后会形成强烈而持久的纽带。杨的团队又观察了与其基因非常相似的天然的对照组——草甸田鼠，发现这些田鼠完全没有形成社会纽带的倾向。它们的区别来自促进两种配对绑定的激素，雌性体内的催产素和雄性体内的血管升压素。草原田鼠的大脑中具有这些激素的特殊受

体，受体位于奖赏和成瘾相关的大脑区域，在唯一伴侣面前时大脑就会产生对性快感的期待，就像拉斯维加斯销售展会的景象会刺激赌鬼脑内的伏隔核区域一样。

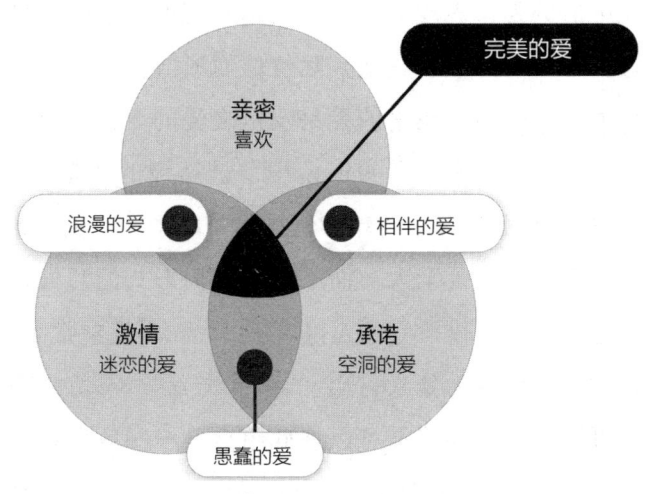

图 11-2　斯滕伯格三角形

资料来源：https://commons.wikimedia.org/w/index.php?curid=13259849.

杨的团队在接下来的实验中将草原田鼠体内促产血管升压素的遗传密码注射到草甸田鼠大脑的奖赏中心。被注射的动物长大后行为明显向草原田鼠转变，开始形成配对纽带，不再是孤立的个体。

从欲望到爱情。人类学家们认为所有文化中都存在激情四射的浪漫爱情，这是一种普遍现象。浪漫关系的发展也要经过类似阶段，通常从彼此吸引和产生性欲开始，顺利发展下去最终会进入"情欲之爱"（eros）的状态。古希腊人认为情欲之爱是一种广泛适用的力量，能够引导所有自我、社会、物质和精神领域的事物向和谐、纯洁、完美发展。

柏拉图式爱情的概念代表了从自我满足的肉体欲望到基于理性的更崇高的爱，也就是情欲之爱的净化过程。柏拉图认为其发展要经历三个步骤，起初视对方为社会对象并从中感受到情欲，之后投入关注和思考，再转变为对其内在美的欣赏。这与马斯洛的自我实现概念类似，即看到自己的爱人具有整体的美。柏拉图认为情欲之爱最终是为了追求美，进而引发对美的理想本身的抽象欣赏，最终抽象为对真理本身的欣赏。高一层级的爱叫作"友谊之爱"（philia），一种彼此之间宛如兄弟般的爱，表现为亲密的友谊、坦诚、忠诚、誓言；因欣赏爱人的善良、和蔼可亲和其他实际价值而形成的高尚感。柏拉图认为，父母与子女之间与生俱来的爱是友谊之爱的变体，他称之为"亲人之爱"（storge）。在柏拉图的体系中，最高级的爱是"无私之爱"（agape），这种爱将关怀需求与精神领域紧密联系在一起。无私之爱相当于马斯洛概念中的"爱全人类而不期待任何形式的回报，无条件地为萍水相逢之人甚至素昧平生之人付出"。无私之爱常常表现为奉献、仁慈和利他主义，代表为他人付出。"情欲之爱""友谊之爱"和"无私之爱"既可以单独存在，又可以彼此组合。一些研究者认为最高形式的爱也是最完整的爱，同时包含上述三者。

形而上学的内涵

你一定知道，爱总是被诗人和先知誉为最高形式的情感，而基督教婚礼上几乎总会引用《哥林多前书》（Corinthians）中的这段话：

> 如今长存的有信、有望、有爱；这三样，其中最大的是爱。

《约翰福音》（John）第4章更是将爱的地位上升到与神性等同，与神等同：

> 神爱我们的心，我们也知道也信。神就是爱，住在爱里面的，就是住在神里面，神也住在他里面。

这些话不仅热烈赞美这种情感,还揭示了爱作为情感与一切精神事物之间深刻的内在关联。

普遍的爱。在《爱的艺术》(*The Art of Loving*)一书中,埃里希·弗洛姆将人类对爱的需求与人类对神的需求等同;他将两者的根源归于生存焦虑和因而产生的对与他人结合的渴望。与更强大的力量结合是对超越需求很好的定义,我们将在动机矩阵中的最后一部分进行探讨。

当然,让每个人都爱他人对于人类来说是一个巨大的挑战,因为我们天生向往归属于某个群体而非孤身在外。我们对最熟知、相处时间最长的人会产生亲切感。社会心理学文献中有大量无意识中产生偏见的例子,也是因为我们总是对相似的人产生好感,而对似乎与我们不同的人抱有敌意。[3] 当我们和新认识的人是同行时,我们的好感度会明显提高;在我们眼中,所属群体的成员各具特色,而群体外的成员都只是相似的模糊面孔;即使所属群体的形成基础并无依据,我们也会在竞争中偏爱所属群体成员。一项最新的群体形成经典研究中,研究者根据人们对保罗·克利(Paul Klee)与瓦西里·康定斯基(Wassily Kandinsky)艺术风格的偏好区分了不同群体,群体内部的成员会给彼此分配更多现金,给群体外成员不公平的待遇。照这样看,我们是不是注定会陷入偏见和歧视,永远无法做到爱全人类?

通往爱的道路。光与火焰的比喻常常在与爱相关的文化语境中出现。伊曼纽尔·斯韦登堡(Emanuel Swedenborg)写道:"爱的本质是心灵之火。"或许我们能从这些关联中学到一些东西。

让我们来看火焰有哪些特点。火焰提供光和热,同时消耗物质。当火焰的照明特点与精神领域联系在一起时,它通常被视为某种启示或是对最为重要的事物的洞察。

- 我们可以利用有限的理性和理智之光,投射我们内在的偏见,让他人看到偏见并非出于我们本意或者选择,而是由我们的潜意识产生的。

- 我们可以培养"安静自我"（quiet ego），放下总是需要不断要求肯定和保持优势的需求。安静自我会降低我们的防御姿态，使我们能够面对自己的伦理缺陷进而做出改变，开始理解他人。就像"认识到无知是智慧的开始"一样，培养真正的谦卑之心是显露仁慈和理解他人的开始。
- 我们可以努力用开明的方式理解他人，运用共情的力量和心智理论；尽管我们永远无法真正理解他人的感受，但如果生长环境相同，我们的感受与行动无疑会和他们一样。
- 我们可以关注与他人一致的观点，而不是强调差异或分歧。正如我们在本书中反复论述的那样，人类最终的需求只有12种，而且对任何人来说都一样。理解不同的需求模式可以加深我们对彼此的认识。
- 我们可以有意地关心个体而非群体。保罗·斯洛维奇（Paul Slovic）及其同事的研究表明，如果慈善募捐的号召中描述的是一个孤立的、具有独立特点的孩子，那么募捐效果将会比描述遭遇相同命运的几百万个孩子好得多。我们与具体的个体相连并产生共鸣，而非抽象的群体。
- 我们可以允许这些照亮我们内心的过程"消耗"我们浅薄的自我主义需求和物质主义，从而让我们用对正义、伦理和目标的需求代替对物质的需求。
- 我们可以通过先给予来培养爱的关系。正如卡伦·霍妮所说："只有当你深爱着他人时，渴望他人的钟情才有意义；神经质的关爱需求缺乏互惠性。"换句话说，如果你没有准备好表达爱意，那么你可能永远得不到爱。

社会需求的结构层次

我同意马斯洛的观点：和所有基础型需求一样，我们对归属感的需求是一种典型的缺失需求，尽管我们已经知道"积极渴望归属"和"努力从离群或社会冲突状态中解脱"的模式相当不同。从缺失需求的角度看，归属需求代表对安全和保障的需求，要想达成这一目标，必须得到他人的接纳，也可以说是个体从群体中汲取积极的情感反馈。

对爱和关怀的追求同样具有两面。正如马斯洛所说，典型的爱的需求一般被视为积极的渴望、成长需求或价值追求。当人们对爱的需求从接受（以填补缺失）渐渐转向给予时，对被爱的需求就会减少，[4]因为他们的需求从直观的情感层面转向了深层的抽象层面。再往前我们可以看到无私奉献爱意的需求，起初是对最亲近的圈层内的人产生，接着会扩展到更大的圈层，达到更高水平；其驱动因素首先是情绪共情，过程和化学物质自主且无意识地参与母婴关系调节一样。相同的机制也可能在我们对家人和挚友的爱中发挥作用。当对爱的追求变得更加抽象，人们就会更依赖于普遍适用的认知系统来创建认知共情的底层心理结构。这或许正是人类与某些物种之间的分别。

认知同理心需要一些运作的基本条件，其中包括心智理论，即我们知道别人有自己的思想、感受和视角。心智理论是一种相当基础的认知过程，只是二阶意向性（一阶：我知道；二阶：我知道你知道）。和所有生物学和心理学机制一样，了解心智理论只不过是为了发展更高阶的意向（三阶：我知道你知道我知道；四阶：我知道你知道我知道你想要什么……）。体验他人的感受，理性考虑他们的处境和视角，使我们扩大所关心事物的范围，建立行为规范或准则，促进正义、伦理和超越目的实现。

情商与关怀。 接下来轮到情商（也被称为 EI 或 EQ）登场。我们通常将情商定义为识别、调节和运用情绪的认知能力、情感表达能力的总和。[5]

心理学文献中有多种关于情商的不同模型，主要涉及少数几个主要的能力。

- 能够区分不同的情绪并正确归类。
  - 区分自己情绪的能力并归类。
  - 区分他人情绪的能力并归类。
- 能够调节不同的情绪（不致深陷其中）。
  - 调节自己情绪的能力。
  - 调节他人情绪的能力。
- 能够利用情绪的力量并发挥效用。
  - 利用自己的情绪驱动有效行为或做出更好的决策。
  - 引导他人利用其情绪做出有效行为和决策。

情商的核心是利用认知智力、社会同理心和情绪可控力等相辅相成的技能来促进社会关系和决策。对我们来说，不同的情感和认知能力的互补性正是我们将对爱的即时性需求转化为寻求对人类更广博的爱的关键。

爱与自我（love and identity）。正如关怀需求与正义、伦理及超越需求有交汇之处，关怀需求与表达真实性的需求也有关联。通过观察自己的思想、感受和行为，我看清自己是一个乐于付出、有同情心、有善心和道德的人，一个正在为更高目的服务的人，接着这些元素就会融入我的自我概念中，最终我将认为自己是一个有爱心的人。整个过程完全在我心里运作。

当然，社会反馈也会对"你到底是怎样的人"产生强烈的影响。我们在"镜中我"部分提到的研究表明，当我们与他人和谐相处时，我们会觉得自己最真实。所以，无论我如何看待自己，一旦收到相反的社会反馈，我就会感到自我的表现与认知不符，进而产生社会稳态的需要，这会促使我做出更符合自我认知的行为。

爱与真实性之间的另一种关联是自我表露的社会过程。亲密的特征之一是和你的伴侣彼此放低防备、敞开心扉，向对方展示真实的自我。在深度亲密关系中，双方在身体、情感和精神上都能不加掩饰地展现原本的自己,并且感到放松自在,这在某种程度上可说是一种仅属于彼此的精神展示。

关怀需求的关联因素

如前所述,满足所有社会需求都需要互惠互利,这意味着只有爱着他人的人才能满足被爱的需求。这一见解很好地解释了对爱的正向追求和从不被爱的状态中解脱的需求是怎样关联在一起的。

对关怀的正向追求。对关怀、爱与亲密的正向追求在一定程度上与社会领域中的模式相匹配,从中我们再次看到宜人性和对正向社会关系的需求之间的强烈关联。这种需求在女性身上更为常见。

最密不可分的当数利他主义乃至自我牺牲,具体包括照料残障成年子女和参与慈善志愿工作。个体必须走出自我,放下个人的关切和抱负,关注他人的需求。从正向的归属需求和精神领域之间的紧密关系中可见,接下来相关性较强的是体验自我超越,尤其是"联结性"和"更高目的"这两个子维度。

后者包括以下四个表述:

- 我相信生活有更宏大的计划。
- 我相信生活有更大的意义。
- 我相信死亡是通向另一个位面的门。
- 我相信宇宙中有一种超越思维的秩序。

正向地追求爱也暗示了自我超越的一种形式,我认为这一见解尤为深刻。同理,我们发现关怀需求还与参与宗教活动以及相信祈祷能够应验有关,与优先考虑更高目的、正义和归属这些价值观有关。

还有一组关联包括谦卑、对人类的爱和责任感。与之相关的社会角色包括所有人的朋友、照顾者以及偏好社会性工作的人。我们还看到对关怀的追求与尽责性、内部控制（即相信自己有让事情成真的能力）有关，甚至仅仅是期待自己和雇主之间的关系更加稳固。

负向的关联与以下情况完全对应：正向追求爱的人有更低的可能具有神经质人格，不觉得尚未自我实现，少有冒名顶替综合征，不认为自己漫无目的、极度匮乏，不会过分重视成功；他们也不太可能扮演唯我主义的艺术家或弄臣这类角色。由这些关系可以明显看出：那些正向追求爱与关怀的人正是那些给予的人。

从被忽视感中解脱。寻求从被忽视或者不被关心的处境中解脱与正向追求关怀具有许多相似的特征，包括产生需求的个体更可能是女性，更为重视关怀的价值或是相信祈祷终将应验，更有可能成为"所有人的朋友"。如前所述，这些社会需求对不同的人来说优先级不同；最希望拥有爱侣的人，往往也是对他人的冷漠最敏感的人。除此之外，感到被忽视或不被关心还与一系列负面的生活经历和情境有关。

最强烈的关联特质如下：

- 感觉资源匮乏。
- 健康状况不佳。
- 精疲力竭。
- 有一个情感疏离的领导。
- 生活在情感淡漠的家庭中。
- 感到与同事没有联结。
- 感到孤独（还有独自阅读书籍）。
- 感到雇主不关心自己的情感健康。
- 计划辞职。

这些负向的现状是无数美国成年人正在经历的。其中重度困扰群体约占15%~25%，中度困扰群体约为25%~45%。即使考虑最好的情况，也有约40%的美国成年人正在经历着重度的被忽视感，这种感觉比单纯的孤独感带来的心理伤害更严重。

如果我们的社会想要让身处其中的人更加亲近社会、懂得付出或是提高伦理水平，就必须先让人们感受到爱和关怀。

关于关怀需求的其他观点

关怀蕴含着非常强大的力量，因此关怀需求几乎被视为"情感"的同义词。它除了与社会领域有关，还会极大地影响其他需求的质量，包括安全感、真实性、正义、伦理和超越。

- 马斯洛的归属需求的较高级别中的爱，恰好与我们的关怀动机对应。
- 芝加哥大学的丹·麦克亚当斯（Dan McAdams）的研究着重关注亲密动机，他认为亲密动机的根源是个体与他人融合的需求，这与埃里希·弗洛姆的理论呼应。他的团队发现，具有强烈亲密动机的人在社交上更努力，比如更爱笑、更容易提供个人信息，以及给予回馈或自发地与他人互动。
- 除此之外，下列动机理念也与关怀需求契合：
    - 威廉·詹姆斯的父母之爱与共鸣需求。
    - 威廉·麦克杜格尔的养育需求。
    - 亨利·默里的求助（保护）、相似性（共情）和供养需求。
    - 埃里克·埃里克森的爱/亲密和关怀/传承创新需求。
    - 曼弗雷德·马克斯-尼夫的钟情需求。
    - 史蒂文·赖斯的浪漫和家庭需求。

与关怀需求相关的情绪

对于关怀的积极需求通常既对可能的深度联结和亲密关系感到兴奋期待，又害怕被拒绝。这是人们第一次约会时常有的状态：希望留下好印象，寻求发展成亲密关系的可能；在心里评判对方，却害怕知道对方的想法。如果伴侣能够完全接纳我们，认可我们在关系中的付出，我们不仅能感到短暂的狂喜，还会有长久的成就感；如果我们也能完全接纳我们的伴侣，这种感觉将会是相互的。消极的、出于防御而寻求关怀则令人心情不悦。在亲密关系中遭到拒绝有时如同被判处死刑。在伤心之余，我们还会因被拒绝甚至失去亲密关系而感到愤怒、痛苦和懊悔。走出这些情绪无疑是一种解脱，但我们仍然会对这段关系是否健康心怀疑虑。

确定关怀需求的来源

很显然，爱与关怀是实现一系列人类需求的关键。在思考具体对爱的需求之前，让我们先花一点儿时间回顾一下之前的讨论。

- 你是否感到自己被生活中的人关心？考虑一下你是否从周围人那里获得了情感支持和理解。
- 你经常照顾他人吗？思考一下你在情感、物质或者其他方面提供支持的行为模式。
- 你给予的关怀与你收到的是否平衡？思考一下你的人际关系是否互相支持，检查可能存在的不平衡情形。
- 你如何表达你对他人的关心？思考你的表达方式以及这些行为是否对双方都有意义。
- 你在接受他人的关怀时感觉如何？你在多大程度上愿意接受帮助或情感支持，又是否因此感到挣扎？
- 你是否感到被爱？爱你的人有哪些？这些人是否意识到你的重要性并主动表达感谢？他们是否将你的存在和爱视为理所当然？如果你感到不被爱或没有得到足够的爱，你可能会做什么来改变？
- 回想一下你童年的早期。你的照顾者是总满怀爱意地陪伴你，还是时常无法陪伴你或是疏于照顾你？这对你理解的人际关系有什么影响？你的依恋风格是安全型吗？回答这些问题之后，你会主动为维持和加固你最重要的关系做什么？
- 你爱别人的能力有多成熟？你还会需要向他人寻求安慰，寻求象征性的或物质上的表示以证明他人对你的爱吗？或是你已经到达更高的层次，完全理解所爱之人？
- 互惠的重要性是社会领域所有动机中共同的主题。你在爱最亲近的人和表露对他们的爱时有多努力？

第 12 章
认可

正如前面两章所探讨的，社会领域的基础型需求是归属感，当我们感到被群体接纳，就会产生爱的需求；一旦感受到爱，就会渴望他人的欣赏。亚当·斯密（Adam Smith）在《道德情操论》（*The Theory of Moral Sentiments*）中也曾提到过这种强烈的驱动力：

> 从自己认为值得尊重的人处获得尊重产生的愉悦感、感激之情是其他任何情感都无法给予的。（2010，part2，section3）

这是对"高度受人尊重"极高的评价。

在开始之前，我必须先澄清我们真正的意思。认可（recognition）有许多文化隐喻，而我们所说的认可需求是一种较高层次的社会追求。长期的互惠包容、悦纳陌生人以及表现出关心和爱的行为是认可需求的基础。一生为社会做出许多积极贡献的人必然会因其称职的社会角色获得好名声，无论是认识他的人，还是通过声誉了解他的人都会敬重他、尊重他。在这个过程中，他们会赢得肯定、钦佩、认可和欣赏。不过，那些追求真正的美德之人从不寻求认可。

如此看来，我们所说的"认可"和日常生活中的用法截然不同，后者往往与"月度最佳员工评选"之类的"认可活动"挂钩——奖品可能是一个专用停车位、一张框起来的证书或是玻璃制的奖杯奖牌等。我们所说的认可在许多方面都与出风头、表扬、称赞、关注、公众关注或是名声此类世俗追求相反。由于语言的局限性，这些不同的含义非常容易混淆。

为此我们使用了基于图像的情感需求测量技术衡量情感需求，并与传统的（应用直觉的、理性的）衡量需求和价值观的调查问卷法对比，二者的区别非常明显。传统的调查问卷的结果显示，与对"认可"的渴望关联最深的是冒名顶替综合征、追求成功的企业型职业人格和外部控制。这些特征几乎与"一生为社会做出贡献从而赢得他人尊重"毫不相干。

我们通过快速曝光的图像技术得到的结果则完全不同。与我们情感需求中的"认可"关联最深的特征主要是责任心、宜人性、慈善志愿行为、情商、在社会中是"所有人的朋友"、外向性，以及较少神经质或焦虑感。

马斯洛的自尊需求

我们将社会认可需求定义为高阶追求，而马斯洛在其经典文章《人类动机理论》中将社会自尊需求主要视为一种缺失需求。因为马斯洛将两种不同的概念混合在了一起，所以他产生这样的认知并不奇怪。马斯洛先在其理论中提出自尊心需求（我们归类在自我领域中），并将其归为缺失性心理安全需求的一部分，这与我们的定义完全一致：

> 社会中的所有人（少数病态的特例除外）都需要、渴望稳定且踏实的高度自我评价，渴望自尊或自尊心。（1943, p.7）

马斯洛接着描述了两种完全不同的需求，尽管它们都属于尊重需求的范畴。第一种是我们对自主性（力量、独立、自由）、成功（成就）和安全感（能力、信心）的需求：

> 首先是对力量、成就、能力、信心、独立和自由的渴望。（1943，p.7）

第二种等同于我们对社会认可的需求：

> 其次是我们或称为的对声誉、威望（来自他人的敬重或尊重）、认可、关注、地位或欣赏的渴望。（1943，p.7）

我们希望去除其中的一些描述，因为它们与世俗的"认可"（如威望、地位、关注）重合；剩下的（如声誉、认可、欣赏）则与我们对"认可"需求的定义一致。实际上，后者正是马斯洛晚年时所讨论的更高层次的"回报"，包括尊严、敬重、欣赏和荣誉，它们能够继续激励那些不再受金钱左右的人。[1]

认可需求发展中的阻碍

如何获得持久的声誉可谓每个人都会面临的重大难题，因为它往往与人们的冒险和成长经历相冲突。对追求"时髦"的青少年而言尤其如此。这些青少年下意识地挑战父母和老师的价值观，更在乎同龄人的看法，而非自己真正喜欢什么或能带来成就感的事物。好在这种风尚已经有所改变，"时髦"的含义不再局限于表面，转而将"真实的自己"包含其中（反正不是父母和老师期待的那样）。这种改变让有才能的学生找到了一条自洽的路，他们在成长过程中可以尽情发挥天赋（包括编程、游戏、音乐剧、艺术等）来获得敬重。更早期的世代一度给这些聪明又勤奋努力的人贴上"书呆子""傻子"或"奇葩"各种标签，而现在的风气已经大不相同了。

负责照顾和指导青少年的成年人往往急于夸赞某些"值得推崇的"行为，做出干预行为。然而他们可能不知道，青少年可以敏锐地探知成年人是否是真心实意的，过度的、虚假的赞美比没有还要糟，这是因为他们知道真正的声誉在待人接物方面能发挥巨大的作用。譬如，获得"最佳进步奖"完全是一种侮辱；流行过的"参与奖"也好不到哪里去。这些赞美并未起到应有的鼓励效果，反而贬低了个体的声誉和自尊心。[2]

在这一领域，卡罗尔·德韦克的"固定型心态"与"成长型心态"理论尤为重要。鼓励成长导向、抑制固定导向的策略很好，但真正的难题是如何有效实行。真实性需求是破题的关键，它可以在个体的自我概念（心理安全感）和社会声誉（认可）之间充当重要的桥梁。无论一个人真正骄傲的是什么，认为自己擅长什么，这些都会真实地构建其社会声誉的核心，而任何不符合这一标准的手段获得的"成功"都只是一时的虚假赞美。可见建立心理安全感和社会认可的关键在于识别真实优势，而不是相对优势，后者总有点儿像"亚军"或"参与奖"，实质上暗指不占优势，但真正的"优势"必须是绝对的。

确定了至少一种真实、可信且可证的优势后，个体应在难度适中的挑战中表现出来。适度的挑战可以巩固个体对自身技能的认可，从而更容易达到真正沉浸的心流状态，最终化为踏实可信的成功。这类成功既能建立自我价值，又能带来声誉。获得尊重没有捷径，任何试图走捷径的做法通常都会适得其反。

社会认可与道德

在一系列神经科学的 fMRI 实验中，安东尼奥·达马西奥、汉娜·达马西奥（Hanna Damasio）与合作伙伴玛丽·海伦·伊莫尔迪诺-杨（Mary Helen Immordino-Yang）研究了与"旁观他人行为"相关的大脑区域，这些行为可能引发虚伪的赞美和肤浅的奉承（例如体育评论或音乐鉴赏），或是产生对利他行为真正的钦佩——社会敬重的基础。研究为引发观众同情额外设置了两类场景：一是他人遭遇心理或社会困境的场景（例如失去亲人），二是他人遭遇身体上的痛苦的场景。

上述四种场景都如预期激活了情感机制相关脑区，即脑岛、前扣回带皮质和上脑干，以及与构建自我相关的大脑区域后内侧皮质。道理在于，旁观者必须将自己视为一个独立的个体。

这些情境之间的差异令人着迷并颇具启发性。目睹娴熟的表演或身体痛苦会激活与自我创建相关的后内侧皮质区域，目睹同情行为和心理困境则会激活另一个区域，这些高级情感反应由不同的大脑系统产生。目睹身体技能或身体痛苦往往会激活与外部行动导向的肌肉骨骼活动相关的区域，观察利他行为或目睹他人遭受心理困境则与身体的内环境和内脏的内在运作相关联。达马西奥认为物理准备系统是进化过程中先发展出来的系统，聚焦内部的社会伦理系统则偏向后期。[3]

这些发现认为共情有多种类型，是他人的社会认可的进化基础。当你忍不住在音乐会上起舞时，当你目睹你支持的NBA球队成功抢断并完成双手扣篮时，你会产生一种物质导向的共情。这些是情感上具有感染力的积极共情。当你"感受"到他人的痛苦时，就会出现身体导向的共情，让你想要介入其中阻止痛苦或是提供安慰。这些是情感上具有感染力的消极共情。除此之外，当你感知到正向的利他行为（例如帮助盲人找到火车）和他人内心的痛苦（例如目睹朋友陪伴临终的配偶时的痛苦）时，就会激活另一种明显不同的精神共情。这一专门为更高层次的人际联结设置的神经回路证明了精神领域动机的根本性。

社会认可、帮助和利他主义

社会心理学文献在提及帮助和利他主义时意见相当不同,有些人提出这从根本上是以自我为中心的机制,有些人认为这是一个人对心理安全需求的反馈机制,有些人认为这是争取社会认可的机制,还有些人认为这是一种基于某种原则的追求伦理行为的机制。

堪萨斯大学的丹尼尔·巴特森(Daniel Batson)及其同事提出了一系列心理机制来解释帮助有需要的人的动机,包括:

- 自利,被称为利己主义的亲社会动机(egoistic prosocial motivation),指以公开的方式帮助他人,从而获得英雄的身份。任何在社交媒体上发布的"善行"都可能属于这一类,这也是"利他主义"的最初级形式。
- 努力帮助有益群体中的成员,被称为集体主义动机(collectivist motivation)。这种帮助更有可能私下发生,而且即使无人留意也会发生。集体主义动机是利他主义的一种选择性形式,仅仅帮助群体内成员而不顾群体外成员本就是具有歧视性的。证据表明,群体内的利他主义通常是无意识进行的。集体主义动机最终可以简化为利己主义动机,因为一个人帮助群体发展,也等同于间接地帮助了自己。
- 出于情感动机帮助他人,被称为共情利他主义假说(empathy altruism hypothesis),这种类型的利他主义一般是关怀动机的一部分,因为个体采取行动纯粹是出于提供关怀的情感需要。
- 利他主义的最高形式被称为原则主义动机(principlist motivation),18世纪末由哲学家伊曼努尔·康德(Immanuel Kant)提出了类似的理论。原则主义动机驱动了为了实现原则或理想而发起的利他的善意自我牺牲。这种形式的利他主义和伦理需求之间有明显的联系,我们将在之后的章节探讨。

上面列出的利他主义的前两种形式，利己主义和集体主义，是"不成体系的"初级认可需求。青少年在迪士尼的英雄叙事中长大，平时去书店的青少年区阅读，社交媒体却告诉他们一夜成名、一朝暴富的故事。这种残酷的反差引导他们有意识地精心打造自己的公众形象，针对目标群体精准展示图片和故事，一步步实现利己主义和集体主义的欲望。精心编造故事，撰写社交媒体的帖文，寻求公众的正向认可，这些现象远不止影响儿童和青少年，在成年人的世界同样流行。登上行业杂志的封面或是赢得"年度优秀员工"奖，这些事从来都不是偶然，"发掘"的背后往往是蓄意谋划。有些人站在台前，背后自然少不了一群认可他的支持者，这样的"认可"无可避免会受到公众的质疑。

社会认可的层次

一夜成名。像成功需求一样，对社会认可的追求也有不同层次。最初级的层次如前文提及的对名声的渴望。在如今的 TikTok 时代，10~12 岁孩子的首要人生目标就是"出名"。这种渴望是一种经典的缺失需求：青少年对自己的社会地位感到不安，因为这种地位会随着同龄群体和潮流的变化而迅速变化。对他们来说，迅速成名是摆脱中学时期不断改变的环境带来的痛苦、负罪感和羞耻感的途径，自然非常有吸引力。事实上，面向青少年群体的最流行电影和电视剧中最常出现的正是"从凡人到超凡英雄"的情节设置。

让我们来看两个最受欢迎的例子。

- 在《怪奇物语》（*Stranger Things*）系列中，一群年轻的中学生[《龙与地下城》（*Dungeons & Dragons*）式的"冒险者们"]受到召唤拯救人类，但更重要的是拯救他们在印第安纳州霍金斯小镇的家人和同伴免于毁灭的命运。

- 哈利·波特（Harry Potter）某天发现自己在扮演不合群的边缘人之余还是一位巫师。更重要的是，他是被选中的"大难不死的男孩"！

这种情节就是《霍比特人》（*The Hobbit*）、《饥饿游戏》（*The Hunger Games*）、《波西·杰克逊与神火之盗》（*Percy Jackson & the Olympians*）、《美女与野兽》（*Beauty and the Beast*）、《美国队长》（*Captain America*）、《蜘蛛侠》（*Spider-man*）、《绿巨人浩克》（*Hulk*）、《王子与贫儿》（*The Prince and the Paupe*）及其翻拍作品的故事线。迪士尼的《大力士》（*Hercules*）中甚至有一首歌叫作《从零开始》（*Zero to Hero*）。英雄的旅程始终是关于成长的故事。快速成名对青少年来说是什么呢？顶级的社会地位、极度的受欢迎、对异性具有吸引力、财富、权力以及不可或缺的地位；英雄的同伴也会拥有各自独特的天赋才能。或许最重要的是，成名意味着孤独和羞耻感的终结。这类叙事毫无疑问很吸引人，但并不是真的。名人成名后才意识到自己依然是原来的自己，却因为名声不得不背负期望、批评，过着失去隐私的生活。类似的警示故事有很多，比如惠特妮·休斯敦（Whitney Houston）、迈克尔·杰克逊（Michael Jackson）、里弗·菲尼克斯（River Phoenix）、库尔特·柯本（Kurt Cobain）、玛丽莲·梦露（Marilyn Monroe）、"猫王"埃尔维斯·普雷利斯（Elvis Presley）、克里斯·康奈尔（Chris Cornell）、约翰·博纳姆（John Bonham）、吉米·亨德里克斯（Jimi Hendrix）、吉姆·莫里森（Jim Morrison）、基斯·莫恩（Keith Moon）、贾妮丝·乔普琳（Janis Joplin）、菲利普·塞默·霍夫曼（Philip Seymour Hoffman）、约翰·贝鲁西（John Belushi）、克里斯·法利（Chris Farley）、菲尔·哈特曼（Phil Hartman）、弗雷迪·普林兹（Freddie Prinze）、亚伦·卡特（Aaron Carter）等，他们的悲剧无一例外都揭示了名声真实的黑暗一面。

与英雄之路表面的光鲜相对，英雄形象往往会凸显出"心肠歹毒的继姐"。曾经施加在英雄身上的排挤和蔑视如今一一反噬，他们的庸俗、虚荣、道德败坏和谎言最终也让大众一览无余。

漫漫长路。追求认可的下一个层次中有一类经典形象：越来越不受敬重的地方英雄。这种人通过努力、辛勤工作、奉献、责任感、领导力和管理能力获得了大家的一致赞赏，而他们从不寻求任何形式的认可。这些人是"无名英雄""幕后的支持者"，是"成就一切的人"。

地方英雄的反面是付出被忽略或被视为理所当然，无人留意、无人欣赏的命运，比如威廉·布莱克和沃尔夫冈·阿马德乌斯·莫扎特（Wolfgang Amadeus Mozart）的经典悲剧。这些伟大的人在生前默默无闻，死后才被认可。正如哲学家阿图尔·叔本华（Arthur Schopenhauer）的名言概括的那样，这往往是天才的代价："才华能让人击中别人击不中的目标，而天才能击中别人看都看不到的目标"（2012）。必须重申，尽管这些艺术家生前并不排斥赞美和认可，但他们的艺术是出于对创作的热爱，而非为了名声。

自我牺牲。追求认可的最高层次是基于原则的自我牺牲，它实际上将认可从社会领域转移到了精神领域，进入了伦理和超越的范畴。人类历史上最受尊敬的人物无一例外是那些为更大的利益奉献自己和最珍视的东西的人。现代有很多例子：亚伯拉罕·林肯（Abraham Lincoln）、约翰·布朗（John Brown）、马丁·路德·金（Martin Luther King）、甘地（Mahatma Gandhi）、马尔科姆·艾克斯（Malcolm X）、纳尔逊·曼德拉（Nelson Mandela）等。[4] 我们还可以为这个名单加上那些不顾个人安危守护责任的英雄：诺曼底登陆时冲上奥马哈海滩的士兵、获得紫心勋章或总统自由勋章的人、金星家庭、"9·11"事件中纽约市的消防员，以及桑迪胡克小学用身体保护学生的老师们。对于虚构人物而言，牺牲同样是最受我们尊敬的品质。比如欧比-旺·克诺比（Obi-Wan Kenobi）和阿不思·邓布利多（Albus Dumbledore），他们为了事业、为了善与恶之间的斗争而献出了生命。

为什么自我牺牲的故事如此吸引人，如此受人敬重呢？从本质来看，自我牺牲者拥有并服从更高的利益需求，其行为反映出社会领域特有的对等互惠关系，其中蕴含着我们不得不低头钦佩的力量，"更高层次的爱"。这会自然而然地激发我们的敬畏，[5]而且这些情感通常与超越需求联系在一起。我们向宇宙的创造者祈祷，祈祷"创造本身"，因为我们知道（或假定）创造需要牺牲时间、精力和空间，才能维持生命和物质的存在。

对牺牲者的遵从。这种认可的背后是活着的人感到羞愧，如果他们非常尊敬的人去世，也会失去活着的意义。在早期的美洲社会中，自我割伤的仪式有广泛应用，尤其是玛雅人，他们通过自我牺牲模拟神灵为创造地球生命而付出身体的情形。大到牺牲生命，小到禁欲行为如禁食，人们认为牺牲是一种与精神世界产生连接的方式，这种观念已经有古老而漫长的历史。大多数情况下，牺牲模仿的是原始神灵的牺牲，"表演者"的牺牲是接近神灵的行为，实际上打开了两个世界之间的通道。

面对强大的、受人爱戴的自我牺牲者，我们表达敬重、尊敬和遵从的最好方式是为对方牺牲。这也和贯穿整个社会领域的互惠性特征相符。最常见的是在没有生命威胁的情况下让身体姿态比对方低，这些行为包括鞠躬、跪拜和爬行。动物行为学家还发现，嘴巴及其各种动作是仪式化的进食或传递食物的形式；我们谈论的神圣仪式就包括与嘴巴有关的"吃掉对方的血肉"。亲吻身体最接地气、最肮脏的部分（即手或脚）被描述为一种象征性的舔舐行为，就像狗对主人做的那样。[6]达马西奥等人指出，敬重和遵从权威的行为与权威在伦理规则上的作用有着紧密的联系，我们将在"伦理"一章中进一步讨论这些内容。

真正的敬重无法直接寻获。就像追求幸福一样，最高形式的敬重无法通过刻意追求来获得，二者本质上是对立的。像幸福一样，真正的敬佩只能是其他活动的副产物。上述讨论已经暗示了认可需求和超越需求之间的联系，拥有超出自己本身的事业正是超越需求的定义之一，同时也是实现最高形式的认可、最终形态的成功的关键。描述更高形式认可的词汇中包含了浓厚的精神内涵，这些词也经常出现在许多祷告中——奇迹、敬畏、尊敬、赞美（praise）、承认、肯定、称赞（laud）、褒扬（exalt）、颂扬（extol）、盛赞（glorify）、信仰、信任、感谢（gratitude）和感恩（thanksgiving）。其含义是，真正的敬重为神圣和圣洁所保留，不为世俗和污秽所占有。[7]如今，亿万富翁常常穿着卫衣参加正式活动，借此彰显自己"超越地位排名的桎梏"，这种"不在乎"的作秀实质上是另一种形式的地位排名；还有一种技巧"美德信号"更常用，即时不时提及参与过的志愿活动、献血、慈善捐赠来暗示自己的"德行"。

认可需求的错误表现

与所有动机一样，过度关注认可需求和完全忽视认可需求都会给个体带来困扰。

过度关注初级形式的认可需求。 个体过分地将认可作为个人目标，是对确认自己是否合格、有价值、有能力或胜任（某项工作）的长期需求，这通常表明心理安全需求尚未得到满足。如前文所述，人们对认可的常见理解是廉价的鼓励。这与冒名顶替综合征有关，指人们无法相信自己和努力的效果，过度关注物质成功并以此为目标。我们在本章中一再重复说明，一旦过度追求成功和认可，就会忽略更基本的需求，搁置目的需求和实现最好的自我需求。这实际上是心理上不安全的人做出的绝望挣扎，他们渴望通过"最后一搏"或"全垒打"来实现情感上的即刻救赎。渴望物质和社会成功实质上是试图寻找捷径，寻找"弹射座椅"来迅速逃离原本不快乐的生活。

这些误导性需求的常见表现是过度关注自己的外貌。这种倾向曾经被视为傲慢、自恋[8]或虚荣，这些都与对外貌的过度骄傲有关；如今它已经变成了一种典型的源于缺乏心理安全的需求。社交媒体兴起后，到处都是精心挑选的照片，每个人都看起来是最美好的样子，其中当然少不了拍照姿势、服装、化妆和滤镜的修饰。一种新的心理障碍，躯体变形障碍（body dysmorphic disorder，BDD）也随之产生。BDD指的是过度关注自己感知到的容貌缺陷，直至影响生活。我们在前文中提到过，极度渴望一夜成名的焦虑通常出现在青少年时期，BDD也是如此，而且很可能是长期的、极具破坏性的心理障碍。现在让某些家庭成员同意在家庭聚会上拍照很难，他们甚至不愿意在镜子里看自己；这正是社交媒体引发的自我意识增强的迹象。我们在"可否认的网络欺凌"这一新文化现象中看到，一个人不讨喜的形象可以立即成为针对他的武器。年轻人中盛行整容手术是这一趋势的另一表现：最近一项利用美国美容整形外科学会（American Society for Aesthetic Plastic Surgery）数据的研究预测，如果没有重大经济衰退，2012~2030年针对19~34岁人群的美容医疗手术数量将环比增加121%。[9]麻省总医院和哈佛医学院最近开设了一家专门诊治BDD的诊所，他们认为个体若每天因外貌的某一方面产生情绪困扰至少1小时，就有参与临床诊治BDD的必要。典型的BDD与女性相关，事实也是如此，美国超过90%的整形手术对象是女性，尽管如此，越来越多的男性也受到BDD的困扰，他们往往格外推崇肌肉发达的身体，比如克里斯·海姆斯沃斯（Chris Hemsworth）、约翰·塞纳（John Cena）、"巨石"强森（Dwayne "The Rock" Johnson）和贾森·莫玛（Jason Momoa）等，这是一个新的BDD类别——肌肉上瘾症（muscle dysmorphia），表现为长期担心自己的肌肉不够大。尽管家族性强迫症等遗传因素或完美主义可能增加一个人患病的概率，不过大多数专家仍然认为，文化观念尤其是媒体的表现才是主因。

地位综合征。 伦敦大学学院流行病学教授、世界卫生组织顾问迈克尔·马尔莫（Michael Marmot）写书探讨了健康的社会决定因素。他认为我们的身体健康在很大程度上取决于我们的社会经济地位。2004 年，马尔莫发表了一项革命性的分析，证明了我们感知到的社会地位是健康和预期寿命的最重要决定因素之一。[10]

马尔莫从世界各地收集了许多相关研究，部分显示：

- 在瑞典，拥有博士学位的男性比拥有大学学历或同等学历的男性的死亡率低 50%。
- 在美国，最富有家庭的死亡风险是最贫穷家庭的 1/4。
- 在英国，办公室工作人员的冠心病死亡率随着在公司层级的上升而下降。

重要的是，即使控制了收入和教育，排除了吸烟、肥胖等风险因素，这些结果依然成立。这意味着，即使我们基本的生理需求，如安全、食物、住房等得到了满足，我们相对的社会地位仍然在很大程度上决定我们是否会生病或死亡。一项更令人不安的发现是，这种效应不仅在不同的社会经济层级之间存在，而且同一社会层级内部也存在，这意味着在你的邻里中，如果你（认为）你住的房子更小，开的车更廉价，那么这种差距可能会悄悄地在潜意识中损害你的健康。所以我们应该认识到，即使你生活得非常舒适，负面的社会比较仍然可能缩短你的寿命。这种相对剥夺感的影响似乎可以通过对生活的控制感调节，而控制感又取决于我们的相对社会地位。

同样，威尔·斯托尔（Will Storr）在回顾近期文献时揭示了一个马尔莫研究中的重要推论：你拥有的社会地位来源越多样，你可能会越幸福。就像拥有一个多元化的投资组合一样，在多个群体中获得欣赏或尊重能够帮助我们抵御在任何一个群体中失去地位的风险。这些"地位"的主要来源，几乎也就是我们定义自我身份的方式；地位的多样化也会带来身份的多样化，我们由此保持了对相对地位的良好感觉和对自我身份的认可。举例来说，如果我们对自己的身份认知全都来源于我们的工作岗位，那么失去工作将会是毁灭性的打击。

认可需求关注不足。相较于过度关注认可需求，关注不足鲜少被提及，但是害怕成为焦点可能会变为实现自我潜能的重大阻碍。西方文化中，骄傲是一种傲慢的、充满罪恶的禁忌，以致表达的方式非常严格，获得荣誉的人被要求不能承认自己的努力或才华。一种形式表现为，体育节目中的赛后采访的脚本几乎无一例外遵循这一逻辑："我真的没做什么……这是一场团队合作，每个人都完成了自己的任务，教练团队为我们准备了很好的策略……实际上，这一切都要归功于球迷。"另一种形式则是运动员们用力拍打胸膛、遥指天空，因其取得的一切成就感谢上帝。这些程式化的表达本质上并非真正的谦逊，虽然假装谦虚肯定比20世纪70年代体育界类似于"我最伟大"的说法受观众欢迎得多。

威尔·斯托尔指出，公开寻求社会地位的禁忌可能源于我们认为自己的地位不安全。我们的社会地位并不是我们可以拥有或提存的，它完全依赖他人看法的变化，即使存在也总是摇摇欲坠。保罗·布卢姆对此提供了证据，表明小型的原住民社区是天生的平等主义，目的是确保没有人能够积累足够多的尊重以致掌握凌驾他人之上的政治权力。类似地，你只需随便浏览任一新闻网站的头条，就会发现明确知道自己不受社会尊重的人在看到高高在上的人倒台时更能感受到愉悦，和"站得越高，摔得越狠"中暗含的情绪一样。这实际上是一种社会自我平衡的形式。

对于某些人来说，这种文化禁忌为他们提供了一个现成的借口，放任自己对成功、表现和评论的恐惧。正如在"认同需求发展中的阻碍"一节中所讨论的，年轻人往往更加不愿意展现自己优秀的一面。对负面评价的恐惧很容易导致个体为了免于"表现自己"而陷入自残式的虚假愚蠢和伪无能中。正如马斯洛指出的，任何人在任何领域取得成功，都需要某种"创造的傲慢"，只有做出真实的自我评估，我们最终才有可能自我实现。

认可需求的关联因素

正如本章开始时所述，真正意义上的情感认可与对"廉价"的认可、地位或声望的需求之间存在显著差异。真正的情感认可，是对一个人良好社会行为的认可，比如具有同理心、能够接纳和富有爱心。这些行为本质上是亲社会行为，会激发敬重和钦佩的情感，并暗示行为者的正直、责任心、领导力和道德权威。

对认可的正向追求。 如前所述，与情感认可需求联系最密切的特质中，首要的是一些亲社会的特质，包括宜人性、尽责性和情商，情商中最密切相关的子特质是强大的调节他人情绪的能力，例如通过让对方放松来调节其情绪。这一群体也与"善良"有关，与慈善工作之间联系密切；它还与内部控制、较好的健康状况和女性特征相关。

对认可的追求与许多状况呈负相关关系，包括神经质/焦虑、冒名顶替综合征、自卑感、未能自我实现、缺乏人生目的或者主动控制感。这些状况都反映了较低层次需求的运作，比如安全感和自主性。

对认可的正向追求也与家庭的情感支持不足有关，这可能意味着这些人为了满足他们家庭以外的社会需求付出额外努力。

努力克服羞耻感。 避免羞耻感的强烈欲望与孤独感关系密切，前者源于未能实现社会领域的基础型需求归属。这类人在调节自己情绪方面的能力较弱。这些个体还表现出结构性孤立，很少参与宗教活动、社会正义事业、慈善工作，甚至是个人发展。那些努力摆脱羞耻感的人更可能感到不安全，或是近期在生活中经受过创伤。这进一步证明了马斯洛的观点：当安全需求未能满足，个体无法满足社会需求。同样，这些个体也明显不太可能承担与较高层次需求有关的社会角色，比如艺术家或冒险者。

从社会管理的角度来看，这些个体更有可能身处有毒文化的工作氛围中，这种文化以不公平的薪酬差距、对社会正义的虚假承诺以及对员工漠不关心为特征。他们更容易感到缺少资源，往往收入较低、与经理和同事情感疏远，雇主对其情感状况并不关心。他们的羞耻感或许有一部分来源于雇主对他们的剥削。

关于认可需求的其他观点

社会认可需求建立在社会领域的成就上。成功地融入社会群体，并欢迎他人加入，成功地给予和接收爱与关爱，这些需求最终会转向应得的、真正的、情感上的尊重和钦佩。

- 正如前面提到的，马斯洛尊重需求的一部分等同于对社会认可的追求。
- 除了上述内容，以下列举的动机概念与认可需求一致。
  - 亨利·默里的抵抗需求（捍卫自己的荣誉）、认可需求（社会地位）和顺从需求（屈从于上级）。
  - 史蒂文·赖斯的地位和荣誉需求。

与认可需求相关的情绪

希望获得骄傲和满足感，希望在他人欣赏的目光中感受到温暖，这些都与积极的、促进性导向型社会认可需求有关。满足这一需求通常伴随着情绪提升，和运动员在赢得比赛后被众人高高举起来的感觉差不多。消极的、预防性导向的需求则往往与努力缓解羞耻感、尴尬、嘲笑、责备或蔑视有关，而缓解的过程必然会伴随着曾经体会过的持续的不安、受伤和愤怒。

这些需求还伴随着从属的社会情绪。当我们喜欢的人、所爱的人或是我们厌恶的人受到尊敬或是羞辱时，我们就会产生从属的社会情绪。我们会为所爱之人的"提升"感到骄傲，也就是意第绪语中的骄傲（nachas）；对厌恶之人则流露出负面的嫉妒和轻蔑。当所爱之人受到羞辱，我们会对他们的痛苦感同身受，又因厌恶的人遭到羞辱感到"幸灾乐祸"（德语词"Schadenfreude"）。

确定认可需求的来源

我们已经认识到认可需求有不同的表现形式，每种形式代表不同层次的追求。

- 你是否感受到生活中最重要的人的敬重？他们对你的敬重涉及你的每一个方面吗，还是仅限于某些领域——例如对你的机敏、智慧、运动能力或其他某个方面？[11] 你如何扩大这个范围？

- 你是否感到某些人不尊重你？你身上有哪些方面可以继续发展和改善？或者这种不尊重只是出于他们的嫉妒心或是贬低你以夸耀自己的手段？

- 我们通常使用一套内部标准来保护自己的社会价值，维持优越感。面对富有的人，我们会说"庸俗"，成功的人我们称其为"工作狂"，富有魅力的人也许更"自恋"。你如何看待这种比较？如何在自我保护与准确感知自我之间做权衡？

- 你的每个方面都值得尊重吗？或者说有没有哪个部分让你感到羞耻？归根结底，产生这种情绪是你自己做出的选择。你是对自己和自己的缺点富有同情心（自我实现的标志），还是无法容忍，无法对自己产生尊重之心？

- 你是否特别向往一夜成名？你认为可能是因为什么？一夜成名能为你弥补什么现有的不足？你能否在当前生活中通过其他方式满足这些需求？
- 你是否曾经为了更高利益而自我牺牲？可以采取多种方式为他人提供帮助，比如服务于社区组织、志愿活动或是主动迎接新人。这种深层的认可和尊重是良好行为的自然结果，无法直接寻求。你认为这种牺牲如何对建立深层的认可和尊重发生作用？
- 你有没有崇敬的人或事物？这种敬畏之感从何而来？这个人做了什么，激发了你的这种崇敬之情？这种习惯可能如何开始？
- 崇敬那些为他人创造价值的人，可能是一种健康的行为，这促使更多人去做更多的事，形成良性循环。你认为是否有某个时刻，你可能完全不需要或不想要他人的认可？那是什么样子？

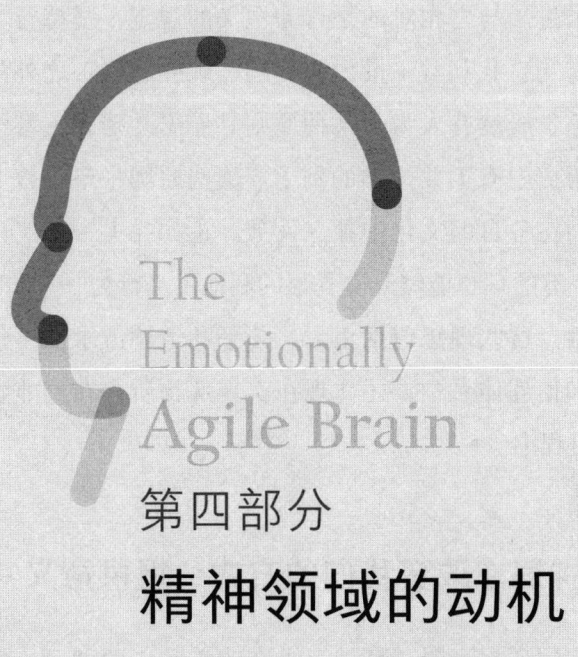

第四部分

精神领域的动机

人类的动机中关乎理想和原则的那些，但凡是稍微全面的讨论都不可能错过。与之相对的是行为主义的观点，坚持行为主义的人不认可人类有受自我利益（最大化奖励、规避惩罚）之外的动机驱使的可能，震惊于居然有人为了某种原则甘愿忍受痛苦，甚至献出生命，然而人类历史中有无数这样的例子。这些原则中最为核心的，是信仰体系，它们在各自的文化中独立发展。正如在上一章"认可"中所提到的那样，有的理想能够激发真正的利他主义行为——尤其是令人尊重的自我牺牲。这些理想包括正义、公平和道德需求，不仅明确体现在法律条文和伦理体系中，还体现在实现从物质存在到非物质领域的精神超越的过程中。[1]

精神追求改变我们的方式：提供意义

现有的证据表明，精神追求在改善我们的健康、生活质量和长寿方面扮演着重要而独特的角色，但它是如何运作的呢？若说是超自然力量，全世界认可的人不在少数，但是也有一种不需要诉诸超自然的解释办法。最新研究表明，精神追求通过构建意义来发挥作用，包括全人类的（如生命的意义）以及具体情境的意义（如疾病的意义）。[2]

认为生命有意义、有人生目的与健康保护因素和成长结果有关。维克多·弗兰克尔（Viktor Frankl）曾在报告中指出，拥有人生目的的人在纳粹集中营中的生存概率远远高于其他人，他甚至表示，"人一生的主要动机是寻求意义，而非本能驱动的'次级合理化'。"[3]为了强调这一点，弗兰克尔引用了弗里德里希·尼采（Friedrich Nietzsche）的话："一个人知道自己为什么而活，就可以忍受任何一种生活。"

活着的理由究竟是什么呢？积极心理学家将其定义为某种存在的、更大的、影响未来的真理。[4]弗兰克尔曾在三年间辗转于四个不同的集中营，其中包括特莱西恩施塔特集中营和奥斯威辛集中营。他的父母、兄弟姐妹和妻子都在集中营被杀害，只有他最终幸存下来，出版了开创性的畅销书《活出生命的意义》(*Man's Search for Meaning*)，创立了意义疗法——一种以发现人生目的为基础的心理治疗形式。在奥斯威辛集中营，他的手稿被没收并销毁过，但是对他而言，通过写作完成人生使命无比重要，以至于他在感染伤寒期间将整本手稿在脑海中重构了一遍，并用零碎的纸片记录灵感。对弗兰克尔来说，发掘人生目的就是必须先设置一个重要的、可以让自己感到满足的生活终极目标，然后沉浸于对该目标的构想之中。

它真的是一种需求吗

几十年来，社会科学家一直认为精神冲动肯定可以通过更基本的心理过程来解释。从这个角度来看，精神的渴望只是又一种文化上创作出来的分类，仍然可以归结为基本动机的运作，如从属、成就或权力需求。心理学家史蒂文·赖斯曾在某个实例中提出，根据敏感性理论，16种基本动机可以用来解释精神行为底层的追求：最常见的动机是对死亡的恐惧，紧接着是互相依赖、荣誉、忠诚、好奇心、秩序、地位、复仇、接纳等动机。

试图将精神动机简化为更世俗的基本元素并不新鲜。

- 西格蒙德·弗洛伊德和埃米尔·迪尔凯姆（Émile Durkheim，又译涂尔干）都将精神动机视为更基本的底层需求的表达，前者认为它是一种出于自我保护的幻觉，后者则认为它是社会团结的工具。

- 杰克·吉布斯（Jack Gibbs）最近提出，精神追求反映了对控制的普遍需求。

如果精神追求可以通过更基本的心理需求的运作来解释，那么心理学家就不需要认可精神需求独立存在，就像解释加油和转向时不需要另有一种"开车动机"一样。事实证明，能够促成个体精神需求（体验超越的感觉、按照源于精神的准则行事）的动机与那些独属于精神性的动机之间有本质区别。

为了从所有动机中区分出独特的精神动机，抑或促成精神性的某些非精神动机，哈佛大学心理学家戈登·奥尔波特[5][他的学生包括一些传奇心理学家，如杰罗姆·布鲁纳（Jerome Bruner）、安东尼·格林沃尔德（Anthony Greenwald）和斯坦利·米尔格拉姆（Stanley Milgram）]提供了一个理论。他区分了内在精神性和外在精神性。外在精神性由精神思考、感受和行为构成，如社会接纳或心理安全，是实现期望目标的一种方式。内在精神性与此截然相反，指的是为了精神本身而进行的精神活动。[6]许多人认为所有精神动机都可以通过更基本的动机来解释，这种假设的前提是所有的精神动机最终都是外在的，而且它们总是以通向其他更自私的终点为目标。如果支持奥尔波特的观点，就必须认清相当一部分驱动有益的生活成果的精神动机确实是内在的。

三种精神需求的持续模式

我们看到，在基本层次的正义需求、体验层次的伦理需求以及抱负层次的超越需求之间存在着一种独特的联系，这也是三种需求同属于精神领域的深层证明。

自我奉献。在这三种动机中，我们看到它们都与自我奉献的倾向有显著关联，表现为投入时间、专注和努力。这种倾向有很多具体表现形式，比如投身于慈善志愿服务、担任照顾者角色，亲自照顾有特殊需要的成年子女或伴侣（二者都特别消耗照顾者的情感，可能会使照顾者出现健康下降、睡眠问题、抑郁、快感丧失、愤怒、孤立、情绪过载、焦虑和精疲力竭等情况）。[7]一个相关因素是尽责性人格特质在人群中更常见——这种人格特质的表现为对他人负责、勤奋和关注细节。

个人创伤。另一个非常独特的特征是个体的过往经历中存在某种形式的创伤，可能表现为生活环境中缺乏情感支持，总是被忽视、被虐待；长期孤独；需要照顾他人但未能做到（已知的最严重的压力源之一，照顾者有过度疲劳的风险）。照顾老年人的责任往往落在成年子女身上，尤其是女性或是那些住得较近的子女，这几乎必然会涉及正义、伦理和自我牺牲问题。

纳入精神领域的重要性

有证据表明，自从史前狩猎和采集时代以来，精神领域就一直是大多数人类生活的核心（Harari，2014）。信仰为许多人提供了他们最高层次的终极目标，并为实现这些目标提供了指导。这些目标可以用我们提出的三个动机来描述：慈悲、仁爱、同情、慷慨和宽恕这一类目标对应精神领域的基本层次，体现了正义动机如何运作；像正直、纯洁、高贵和美德这一类目标对应精神领域的中间层次，体现了伦理动机如何运作；救赎、启蒙、感受更高力量的存在这一类目标对应了超越动机的运作。

从现象学的角度来看，精神追求属于一种体验，具有客观而强大的力量。它们可以成为组织更低层次目标的主目标，是研究人格时的独立因素，并且它们可以出色地预测个体的主观幸福和健康。证据表明，精神动机的力量可能源自它们在面对人类的局限性时提供生命意义和目的的独特能力。只有正式将精神领域及其三种独特的动机纳入动机模型和分类中，才能使其真正成为名副其实的人类动机"统一"模型。

第 13 章
正义

　　作为一种基础型需求，正义的需求涉及精神领域的起始价值观，这会为个体在理想和原则的世界发挥前瞻性潜能奠定基础。自我、物质和社会领域中的类似动机同样反映了建立心理安全基线的需求：自我领域中的心理安全，物质领域中的基本能力和许可，社会领域中的基本人际关系。在精神领域对应的是对公平的基本需求，即生活在一个是非清楚、赏罚分明的制度中。正义是关键的个人保障，因为如果没有正义，就没有人是安全的（"没有正义，便没有和平"）。正义还是支持归属感的基础，为每个人提供不受不公社会壁垒（如种族歧视、阶级歧视等）限制的、与他人联结的机会。当一个人受到正义需求的驱动时，他会寻求程序公平、分配公平或摆脱不公待遇，也可能二者兼有。正义间接地为个人赋权提供基础，为一个人提供公平建立和表达潜能的安全平台，就像公平的贤能政治一样。因此，正义需求与自我领域中的安全需求、社会领域中的归属需求紧密相连。如果个人的自主性需求与社会的广泛需求冲突，而且矛盾的张力达到一定程度，那么与正义需求的联系可能会稍微减弱。

我们对正义的需求从何而来

以《国富论》(*The Wealth of Nations*)而闻名的哲学家亚当·斯密曾经探讨过这个问题。他于1759年将自己的见解写在早期道德心理学的经典《道德情操论》中。斯密认为我们的道德情感（即精神领域的内容）是我们天生情感的自然产物，受到感觉和非理性的推动，他的理论后来相继影响了威廉·詹姆斯、亚伯拉罕·马斯洛和安东尼奥·达马西奥等人。作为社会物种，我们体验到共情的情感会扩散，斯密称之为同情心。当我们目睹他人体验到喜悦或痛苦时，我们也会感受到类似的情感。[1]通过这种方式，我们天生有能力共情他人，并从他人那里寻求同样的回馈。

达马西奥的观点完全与斯密一致，他认为我们天生的社会情感为基本的正义和伦理体系奠定了基础。我们因为依恋机制而关心他人幸福，这种关心激发我们为保护他人而付出努力，可能是身心上的直接保护，也可能是无私地给予。当我们目睹不公时，我们会愤慨和发怒，因为这意味着我们生存所依赖的合作系统没能良好运作；当我们未能达到他人对我们的期望时，我们会感到内疚或羞愧，因为我们意识到自己没有履行合作协议中的责任。这些原则最终成为社会和法律中的行为准则，规定个体的行为是应当被鼓励，还是应当被禁止。

尽管正义需求与社会情感的起伏息息相关，但是马斯洛仍然认为它不能被简化为其他动机。他将正义需求称为一种存在价值，与真理、美、德行、意义、杰出和完整性一样，是一组代表更高理想的原动机之一。马斯洛观察到，自我实现的人通常已经满足了自我、物质和社会领域的需求，而他们剩下的需求可以被描述为"元病理"（他也幽默地称之为"元抱怨"），因为这些需求存在于基本需求之上，属于精神、哲学和存在等令人无比困扰的领域。

正义与伦理

正义和伦理的概念很难区分。正如前面提到的，正义对整个灵性领域来说更为基础，而伦理则是更为细致、进化的形式。幸运的是，亚当·斯密清楚地区分了这两个概念。斯密通过写作的比喻来阐明正义与伦理之间的区别。

> 正义的准则可以与语法规则相比；其他美德的准则则可以比作批评家为衡量什么样的文章才算达到最高境界和一流水平所制订的规则。前一种非常清晰、准确、不可或缺。后一种则很宽松、含糊、不确定，向我们提供的绝非如何实现准确无误目标的行动指南，只是努力达到完美的一般设想。一个人可以凭借绝对准确无误的规则来学习语法写作；同样，他可以学会秉公行事。虽然也有一些规则可以在一定程度上帮助我们矫正和确定自己对臻于完善所持有的一些错误设想，但是没有任何规则可以使我们在写作方面达到臻于优雅或崇高的境界；虽然也有一些规则可以使我们在一些方面纠正或确定我们对美德抱有的模糊观念，但是没有这样的规则，教会我们如何在所有情况下都以谨慎、公平、大度或者善良的态度来采取行动。（Smith, 2010, part 3, chapter 6, pp. 250 - 51）

尽管这两个概念在道德判断中都至关重要，但斯密认为，正义与伦理的关键区别在于它们的精确程度以及主动程度。

- 正义的准则如同语法，通常非常明确。偶尔也会有例外，比如正确的做法不止一种。在判断一个行为是否正义时，我们可以应用这些规则来评估行为的正确程度。正义的行为不需要做出特定的行为，因为正义是由"是否不存在不公"来定义的。如此看来，正义也像所有基础型需求一样，主要由马斯洛所说的缺失性需求组成。人们通常不会因其突出的公平或正义而受到过多表扬，相比伦理要求，正义的门槛更低。试图为遭遇不公的人恢复或伸张正义，夺回应有的待遇属于伦理行为，因为这涉及重新制订规则，而非简单地应用现有的规则。

- 伦理，斯密称其为美德和善行，需要极其灵活地思考和感受，像伟大的作品一样必须达到极高的水平。伦理没有明确规则，也不是某种指导。它本质上是一种评估是否感觉正确的情感体验或审美判断，因而极具主观性。这些都让伦理问题容易引发争议和辩论，双方都坚持自身价值观而在伦理问题上争论不休，比如如何权衡个人自由与公共安全需求。正如马斯洛所说，具有非凡美德的人才有资格定义伦理的标准。因为对生命、自然和人性的更高审美，那些已经达成自我实现和自我超越的人成为美德的专家。与正义不同，人们通常因正向的道德行为而受到赞誉。许多奖项专门用于表彰伦理行为，包括约翰·F.肯尼迪勇气奖（The John F. Kennedy Profile in Courage Award）、埃利·威塞尔人权奖（The Elie Wiesel Prize in Ethics）和诺贝尔和平奖（The Nobel Peace Prize）。如果说伦理也有指导规则，那么它的演变速度要比正义原则快得多，而且伦理总是积极挑战现有规则，如许多不合伦理做法的法律基础，包括奴隶制、种族隔离、殖民主义、种族主义、种族清洗和种族灭绝等。

对正义的需求是与生俱来的吗

正义需求对我们赖以生存的社会体制提出了仔细设立对错标准的要求。在此基础上我们可以进一步建立道德和伦理规则，这也是个人追求精神上的圣洁或超越的社会基础。人类从很小的时候开始就敏锐地意识到，环境中的正义和公平会影响自己和他人。耶鲁大学心理学家保罗·布卢姆[2]和同事在多个实验中证明，即使是8个月大的婴儿也拥有正义感：婴儿偏好[3]行善的木偶而非品行不端的木偶，同时也喜欢惩罚品行不端者的角色。布卢姆讲述了一个 12 个月大的婴儿的故事。婴儿在观看了其中一部道德剧后，拿走了"淘气"的小木偶身上的一件东西（而不是从"好"的小木偶身上）以示惩罚，然后俯身重击坏木偶的头。[4]沿用这个实验模型，布卢姆和他的同事又证明，仅 6 个月大的婴儿就表现出对"好"角色的偏好，即使引入中性角色也不会影响婴儿的判断。[5]

研究人员发现，婴儿在出生后的第一天就已经具备正义感的基础：当新生儿暴露在各种声音中，会对其他婴儿的哭声有独特的反应，这种反应被称为哭泣反应，他们将其解释为共情反应的先天前兆。[6]多种动物会表现出附加痛苦：有大量证据表明，老鼠和猴子会为了防止同伴遭受痛苦或者结束其痛苦而放弃食物。人类的幼儿，尤其是女孩，也会通过安慰他人来应对他人的痛苦；这种行为在黑猩猩身上也能见到。要说是先天的还是后天的，这些影响毫无疑问是先天的。布卢姆引用了亚当·斯密的话，后者认为道德判断"有点儿类似于外部感官……通过某种方式接触特定的行为，就能感受到（它们）拥有的不同特质，可亲与可憎、善良与邪恶、正确与错误"。[7]

正义与道德的发展

皮亚杰的道德发展理论

瑞士心理学家让·皮亚杰，即美国心理学会评选出的 20 世纪第二具影响力的心理学家，在巴黎开始了自己的心理学事业，起初在阿尔弗雷德·比奈（Alfred Binet）手下工作。比奈是世界上第一个智力测验的创造者，皮亚杰负责给智力测验评分。在这一过程中，皮亚杰注意到儿童常常犯一些成年人很少犯的错误，他从中得出结论，儿童在思考问题时所依据的逻辑与成年人不同。由于封闭式、引导式的应答方式有局限性，皮亚杰开始开创性地使用开放式、即兴的回答方式，以揭示儿童在解决问题时使用的原则和"心理逻辑"，这也为他日后建构认知发展四阶段理论（即感知运动阶段、前运算阶段、具体运算阶段、形式运算阶段）奠定了基础。[8] 到了20世纪30年代初，皮亚杰将这些原则应用于儿童在做道德判断时所使用的逻辑，提出儿童会基于自身的行为、观察和推理构建一整套关于对错的世界观，并且他们的逻辑会通过一系列普遍阶段（即前道德阶段、他律道德阶段和自律道德阶段）逐步发展。

皮亚杰主要关注正义的三大元素，综合定义不同的阶段：

1. 关于规则和标准的逻辑（规则和标准来自哪里，是否可以改变等）。

2. 关于责任的逻辑（一个行为为什么错误，一个人因何负有责任，主观意图有什么作用）。

3. 关于正义体系的逻辑（是否应该惩罚有罪者，惩罚是否应该与罪行相称，减刑有什么作用）。

前道德阶段。皮亚杰认为从出生到大约5岁的儿童无法分辨对错，因为他们无法理解抽象的合作协议。这一观点已经被布卢姆在婴儿研究中的成果所取代。

他律道德阶段。[9] 皮亚杰认为5~9岁的儿童开始认识到有些规则是由更强大、更智慧的外部权威（通常是成年人）强加的。正义的维持依赖"做好事"，依赖服从这些外部强加的规则和法律。需要注意的是，这代表了一种遵从形式，遵从受尊重的真理来源，同时代表认可需求的较高水平。规则似乎是绝对的、普遍的、无须更改的，我们必须毫不怀疑地接受；违反规则被视为不公的体现（即"做坏事"），而且作为社会契约的一部分，目击者有责任"举报"违规者。

在儿童眼中，违反规则必然会导致即刻的严重惩罚，这是一种确保有罪者最终一定会受到惩罚的自然法则。按照这种逻辑,惩罚的目的近乎单纯的报复,让有罪者根据过错的严重程度遭受相应的痛苦,以此弥补犯下的罪过或是赎罪。因此,惩罚越重,效果越好。

这种体系完全不考虑行为者的主观意图,罪行的危害程度完全由其造成的客观后果来决定。这一世界观下,造成严重损害的过失行为可能比损害轻微的故意行为罪过更大。[10] 皮亚杰将这种侧重于现实结果而非行为意图的判断标准称为道德现实主义(moral realism),而道德哲学家通常将其称为后果论(consequentialism)。

自律道德阶段。随着儿童逐渐进入青春期,他们对社会环境的理解发生了根本性变化。与和长辈、老师等权威人物保持良好关系相比,同龄人关系显得更为重要。青少年往往不愿举报同龄人违反规则的行为,因为他们价值观中"忠诚"的天平已经向同龄人倾斜。不同的忠诚之间带有竞争性,是道德判断的灵活性增加的实例,这也被称为道德相对主义(moral relativism)。随着这种灵活性增加,青少年离父母、家庭、学校越来越远,并逐渐认识到在现实世界中没有绝对的标准。这时,儿童世界里黑白分明、惩恶扬善的简单道德观念开始崩塌。作为成年人,我们都曾经历过这种转变:圣诞老人关注着孩子的表现,给乖孩子礼物,再给淘气的孩子发一块煤炭;突然有一天,圣诞老人不再出现。后来我们才知道,圣诞老人根本就不存在,这只是父母和老师的谎言。

这一转变的标志是彻底告别童年时期的天真无知。要想真正变得"厉害",必须培养并且发挥情商,一种理解自己和他人情感的能力。这一过程必须有心智理论的参与,而且理解他人意图、视角和所处情境逐渐成为做出道德判断的核心要素:自我中心主义的人既幼稚又毫无魅力,与他人建立联系并形成同盟才是王道。这代表着权力发生了从外部权威转向儿童本身的根本转变。儿童开始意识到所谓的权威其实是"皇帝的新衣",那些捉摸不透的规则其实是成年人在特定动机和政治压力下创造出来的。

获得权力的过程，也是儿童转而欣赏某些规则的过程，他们尤其欣赏确保公平的规则——主要是为了自己和朋友的利益。儿童在青少年早期往往痴迷于体育运动、卡牌游戏和复杂桌游的晦涩规则，因为在参与相关活动时他们可以感受到自主意愿，而且践行规则的过程也是维护内心秩序感的过程。

随着自主和主观性的增加，责任感开始与行为者的意图紧密联系。一旦危害后果发生，行为者是否带有主观故意将成为关键。换句话说，只要伤害是有意而为，无论是否实际造成了伤害，都不重要。这种道德体系的判断标准与后果论或道德现实主义截然不同，认为行为的对与错主要由行为者的意图决定。道德哲学家称之为义务论（deontological）。

在这种世界观下，惩罚的目的从报复转变为修复，从让罪犯承受痛苦转向恢复关系的平衡，这种转变反映了对主观经验的重视。年长的孩子更倾向于希望让罪犯意识到他们所造成的伤害，从而减少其再次犯罪的动机。在这种观点下，惩罚应与犯罪的严重性相匹配，而且不宜过于苛刻。

科尔伯格的道德发展理论

劳伦斯·科尔伯格的一生不长，但是十分多彩。他于1927年在纽约市出生，就读于马萨诸塞州安多弗的菲利普斯学院。他在二战结束时加入了商船队为哈加纳（Haganah）效力，负责穿过英国的封锁将罗马尼亚的犹太难民运送到巴勒斯坦。他和其他船员被英国方面捕获后，拘留在塞浦路斯的军营，之后他们逃脱了。1948年，他返回巴勒斯坦参与以色列建国的活动，但是他拒绝参加战斗，转而专注于非暴力形式的行动，那时他住在以色列的一座集体农场里。同年，科尔伯格回到美国，进入芝加哥大学就读。科尔伯格很快凭借考试攒够了学分取得硕士学位,并于同年继续攻读心理学博士学位。他的博士论文,也是他的第一部作品,为他之后的道德发展阶段理论奠定了基础,直至20世纪末他的理论都一直在这个领域占据主导地位。1971年,科尔伯格在中美洲进行跨文化研究时感染了寄生虫,使他长期遭受剧烈腹痛的折磨。此后近20年间,他一直与痛苦和抑郁做斗争,同时专注于在监狱社区和学校项目中实践他的道德发展原则。1987年1月19日,他在马萨诸塞州温斯罗普的一条死胡同里留下了自己的车,驾照留在前排座椅上,车门没锁。随后他从温斯罗普(波士顿洛根机场对面的半岛)独自步入寒冷的波士顿港。几周后,他的车和钱包被发现。在那个冬天行将结束、积雪消融时,人们在港口附近的潮汐沼泽中发现了他的尸体。

皮亚杰的著作,尤其是皮亚杰对道德推理认知过程的严肃思考深深地影响了科尔伯格。当时心理学领域分裂成弗洛伊德心理动力学和美国行为主义两派,但是两派都赞成将个体视为自私且没有思考能力的存在,而科尔伯格赞成皮亚杰的观点及其围绕故事展开的研究方法,不过他认为该模型仍需进一步发展。于是,科尔伯格着手将道德推理的阶段与皮亚杰的认知发展阶段相叠加。他将道德发展定义为"孩子随着智力水平日渐增长,逐渐发现普遍道德原则"的过程,就这一点而言,科尔伯格是一个极端的理性主义者,强调理性而非情感。

科尔伯格设计了一些将个人的需求与制度规则对立的故事,作为探索道德推理的工具。其中最著名的是"海因茨困境"(Heinz dilemma)。

> 由于罹患一种特殊的癌症,一名欧洲妇女即将死去。医生说只有一种药可能挽救她的生命,这种药是同镇的一名药剂师最近发现的某种形式的"镭",制作成本非常高昂。药剂师向病人收取相当于成本10倍的费用。他花费了400美元购入

> "镭"，然后对很小剂量的药物收费4000美元。病人的丈夫海因茨向所有人筹款借钱，尝试了所有合法手段借钱，但他最终只凑了大约2000美元，即药物费用的一半。他告诉药剂师，他的妻子已经病入膏肓，希望药剂师降低价款或者延长支付期限。但是药剂师说："不行，既然我发现了这种药，必须抓住机会大赚一笔。"在试过所有合法手段后，海因茨终于感到绝望，考虑闯入药剂师的商店偷走药物给妻子治病。

科尔伯格紧随其后设计了一系列开放式问题，意图弄清参与者在道德困境中使用的逻辑规则：

1. 海因茨应该偷药吗？为什么？
2. 盗窃药物是正确的行为吗？为什么？
3. 海因茨有偷药的义务或责任吗？为什么？
4. 如果海因茨不爱他的妻子，他应该偷药给她吗？海因茨爱不爱妻子，对他将要做出的选择有影响吗？为什么？
5. 假设死去的人不是他的妻子而是一个陌生人，海因茨应该为陌生人偷药吗？为什么？
6. 假设死去的不是人而是他非常喜欢的宠物，海因茨应该偷药救宠物吗？为什么？
7. 对人们来说，尽己所能挽救他人生命重要吗？为什么？
8. 偷药是违法的。这会影响偷药在道德上是否正确吗？为什么？
9. 一般来说，人们是否应该尽可能遵守法律？为什么？这条原则如何适用于海因茨的困境？
10. 回顾这个困境，你认为海因茨做得最负责任的事是什么？为什么？

通过分析10个此类情境的访谈内容，科尔伯格识别出了3个道德推理阶段，每个阶段又有两个子级。值得注意的是，实验的参与者严格限制为10~16岁的男孩，意味着无须验证皮亚杰道德理论前两阶段——前道德阶段（出生到5岁）和他律道德阶段（5~9岁）。

前习俗道德。科尔伯格的第一个阶段是皮亚杰他律道德阶段的延伸。这一阶段涉及应用权威道德标准，而非自身的标准，其重点是遵守规则以避免惩罚。第一阶段被称为惩罚与服从定向阶段（obedience and punishment orientation），强调"做好事"是为了避免惩罚，行为者没有内化的道德原则。进一步来说，受到惩罚的人会被假定为违反了规则，因为他们生活在一个"正义的世界"里。第二阶段称为个人主义与互动阶段（individualism and exchange），这一阶段儿童第一次拥有了不同的视角和理性动机，进而意识到规则制订者并非永远正确。

习俗道德。科尔伯格的第二个阶段是大多数青少年和成人所达到的发展阶段，是个体首次内化社会和权威标准的阶段。当个体不再质疑这些规范是否权威或正确时，内化这些规范将容易得多。第三阶段被称为良好人际关系阶段（good interpersonal relationships），强调"做好人"是为了建立作为"好人"的社会资本，这种动机等同于我们的归属需求，即社会领域的基础型需求，因为二者都涉及他人的认可和接纳。第四阶段被称为维持社会秩序阶段（maintaining the social order），涉及对社会规则的认知，底层逻辑是维护法律和避免承担责任的价值观念。需要注意的是，因为习俗道德并没有将规则的源头从权威转向个人的内在标准，所以它仍然是他律道德阶段的延伸，尚未达到皮亚杰所定义的自律道德阶段。

后习俗道德。后习俗道德涉及个体依据自我选择的原则所做出的对错判断，因此它与皮亚杰的自律道德阶段相当。根据科尔伯格的观点，这是最高的发展阶段。与马斯洛的自我实现类似，这一阶段只有极少数人能够达到，因为只有极少数人会主动质疑社会的伦理原则。第五阶段被称为社会契约与个人权利阶段（social contract and individual rights），适用于符合大众利益的规则与需要帮助的个体的需求发生冲突的情况。在海因茨困境中，海因茨无力支付医药费，甚至可能涉及盗窃，如果实验对象仍然捍卫他获取药物的权利，他们便是在运用后习俗道德。第六阶段被称为普遍原则阶段（universal principles），这一阶段同样涉及自我选择的原则，这些原则可能不符合社会规范或法律，但依然被普遍应用。当个人为捍卫这些原则而反抗法律与规范时，他们便在运用后习俗普遍原则，废奴运动时期废奴团体对《逃亡奴隶法》的态度就是一个很好的例子——他们冒着被逮捕和监禁的风险也要将运动进行到底。

正义需求的驱动力是什么

在科尔伯格看来，正义需求是最基本的道德原则，而且只以自身存在为目的。我赞同这一观点。科尔伯格的立场之后遭到了纽约大学心理学家卡罗尔·吉利根（Carol Gilligan）的批评。她认为女性有不同的伦理思维方式，女性倾向于将对事物的判断建立在关怀需求而非正义需求之上。让我们停下来分析一下这一观点。

关心正义问题、认为正义很重要可能有以下多种原因。

- 关心自己的利益，即在需要时自己能够得到公平对待，这主要是一种利己主义的关心。
- 关心亲人，希望他们得到公平对待。这种关心主要来源于共情、同情心，需要知道所爱之人一切顺利的愿望。由于我们与亲密的人共享感受，所以这里也有一定程度的利己主义关心。
- 关心所在群体。因为我是群体的一员而且群体如何被对待也会影响个体。这种关心主要涉及利己主义，但也有一部分涉及对自己不认识的人的利他主义的关心。总体来说，这种关心在一定程度上是抽象的、基于原则的。
- 关心全人类，因为我是这个物种的一部分。这种关心虽然有一定程度的利己主义，但我们与任何一个随机的人的联系非常微弱（地球上有近 80 亿人），因此对全人类的关心主要是抽象的、基于原则的。

从以上列出的原因中可以得出结论：人类寻求正义必然有一部分是出于自身利益的考虑，另一部分是与家庭、朋友或所在群体的幸福相关的自身利益。如果说正义需求是个人的需求，那么它可以被视为关怀自己和他人的仪式；同样地，所有正义需求在某种程度上都可以被视为是由基于原则的正义需求推动的。在这里，关怀和正义贯穿始终，利己主义和抽象意义上的利他主义精确地融合在一起，我们也可以将其视为许多连续状态的统一体（见表 13-1）。[11]

表 13-1 从分散到集中：正义需求理论上的统一体

	关心原则	关心人类	关心所在群体	关心自己	关心所爱的人
基于抽象/分散与个人/自我利益	几乎完全是抽象利益	大部分是抽象利益	抽象利益与个人利益的中和	大部分是个人利益	几乎完全是个人利益
正义考量	很多	较多	大致相等	较少	很少
关怀考量	很少	较少	大致相等	较多	很多

理查德·施韦德和乔纳森·海特批评了科尔伯格的方法。他们认为科尔伯格的实验深受 WEIRD 社会价值观的影响，这种价值观倾向于将道德的问题简化为个人关怀和伤害，或者说个体自治的问题，而几乎不去关注忠诚、权威和神圣等群体价值。WEIRD 社会及身处其中的心理学家所采用的实验对象范围在全球范围内实际上属于极端少数群体，它们只能代表非常小的群体。海特的研究表明，政治保守主义与礼貌、传统、道德纯洁等个人价值观，以及与限于对自己、朋友和家庭生效的承诺有关，这些价值观倾向于强调共同体利益，维持共同体纽带；自由主义与普遍存在的同情心、平等主义、正义与公平等价值观相关，这些价值观具有强烈的基于原则和个人主义的特征。最近有证据表明，这些世界观有遗传基础：那些天生倾向于接受新奇和多样

性的人（与开放性和心流体验有关），通常会成为自由主义者，其中寻求感官刺激和开放性由多巴胺介导。对于感知到的威胁反应强烈、容易产生厌恶感的人更可能成为保守主义者，这些情绪反应通常由谷氨酸和血清素等神经递质介导。[12]

和科尔伯格一样，达马西奥提出精神需求的进化过程涉及去中心化的过程，我们必须逐步扩展我们关心的范围，从自我到家庭、群体、社区、国家、全人类，直至关心所有生命。[13]

现在人们重新审视了科尔伯格的道德阶段理论，并认为这种理论代表了一种刻板的、理想化的、基于认知的推理阶梯体系。现有证据表明，科尔伯格可能低估了幼童道德判断的复杂性，同时高估了成人的能力。相比科尔伯格式的连贯而井然有序的道德观念发展过程，我们的道德判断实际上更像是"道德观念的杂烩式……由直觉、经验法则和情感反应混合而成"。[14]

勒纳的正义动机理论。 梅尔文·勒纳（Melvin Lerner）的理论提出了一种独特的正义需求，[15] 其中引入了著名的"公正世界假说"（just world hypothesis）。这是一个相信正义是世界的基本运作方式的实证研究理论。公正世界假说代表了正义需求的阴暗面，它指出相信正义有时会导致人们指责受害者的受害经历。在这种方式下，相信世界的正义代表了一种基础的、偶尔带有原始色彩的功利主义动机，并维护这样一种观念：人类行为的后果与宇宙之间存在某种"契约"，作为人类安全规划和参与活动的基础。在此过程中，勒纳批评了后来的研究范式，它们声称正义需求只是自我利益的一种表现形式，不是一种独立的需求。[16] 勒纳指出，以虚构的叙事和角色扮演为测量工具极易受到理性自我利益规范期望的影响；只有采用能够引起情感波动和参与感的干预方法，才能衡量正义动机的基础层面中重要的情感调节机制，如愤怒、罪疚、羞耻、厌恶、蔑视以及悲伤和同情。我同意勒纳的观点：正义动机是由情感驱动的人类基本需求。

情感疏离和正义。在皮亚杰和科尔伯格的模型中,道德发展初级阶段的特征是更为依赖具体的法律准则,很少试着理解他人的动机、意图或世界观,认为世界黑白分明,很少有灰色地带。这种道德推理本质上是以自我为中心的,它隐含着"我永远不会陷入那种情况"的假设。当面对假想责任时,这类人往往对假想出来的自己极其苛刻,认为自己不配得到怜悯、宽容或同情;当面对错误指责的可能时,他们会天真地相信并寄希望于制度。

这种"疏离的"道德推理有一个非常清晰的例子:爱德华·斯诺登揭露美国国家安全局的数据收集活动时公众的反应。美国国家安全局在没有搜查令授权的前提下,大规模地从手机和互联网服务提供商那里收集数据,然而人们却常常听到这样的评论:"我不在乎……我没什么可隐藏的。"根据皮尤研究中心 2015 年的调查,[17] 有 40% 的美国人持有这种观点,这是一个纯粹以自我为中心的视角。其他人的隐私权呢?个体是否应该有隐私权?这些问题必然将问题的重点关注对象从个人(自我)抽象到已知的社会(家庭、朋友、同事),再到未知的社会(全人类),并逐渐转向基于原则的思考模式。

情感疏离必然会酿成不公。人类历史的长河中有许多黑暗的篇章都表明,对受虐待的群体去人性化必然会导致不公。一旦将某一类人归类为下等的群体,不公正地对待他们就容易多了——殖民者将土著人民贬为贱民时使用了这套说辞,奴隶贩子、奴隶主乃至其他势力所使用的理由都是这一套。

社会正义的需求

为什么那么多手无寸铁的黑人男性会被警察射杀?[18] 如果警察和检察官采用一种将人群分为"好人"和"坏人"的世界观,那么单是这种分类行为本身就会带有认知欺骗性:"好人"被视为极其多样化的群体,然而"坏人"会被视为同质化的群体。接着,"好人"和"坏人"之间的极端区别导致不同群体的去人性化,加上文化刻板印象中"坏人"群体与较深肤色相联系的观念,最终导致黑人更容易被视为危险的象征。实验研究发现,无论是普通民众还是警察,对待黑人嫌疑人的反应速度都比对待白人嫌疑人更快。[19]

近期,"黑人的命也是命"运动中出现了名为"细蓝线"的象征,这代表了住在郊区的政治保守派白人对该运动的反应,相比"警察的命也是命"这种直白的嘲讽,"细蓝线"一词的侮辱性只是稍稍减弱。实际上,"细蓝线"在警察队伍中并不是一个新鲜概念。警察之间长期以来存在着一种默认的共识:警察队伍是一个"家庭",是一群站在法律与混乱之间扮演着"细线"角色的好兄弟,哪怕冒着生命危险,他们也要将"好人"与"坏人"分开。所以,他们必须不惜一切代价保护"好人"免受"坏人"威胁,这也是警察执法时"灵活性"(一定程度上"允许"警察"扭曲"合理武力、证据、胁迫和事实真相)的由来。这样的案例很多,比如美国前副总统迪克·切尼(Dick Cheney)批准美国中央情报局的拷打审讯程序;明尼阿波利斯市的警察当众一点点地杀害乔治·弗洛伊德(George Floyd)。两者都反映了群体层面的去人性化及其带来的情感隔阂,这些正是不公的行为得以蔓延的重要原因。

人权与民权斗争的故事,是关于传统法律如何不公平地伤害真实的人的故事——这些人挑战了这些法律的基于分类的核心假设。自认捍卫传统的那些人,通常偏爱与冰冷的"法与秩序"相关的社会政策,这并不是巧合。从正义需求开始,精神领域包含着不同层级的需求,然而人们可能会在"法律与秩序"层面停滞不前,无法发展出更高层次的伦理和超越需求。和我们更早之前讨论过的一样,法西斯主义的倾向与缺少人类联结有关,即汉娜·阿伦特所说的孤独。在这种情形下,个体无法看到更大的图景,无法认识到全人类是一个共同体,而这一点对于认识更高层次的原则是必不可少的。

正义的稳态功能

安东尼奥·达马西奥曾提出，正义需求是生物体内稳态机制（我们情感的基础）向社会和文化层面延伸和抽象化的产物。如此看来，社会生活中的稳态装置是法律，它能够将越界的行为拉回社会和谐的状态。正如达马西奥所说，正义的逻辑反映了社会合作的规则。在人类进化史中，有效的合作至关重要。合作良好的群体往往能生存下来，而那些无法合作的群体往往会灭绝。在群体中，有限的食物、财产、权力或是其他资源都会引发群体竞争，从而滋生个体的贪婪之心，群体必须对这种可能性加以管理。调节人类行为的系统反映了公平原则的应用。为了确保顺利合作，群体需要一套制衡机制来调解冲突，并控制社会中潜在的暴君、恶霸和窃贼可能带来的侵害，而这些体现公平、平等的原则通常会被编纂成法律。

当我们带着本章的观点回顾现代历史，可以看到一个将基于正义的稳态系统应用于世界秩序的故事。马克思主义在其最初的构想中，就是预备为那些无权无势的群体伸张公平与正义。在经历过惨烈的第一次世界大战后，各国签署《凡尔赛和约》（Treaty of Versailles），建立了国际联盟，并强调必须确保正义至上的原则："促进国际合作，实现国际和平与安全……确立开放、正义和相互尊重的国家间关系，牢固树立对国际法的理解并以此为政府间的行为准则，维持正义。"不久之后的第二次世界大战更为惨烈，那之后联合国应声成立，其基本大法《联合国宪章》（the UN Charter）的第一条明确提到正义需求："为维持国际和平与安全……依照正义原则和国际法的规定。"联合国还通过了《世界人权宣言》（Universal Declaration of Human Rights），这是人类迄今为止最接近普遍人权法的文件。尽管这些倡议仍然存在许多缺陷，但它们都是人类以正义为指导调节群体关系的重要尝试。

正义需求的关联因素

我们在对精神领域的介绍中提到过,精神领域的三种动机(包括正义需求)有一个共同特征:追求者都有过艰难的人生经历,而且都有自我奉献的倾向。

正向追求正义。 与正义追求相关的自我奉献表现为参与慈善志愿服务、照顾有特殊需求的成年子女等。其他相关特征包括总是表现出亲社会倾向,如友善、责任心、成为"所有人的朋友"以及重视社会联结。根据"去中心化"的原则来看,我们会发现年长者更倾向于正向追求正义。

对正义的追求与那些高度关注自我的特质呈负相关。比如,扮演艺术家的角色、重视物质成功以及追求沉浸感。与正向追求因素中的安全及他者关注相比,负面特征还有许多反映了自我怀疑,如冒名顶替综合征、未能自我实现、感到不被他人接纳、神经质、焦虑以及自卑等。这些担忧会挤占本应让位于人道原则(如正义)的心理资源。

正义的正向追求与认可需求一样,和在家庭中缺乏情感支持也有所关联,因为这种情况有可能使得人们对正义需求更加敏感。

努力克服不公引发的情绪。 与上述模式一致,逃避不公正感的冲动与孤独感、未得到满足的关爱需求、最近经历过创伤或者缺乏行动力(即外部控制)的关联最为密切。这些关联实质上正是个人经历的不公。值得注意的是,与克服不公的需求最强相关的因素是进入"爱人"相关的社会关系。作为一个充满人文主义关怀且需要全情投入的角色,"爱人"虽然是与追求克服不公情绪最强相关的因素,但是在正向追求的因素中却完全没有出现,恰好印证了正义需求的缺失性导向特性——这类人对于正义的需求只会被不公激发。

在负相关方面,我们可以看到相对满意的生活状况,如健康状况更好、收入更高、在工作中和与同事相处时感到幸福等。从某种程度上说，这些因素代表了足以摆脱不公带来的压迫感的情况。

与正义需求相关的情绪

积极向的、促进性的正义需求通常与感到被侮辱、贬低或被排斥密切相关；毕竟只有未能实现正义时才需要质疑的声音。我们不禁自问，不公为何如此根深蒂固？受害者又被期待做出什么反应呢？正义需求的实现过程往往伴随着一种重新平衡或是恢复秩序的感觉，但是即使实现，更强大的力量依然会允许少许不公存在，个体难免对这种做法的动机抱有无法消除的疑虑。消极的、预防性的正义需求则着重于处理"必须消除现存不公"的念头。察觉到不公时我们往往会暴怒，甚至可能有变革的冲动，摆脱这种糟糕的感觉虽然有助于平复心情，但大概率也会同时失去对不公现象源头的信任。

确定正义需求的来源

相比之前章节提及的大部分需求，正义需求显然属于更高层次。只有你在个人生活中相对舒适，才能有关注他人（甚至是不认识的人）需求的余地。

- 你在生活中是否受到公平对待？在家庭、职场、学校、邻里、社区，或者面对警察或其他权威机构时，你是否被公平对待？如果没有，在哪些方面的待遇是不正义的？你是否曾与造成不公的源头表达过你的感受？如果没有，为什么？
- 当你感受到自己或他人遭受不公平的待遇时，是否常有强烈的反应？思考一下，在明显存在不公的情况下，你的情绪反应是怎样的？你在实际情境中如何应对？

- 你的社区或工作场所中的每个人受到平等对待对你有多重要？思考一下你对公平的期望，以及当这些期望没有得到满足时，你是如何反应的。
- 当你遇到不公时，你会采取什么行动？思考一下，在看到不公发生时，你是否有明确的立场？你是否会说出来或是采取某种形式的行动？
- 你认为你所在地区的法律和法规是否维护了正义？如果没有，这对你造成了什么影响？评估一下你对你所在地区的法律和社会规则的看法，以及它们对你的正义感造成了什么影响。
- 你如何平衡个人对正义的需求和理解，以及宽恕他人的需求？思考一下你如何处理因不公产生的负面情绪，以及被冤枉时能否找到宽恕的途径。
- 大多数需求，尤其是社会和精神层面的需求通常需要互惠，也就是有付出才有回报。那么，在你自己的生活中，你是否曾经不正义地对待他人？在家庭、职场、学校、社区，或者面对机构时分别如何？我们非常擅长将对待他人的不正义行为合理化，甚至认为这是恢复关系平衡的方式。你是否在生活中经历过这种情况？
- 你是觉得自己值得公平对待，还是你内心的某个部分对自己的价值感到怀疑？如果是后者，你认为这是为什么？你是如何产生这种感觉的？
- 你是否曾幻想对那些冤枉你的人进行复仇？如果是，你认为这是一种健康的心理宣泄方式吗？为什么？报复能改善你的生活吗？有没有更健康的途径能够实现情绪的疏通与调节？

第 14 章
伦理

如果说正义需求旨在确保公平与平等对待、奖善惩恶，那么伦理需求则是更进一步的发展。我们将其定义为按照界定何为善行与正道的道德原则来行事的需求。

作为精神需求的体验层或"行动"层，伦理需求类似于自我领域中对真实性的需求、物质领域中对沉浸的需求，以及社会领域中对关怀的需求。在精神领域，"行动"意味着在当前的行为中遵循道德原则和伦理标准，这建立在正义需求的基础之上，同时也支撑起最高层次的追求——超越。伦理是正义原则的抽象化，同时也将这些原则应用于生活中日益复杂且混沌模糊的领域。

因此，正义是伦理的必要前提。神经科学的功能性磁共振成像可佐证这一观点。相关研究表明，对不公的感受性可用来预测人们对他人行为进行道德评价时的神经反应。这意味着，正义感是发展道德动机的先决条件。[1] 换句话说，如果你对不公无动于衷，那么你也不会在意伦理；而如果你对不公有所关切，你很可能会重视伦理。

行善的动机既反映了社会规范，也体现了个人对何为善的态度和价值观。正如《时代》（*Time*）杂志的封面文章所示（见图 14-1），这一点在当今社会中的重要性正在与日俱增。

第 14 章 伦理

图 14-1　精神领域中日益突出的价值观

资料来源：*Time*, August 29,2022.

和正义动机类似，作为一种首要的道德动机，行善的需求在相关文献中也得到了广泛论证，这甚至可以追溯到伊曼纽尔·康德。康德提出，道德的基本原则是一个客观、理性的标准 [即 "定言命令"（categorical imperative）]。根据康德的分析，这一标准是一个客观的、必要的、无条件的原则，即使面临暂时的欲望冲突，我们也必须遵守。康德的第一法则是："只按照此法则行事，同时你必须愿意它成为一个普遍法则。"换句话说，你的任何行为都应该是放之四海而皆准的。想一下，假设每个人都像你这样做，会产生问题吗？如果会有麻烦，那就不要这样做。作为极端理性主义者，康德为我们提供了一个判断行为是否合乎伦理的理性基础。在此视角下，具体的道德要求只能通过这一理性标准得以证明；因此，非道德的行为必然是非理性的，因为它们违反了这一标准。正如我们即将看到的，根据这种说法，大多数人并非道德之人。

做错误的事

当我们从简单的正义概念转向人类的体验行为时，不免感到混乱。"错误行为"的范围无所不包，从身体接触到无接触行为，再到虚拟世界中的行动，错误之事甚至包括"不作为"——未出手阻止犯罪，或未能告发正在进行的谋杀。比如姬蒂·吉诺维斯（Kitty Genovese）案，这个臭名昭著、令人发指的案件催生了涉及援助行为、利他主义和旁观者干预研究的一整个社会心理学分支。[2] 还有一类是忽视行为，当儿童被遗留在车内、长期独自在家或得不到积极照料时，这类事件经常见诸报端。

还有一类"无被害人犯罪"。保罗·布卢姆（2014）列举了一部分历史上的"失德"行为，这些行为并没有明显的受害者：

- 违背对死者的承诺。
- 亵渎国旗。
- 经对方生前同意的（死后）食人行为。
- 双方自愿的一夫多妻或一妻多夫。
- 手淫。
- 婚前性行为。
- 同性关系。
- 族私通或通婚（旧时被称为"混种"）。

那么，为什么这些行为被认为是不道德的呢？答案在于它们引发的旁观者的情绪（或历史上曾引发的情绪）。即使无法清楚地说明理由，旁观者也对这些情绪深有感触。

正如我们稍后将探讨的，还有一个额外的复杂因素，那就是行为人所感受或未能感受到的情绪。如果情绪能够表明行为的对错，那么对那些无法正常感受情绪的人，我们应该如何评判？在精神病的案例中，通常有明显的受害者和明显的、往往是暴力的犯罪行为。然而，行为人缺乏能够在一开始就防止危害行为发生的正常情绪感知能力。这些人通常知道他们的行为既是非法的，也是为社会所不容的——精神病患者所缺失的是对实施这种行为产生的厌恶之心，这通常是由于他们先天缺乏同理心和同情心，但无能为力。³

许多作者，特别是持宗教观点的作者，对什么是不做错事提供了定义。迈蒙尼德（Maimonides，1138—1204）将成功的忏悔定义为"有犯罪的机会和能力，但出于忏悔的意愿（而非出于恐惧或软弱）克制住犯罪的行为"。他举了一个例子：一个曾与某个女子有"不当"关系的男子，偶然再次与她独处。他仍然渴望她（即他有动机），而且有生理能力付诸行动（即他有能力），他们还在以前常见面的地方（即甚至具备了情境触发因素）。迈蒙尼德总结道："如果他能克制住自己，不犯罪，他就是一个真正的忏悔者。"⁴ 这个故事很好地说明了当我们在精神领域的阶梯上攀登时，有意识的意向性正扮演着越来越重要的角色。

做正确的事

我们可以将迈蒙尼德的定义延伸到"做正确的事"的问题上。他很可能会同意这样的观点：真正合乎伦理的行为，意味着在做错事更容易或更能带来即时满足的情况下，依然选择做正确的事。无论是选择不做错事，还是选择做正确的事，都需要克服某种形式的诱惑。而我们知道，这个过程涉及前额叶皮质的高阶运作，通俗地说，就是"踩刹车"。

布卢姆敏锐地指出，人们常常从违反伦理的角度来思考伦理（即马斯洛所说的缺失性需要），但正如我们的动机矩阵所示，伦理也具有其积极面向，即追寻"何为正道"这一理想抱负。因此，做正确的事由两部分组成——拒绝一个更容易或更令人愉悦的选项，并积极采取进一步的行动。毕竟，惰性是人类的"默认初始设置"，人们惯于拒绝，喜欢置身事外，迟于行动。任何有销售工作经验的人都会认同这点。

尽管存在惯性以及更多有趣的选项，人类无疑还是会做许多善事，例如捐献血液、血小板、骨髓和肾脏，哪怕对方与自己素不相识；或者慷慨地投入时间和金钱去帮助永远不会见面的人；又或者不辞辛劳地出手帮助陌生人，比如收留难民家庭或收养儿童。当然，这类亲社会的善行相对罕见（例如美国红十字会报告称，只有3%的美国人献过血）。我们并非生来就有一颗为陌生人牺牲的慷慨之心。相反，经过进化，我们趋于保护自己的小家庭和小群体。正如布卢姆所说："对亲属的善意是道德的原始形式。"[5]

查尔斯·达尔文推测，我们伦理的起源，可能与合作和利他行为有关，而正是这种合作与奉献帮助我们战胜了由自私的个体组成的部落。这个观点是从群体层面来看待生存优势的。[6]从个体层面来看，也是如此。和所有由进化赋予的特质一样，伦理需求主要源于传递基因的需要，而当父母善待亲属时，这种传递更可能实现。通过照顾后代，后代们更有可能茁壮成长，从而传递家族基因。这在人际关系中也行之有效：利他的合作者更可能获得爱戴和欣赏，因此比不愿合作的居心叵测者更容易产生更多后代。关怀行为是不是通向成功繁衍的有效路径？答案是肯定的。大量研究显示，世界各地的女性在寻觅男性伴侣时追求的首要特质就是善良。

但是否存在一个更根本的原理？早在达尔文和进化论之前，哲学家们就认识到了伦理行为在生存层面的价值（即康德"定言命令"的题中之义）。斯宾诺莎写道，"美德的基础是个体保全自我的努力"，[7]这是一个深刻的逻辑推论。作为个体的"自我"，如果所有个体都帮助保护其他"自我"的生命，形成相互依存的互助之网，人类就更有可能生存。在这个意义上,性格善良不过是自我保护的驱动力延伸。

如果做善事真的带来了进化优势,我们应该能在其他物种中观察到类似的行为,事实的确如此。安东尼奥·达马西奥曾写到,根据其观察,很多动物(包括乌鸦、蝙蝠、狼、狒狒和黑猩猩)都会做出"伦理行为",这些动物似乎能表现出同情、依恋、尴尬、支配地位产生的自豪感和卑微顺从等行为。渡鸦和蝙蝠能够从收集食物的同类中分辨出不安好心者,并对其施以惩罚。饥饿的恒河猴也会表现出利他行为:如果面前有一条链子,拉动链子会给它带来食物,但同时会使另一只猴子遭受电击,那么它就会克制住拉链子的冲动——这种克制行为可持续数小时甚至数天;在老鼠身上也表现出了相当类似的行为模式。如果这些猴子普遍意识到可能会有同类遭受电击,那么它们主动推迟进食的意愿会更强。虽然并非绝对,但以上实例也许说明动物同样具有同情心。

布卢姆也指出,某些援助行为是习惯性的,人们自然为之,并非出于同理心或同情心,例如近乎无意识地决定帮人按住电梯门或留下小费。[8] 正如以上例子所说明的,很多合乎伦理的行为是由我们对认可、接纳和爱的社会性需要所驱动的,这些社会性需要进而会满足我们对归属和关怀的需要;同时,合乎伦理的行为也被更为深远的情感(例如自豪感和感激之情)所驱动,而这些属于认可需求的范畴。例如,如果你捐赠数百万美元扩建医院,新建的楼栋以你的名字命名,那么只要建筑屹立不倒,你的财富和地位将一直为世人所知。换句话说,我们做的很多善事并不完全是为了行善本身。

道德推理受到情绪的调控

研究证据表明:要具备有效且正常的道德推理能力,首先需要人的情绪正常运作。这一观点被安东尼奥·达马西奥、保罗·布卢姆、约书亚·格林、塔尼亚·辛格（Tania Singer）等神经伦理学领域的诸多专家反复强调。如果缺乏关心他人的能力，无法感受他人所感（同理心），也难以对他人产生同情（同情心），道德机制就很难启动。事实上，脑成像研究揭示，一切人类合作行为都建立在血清素介导的愉悦系统和多巴胺介导的奖赏机制的基础之上。

这并非新见。在心理学发展之初，威廉·詹姆斯就写到，"精神判断"（spiritual judgments）在心理学上包括"一种像礼物般附加于生命中的新的热情，这种热情要么表现为诗意的陶醉之情，要么表现为对热忱与英雄主义的呼唤，（以及）一种确定的安全感和平和的心境，同时在人际关系中，表现为充盈的爱意"。[9]对詹姆斯而言，情绪是灵性和道德不可分割的组成部分。

你可能早就想说，人的心情并非总是晴朗的。通过例证，布卢姆详细阐述了愤怒、蔑视和厌恶之情对于人们做出道德判断和引发惩罚冲动起到的关键作用。当我们违反社会规范时，我们会感到内疚、羞耻或悲伤。达马西奥指出，这些情绪都是悲伤的变体，而社会规则的情绪源头莫过于此。

布卢姆引用了脑成像研究。研究显示，在受到不公平的砍价时，受试者往往会拒绝成交，但这种拒绝行为仅仅在他们的大脑中出现愤怒反应之后才会发生。[10]他将厌恶情绪描述为同理心的对立面；与敞开心扉共享情感相反，厌恶使人断然锁上心门。同理心孕育同情；厌恶滋生蔑视与仇恨。布卢姆引用了乔纳森·海特实验室以及自己的重要研究，论述了当人们经历毫不相关的躯体性厌恶（bodily disgust，比如事先接触到令人反感的电影片段、"屁味喷雾"或回想起讨厌的个人经历）时，他们会做出更严苛的道德判断。[11]

当受试者听到人畜无害但令人反感、引发厌恶情绪的故事时，他们显然倾向于编造假想的受害者，这种行为屡见不鲜。海特的研究发现，在38%的情况下，受试者会为原始故事编造并不存在的受害者。

当受试者被问到为何要编造这些受害者时（例如质问他们"好吧，但故事里说了，没有其他人在现场"），他们并不会让步：

> 他们会继续寻找其他可能的受害者……这些受试者确实在进行推理……但这种推理并非为了寻求真相；这都是为了给自己的情绪反应找台阶下。[12]

更有研究表明，那些对厌恶情绪更敏感的人，也就是更容易被恶心的事物惹恼的人，往往会对他人做出更严苛的道德判断。[13] 事实上，厌恶情绪很大程度上是种族与族裔歧视的情绪基础。被歧视的群体常被描述为天生令人作呕、油腻、臭气熏天、肮脏、丑陋或患有传染病，因此威胁到内群体的神圣纯洁性。所以，加害者将清除外群体的行为称作"种族清洗"绝非巧合。[14]

即使是"理性"的道德判断也依赖于情绪

好消息是，在做出道德判断时，我们并非完全受制于情绪，我们也确实具备理性的认知能力。坏消息是，这些能力极其脆弱，很容易被情绪压倒。在荣获诺贝尔奖的展望理论研究中，丹尼尔·卡尼曼和阿莫斯·特沃斯基做了一个著名的实验。他们向两组受试者分别展示了应对新型流行病的两套不同政策选择。这两套选择在逻辑上是完全相同的，唯一的区别在于表述方式的不同——一个强调死亡人数，另一个强调存活人数。以下是具体的选择方案及各组受试者的选择比例。

> 假设美国正在准备应对一种罕见疾病的暴发，如果不采取任何行动，预计将有 600 人死亡。现有两种应对方案可供选择。[15]

> **可选方案组合 1**
>
> 如果采用方案 A，将有 200 人得救。（72% 的受试者选择方案 A）
>
> 如果采用方案 B，将有 1/3 的概率拯救 600 人，同时有 2/3 的概率无人得救。（28% 的受试者选择方案 B）
>
> 你会支持哪个方案？
>
> **可选方案组合 2**
>
> 如果采用方案 C，将有 400 人死亡。（22% 的受试者选择方案 C）
>
> 如果采用方案 D，将有 1/3 的概率无人死亡，同时有 2/3 的概率 600 人全部死亡。（78% 的受试者选择方案 D）
>
> 你会支持哪个方案？

再次强调，方案 A 和方案 C 在逻辑上是完全相同的，方案 B 和方案 D 也一样。唯一的区别在于是用"存活人数"还是"死亡人数"来表述结果。在这个测试中，由于措辞带来的情绪影响，我们的理性判断出现了不可思议的摇摆。如果这种心理效应仅仅出现在普通的受试者中——比如可能不太认真对待任务的心理学大一新生——那还情有可原。但是当卡尼曼和特沃斯基在真正的卫生政策决策者中重复这个实验时，也得到了一致的结果。我本人在向精算师（专业的风险评估人员）群体展示这些方案时，也观察到了完全相同的效果。

我们在多个实验中都观察到了类似的心理效应，更令人震惊的是，这种现现象在现实世界的决策过程中也屡见不鲜。法官的假释决定很大程度上受到他们上次进食时间的影响；选举结果似乎深受候选人面相的影响，陪审团对被告是否有罪的判断也是如此。我们对他人品格的判断很容易受到无关情绪因素的渗透式影响，比如手持温暖的饮料评判他人品格时，人们更倾向于认为对方是个"温暖"的人。[16]

道德推理，嗯，确实需要推理

如前所述，道德推理在很大程度上受到我们情绪的影响，但这并不意味着意识思维不起作用。事实上，我们对他人有意识的思考决定了我们的共情是转化为同情还是幸灾乐祸。保罗·布卢姆引用了一项由塔尼亚·辛格（马克斯·普朗克人类认知与脑科学研究所所长，同时也是共情研究的世界级专家）进行的研究：研究表明，陌生人向受试者表现出的善意或恶意，会使受试者产生截然不同的共情反应。当"友善的"陌生人受到电击时，受试者的大脑活跃起来，就像自己受到了电击一样；而当"恶劣的"陌生人遭受电击，受试者的大脑则显示出与奖励和愉悦相关的多巴胺和血清素回路活动，而这是幸灾乐祸的神经特征。[17]

理想的情况应该是这样的：甲看到乙处于困境，甲产生共情痛苦，甲的共情痛苦转化为对乙的同情，然后甲设法安慰乙。但现实很少按这个剧本发展。由于共情和同情可以独立运作，任何组合都有可能。

- 既无共情也无同情（我们通常的感受状态）。
- 既有共情又有同情（陌生的"好人"受到电击时，或在危急现场产生出手相助的冲动时）。
- 有共情，无同情（陌生的"坏人"受到电击时，或从危急现场产生逃离的冲动时）。
- 有同情，无共情（为救自己的孩子立即采取行动，而不需要首先体会他们的感受时）。

这两个过程都不足以产生伦理行为，因为伦理行为必须涉及对一套准则或规则的应用。如果我对某人产生共情并为他们的困境感到难过，因而偏袒他们，但同时选择忽视我没有产生共情的人，这就违反了规则，因而也不是伦理之举。以上行为需要我们对最初的感受进行有意识的克服。

大脑中的道德判断

功能性磁共振成像技术的出现为道德判断的深入研究打开了大门，详细揭示了人类在解决各种道德困境时大脑结构的参与情况。这个领域首屈一指的专家是哈佛大学心理学家约书亚·格林，他使用当下著名的电车难题及其变体进行了大量实验（Greene，2014）。

> 假设一辆失控的电车正在轨道上疾驰。前方有五个无辜的平民被绑在轨道上，如果不采取行动，他们将被撞死。你可以控制一个开关来改变电车的方向。不幸的是，在另一条轨道上也绑着一个无辜的平民，如果改变电车方向，这个人就会死亡。道德困境是，你是应该什么都不做，还是应该改变电车方向？

这个巧妙的情境有效地让两种道德理论对立起来。功利主义（我们之前提到的后果论）认为，最能使最多数人的幸福最大化的行为，就是道德的选择；功利主义者会选择牺牲一个人来拯救五个人。与之对立的是道义论，这种理论认为我们有责任遵循明确规定善恶的规则。如果严格遵循希波克拉底誓言、黄金法则或定言命令，我们就永远不能采取伤害他人的行动；因此，道义论者会选择不作为。来自42个国家的7万名受试者的数据显示，绝大多数人（81%）都是功利主义者，他们会选择牺牲那个可怜的家伙来拯救五条生命。[18]

在电车难题中，人们按下按钮就能做出选择，而他们在这种情况下存在着情感距离（至少同其他情境相比是这样）。为了增加情感赌注，格林和同事们在轨道上方加了一座天桥，上面站着一个体型非常大的人，这个人体格巨大（且重心不稳），如果将这个人推到下面的轨道上，他的身体一定能让电车停住，救下五条生命。然而，这也必然导致这个人当场身亡。这次的困境是，你是主动将这个人推下天桥，还是什么都不做。同样的大规模数据集显示，现在只有一半的全球受试者愿意让这个人做出牺牲。[19]再次强调，这两种情境的结果完全相同，不是死一个人就是死五个人，就像卡尼曼和特沃斯基的传染病假设应对方案一样。唯一改变的是情感维度，一旦使情境变得更贴近个人情感，一切就都变了。不过，有个群体——精神病患者对这两种情境反应完全相同，我们稍后会讨论这类人。

得益于功能性磁共振成像技术，格林的团队对正在面临这些道德困境的受试者进行了大脑成像。研究者主要发现：天桥情境与腹内侧前额叶皮质的活动增加相关，这个区域和人类有意识地感受情绪有关，同时也正是著名的菲尼亚斯·盖奇（Phineas Gage）和达马西奥的病人埃利奥特（Elliot，我们即将在下文讨论）大脑受损的区域。引发内疚感的天桥情境还与杏仁核的活动增加相关，这个结构因在战逃反应中的作用而广为人知。[20]在一开始的电车困境中，这些脑区的活动明显较少，人们的情绪波动也随之减弱。这些实验生动地揭示了情绪在道德决策中起到的核心作用。

当你无法正常感受情绪时会发生什么

情绪对决策行为具有重要意义，而达马西奥的病人"埃利奥特"可能是最著名的案例。由于腹内侧前额叶皮质受损，埃利奥特能够进行思考但无法感受情绪。结果，他永远陷入了"分析瘫痪"状态，无休止地权衡利弊。因为缺乏情绪驱动，他无法做出任何最终的决定。埃利奥特完全能够理解和权衡上述道德困境中的选项，他只是无法做出选择。

正是基于埃利奥特和其他几个类似案例，达马西奥首次提出了过程模型"躯体标记假说"（somatic marker hypothesis），用来描述情绪在决策行为中的作用。该假说认为，每当思考决策时，我们会立即想象自己在不同情境中的身体状态，而每种情境都会反馈一种美好或糟糕的感觉，这就是躯体标记。这些感受帮助我们立即排除那些带来不好感觉的选项，只留下那些感觉相对良好的选项，从而形成一种情感启发式（emotional heuristic）。如果缺失了对情绪的正常意识，我们很快就会被大量平淡、无标记的可能性所淹没，而评估所有这些选项需要大量的精力和注意力。达马西奥指出，丰富的躯体标记就是我们所说的智慧或直觉，即自动形成的、判断某事正确与否的感觉。这正是马尔科姆·格拉德威尔在《眨眼之间》一书中详细叙述的话题：专家在可知信息极少或信息残缺如"薄片"（thin-sliced）的情况下，也能通过处理躯体标记的方式，神奇地立即得出结论，例如诊断疾病或识别赝品。

达马西奥描述了一些不幸遭受前额叶损伤的儿童案例，指出他们通常缺乏感受到或表现出同情、尴尬或内疚的能力，而这些能力对有效的社会管理十分关键。由于从童年起就缺乏情绪信息，他们长大后往往成为不遵守规则、对惩罚无动于衷的人，或是会虐待他人，并乐于进行各种高风险行为。他们也往往对自己孩子的需求无动于衷，从而可能导致虐待/忽视循环的不断延续。

即使对那些大脑健康但在成年后经历这种腹内侧前额叶皮质损伤的人来说，对他人感受的意识和敏感性也至关重要。尽管他们对过往感受和决定有一个准确的"数据库"，但他们过正常生活的能力依然严重受损。因为他们经常无视社会规范和道德准则，无法做出有效的决定，也无法维持工作、婚姻或其他关系。像埃利奥特一样，他们的智力没有问题，甚至很聪明，但他们的社会情感受损了。当他们考虑不同行动方案时，因为无法感知由生活经验积累而成的躯体标记，这些标记会处于沉默状态，而本应由负面感觉发出的"不要这样做"的警告信号也不会给他们提醒。正常情况下，我们的情绪为合理或预期的情况提供了基本指引——而一旦失去了情绪，我们就会迷失方向。在阐述这一点时，布卢姆引用了大卫·休谟（David Hume）的话："理性是，而且理应只是激情的奴隶，除了服从激情和服务于激情之外，不可扮演其他任何角色。"乔纳森·海特用他最著名的文章标题一针见血地总结了这一点："感性的狗和它理性的尾巴。"

精神病态

从我出生起，每年夏天，我父母都会在马萨诸塞州韦尔弗利特的海边租一栋房子，我和兄弟们会陶醉于海滩的美景，特别是纽科姆霍洛海滩、湾区海滩和那边的几座池塘——加尔池、大池和长池。我的祖父会在矮松树丛中安顿下来，整天用彩笔作画，而我和兄弟们则朝着沙丘底部奔跑，冲向海浪，在池塘里相互泼水。这个传统延续了下来，后来我和妻子每年夏天都会带着孩子们去韦尔弗利特，通常是两周，在梅奥海滩或印第安尼克租房度假。

我父亲是个天生的讲故事高手，他曾是阿默斯特学院获奖的戏剧演员，也是一位深受学生爱戴的医学教授（大家都知道他能惟妙惟肖地再现各种神经疾病的典型动作）。父亲以我们在韦尔弗利特的常去之地为背景，创作了一系列以"J. 阿蒙克·麦克诺蒂"（J. Armonk McNaughty）为主角的故事。这个人名来自我在《纽约时报》（*New York Times*）中读到的一篇关于居住在纽约州阿蒙克市的淘气鬼麦克诺蒂的报道。和我兄弟们一样，麦克诺蒂有时爱和父母唱反调，后来因为这一点陷入险境。艰险之中，他经历了一些神奇的、超然的体验，并最终安然醒来。父亲写的这些故事中最具代表性和最受喜爱的是《软糖船》（*The Fudge Boat*）。

> 麦克诺蒂答应在码头等待家人,但被停靠的船只所吸引。他探索了一艘格外有趣的、散发着甜味的船。因为在海滩度过了很多天,麦克诺蒂感到疲惫,在船上睡着了。他在海上醒来,空气中弥漫着浓浓的巧克力味。环顾四周,一片汪洋,"他四处眺望,寻找陆地,但一无所获"。透过舷窗,他看到甲板下有一群矮小的精灵正在烤制一盘又一盘软糖。他想凑近仔细地看,却被发现了!精灵们被突然的侵扰吓坏了,恐惧地尖叫着,蜂拥着爬上梯子。他跑起来寻找藏身之处,心里开始后悔,当初要是听父母的话就好了。最后,他找到了一个藏身之所,但这时,天空下起了雨。雨滴唤醒了他,他睁开眼睛,发现自己仍在探索的那艘停泊的船上。他的父母呼唤着:"麦克诺蒂,你在那艘船上做什么?"

在韦尔弗利特的一个漫长周末里,我和妻儿照常一起在海港的"煎锅画廊"停留。我注意到柜台上有一张海港舞台公司(一个演艺团体)的小传单,演出地就在街对面。有一场由布里奥尼·莱弗里创作的话剧《冰封》即将在 20 分钟后进行限量版演出。[21] 这场话剧大致基于我父亲和多萝西·奥特诺·刘易斯(纽约大学精神病学家,也是我父亲的同事)针对大量连环杀人犯和美国其他死囚犯进行的神经学评估。故事聚焦于一个杀害年轻女孩的英国连环杀手,他被抓获并受到起诉,由我父亲和刘易斯深入研究。我此前听说过这部作品,但从未有机会观看演出;自然,我们立即买了票。看着舞台上的角色讨论我父亲曾告诉我的所有神经学测试,重现我从小就熟知的故事,以及探讨暴力与大脑之间关系的见解,这种体验既深刻又有些诡异,仿佛我童年的片段正在台上展开。我父亲的声音甚至在剧中出现,以神经学家"大卫·纳布库斯"(David Nabkus)的身份(这是对"平卡斯"的改编;"大卫"是我的中间名)。在剧中,他已经去世,他的同事给我母亲打电话询问孩子们(即我和我的兄弟们)的近况。

我父亲和刘易斯的发现相当了不起，同时又富有争议。仅凭神经学和精神病学特征，他们就能以极高的准确度区分暴力犯罪者和非暴力犯罪者。暴力犯罪者的特征十分一致：前额叶皮质受损（这是负责"踩刹车"的脑区）；童年时遭受严重虐待（在许多情况下直接导致前额叶皮质损伤）[22]；长期处于失控状态，表现为肢体暴力、鲁莽驾驶以及药物和酒精滥用。他们感受和识别情绪的能力严重受损。[23] 法律上的后果在过去和现在，都难以令人接受：这些个体的神经是"受损的"——或者说是"冻结住的"——因此他们的行为不能被视为一种道德决策。这些人无疑需要为自己的行为负责，因为是他们自己犯下了罪行。但他们是否真的有选择的余地？美国的法律体系是惩罚性的，在这个问题上做相应的区分很有必要。

伦理需求的关联因素

如前所述，伦理需求与正义需求和超越需求这两个精神领域的需求有着共同的特征。这三种需求都与以他人为中心的奉献取向相关，并与经历过的某种个人痛苦有关。

伦理的积极追求。 伦理需求与超越需求之间的概念关系，得到了关联模式的强有力支持。我们发现，伦理需求与亲身体验超越状态，以及相信生命服务于更宏大的宇宙目的存在显著的相关性。

与正义需求类似，伦理需求同参与慈善志愿服务、照顾有特殊需求的成年子女或生活伴侣有关。我们在正义需求上也观察到类似的亲社会取向，这种取向体现为宜人性和对社会联系的重视。有趣的是，最显著的相关性在于扮演特定的社会角色——情人（lover）的角色。情人之间本质上是浪漫的、充满激情的、忠贞不渝的，并且具有强烈的人文关怀。他们有时会更乐于听从内心的直觉，而非全然依赖理性思考。这种特质与对伦理的积极追求是高度一致的。与正义需求类似，伦理需求也与年长有关，而这符合生命历程中去中心化的概念。此外，正如我们在认可需求和正义需求中所见，对伦理的积极追求还与缺乏情绪支持有关，这可能突显了人们在生活中对得到伦理对待的需要。

对伦理的追求需要与那些表现出对自我高度关注的特征呈负相关，这与对正义的需求类似。在这种情况下，相关特征包括神经质/焦虑、未能自我实现（以及其许多具体方面：不被接纳、没有目标、感到不足）以及扮演统治者（ruler）或艺术家（artist）的角色。正如我们在正义需求中所见，这些以自我为中心的恐惧占据了本应用于关注普遍亲社会原则的空间。

努力克服非伦理对待的感受。 伦理需求建立在正义基础之上，这点通过关联模式得到了验证，其中最突出的关联是对正义的重视。缓解伦理缺失感的需求，与孤独感、缺乏社交或成长活动息息相关，同时伴随着更重视社会联系的倾向。对他人的需要与孤独感同时出现，这意味着问题不断恶化。这种需求还与职业倦怠风险、经历近期创伤以及照顾老年人相关，这些都暗示了某人可能受到了他人伦理缺失（过度工作、缺乏关怀和/或在给予他人照护的过程中缺乏支持）的影响。

与努力缓解压力呈负相关的方面，揭示了可能对"超越性病态"（metapathology）具有保护作用的一系列因素。例如，马斯洛曾指出以下几点：拥有一个关注员工情绪健康的雇主，拥有完成工作所需的足够资源，以及有条件同上级和同事保持定期沟通。此外，我们还看到了更多体现幸福感的指标：更健康的身体、更高的薪资水平。

伦理需求的其他视角

历经四项研究，迈克·普伦蒂斯（Mike Prentice）及其同事通过实证证明，道德动机应被列为人类基本需求之一。[24] 与我们的定义一致，他们将道德需求定义为以下的渴望（包括但不限于）：

- 强烈的道德成就感。
- 成为一个好人。
- 体现道德价值。
- 做正确的事。

通过引入人类基本需求的定义标准，普伦蒂斯等人发现，道德需求与自主需求、胜任需求和关系需求等基本心理需求同样重要。具体而言，道德需求也能引导认知加工，激发情绪反应，帮助预测幸福感，还能对心理功能产生持久和有利影响。[25]

弗兰克·马特拉（Frank Martela）和理查德·瑞安最近报告了关于"善行满足感与挫折感"的系列研究，他们将这一概念定义为基于自身对他人产生积极或消极影响的感受。善行被定义为慈善、仁慈和善意的行为，强调为他人做出的良好举动，其中包括道德义务，因而与这里所讲的概念（伦理）高度一致。上述两位发现，大量研究表明，积极的善行满足感在预测幸福感指标方面发挥了独特的作用。这一发现是对自我决定理论中自主需求、胜任需求和关系需求的补充和超越。[26]

道德动机是利他主义和亲社会行为研究的核心焦点。丹尼尔·巴特森及其同事确定了可能产生亲社会行为的四个潜在目标：为自己获益（利己主义）、为他人获益（利他主义）、为群体获益（集体主义）和维护道德原则（原则主义或道德动机）。由于所提出的道德动机必须反映出一种遵守道德标准的愿望，只要行为是真诚地为他人、群体和/或道德原则本身的利益而驱动的，而不是为自己谋取利益，道德动机就可以体现后三种动机（利他主义、集体主义或原则主义）。巴特森等人（2003）尤为谨慎地区分了道德动机和利他动机，前者以遵循道德原则为目标，后者则以增进他人的福祉为目标。针对独特道德动机的实验研究发现，当受试者处于相对优势地位时，这种动机往往会表现出强烈的影响；然而，在典型的实验环境中，只有相对少数的受试者会激活这种动机。[27] 这些实验表明，对实验操作的微妙调整（优势与劣势的对比）揭示了道德动机的影响，这种影响至少与同理心引发的利他主义的影响相当，甚至可能更大。此外，研究道德动机与同理心引发的利他主义的大量实验文献，有力地说明了道德动机内部还存在着更多子类型。

欧文·斯托布（Ervin Staub）提出的道德勇气（moral courage）和亲社会价值取向（prosocial value orientation）等动机概念与我们对伦理需求的定义非常吻合。与巴特森的观点类似，斯托布认为，"当动机在相当程度上聚焦于履行或坚持某种道德信念、价值观或原则时，它就是道德的"。[28] 他将这种道德动机与利他动机区分开来，指出后者更"直接关注个体本身而非信念或原则"。尽管如此，他也承认，利他行为的根源可能同时包含道德观念和由情绪驱动的利他关怀。[29] 同时，斯托布明确地将这些动机形式的发展与童年时期所接受的养育（社会领域）以及积极自我认同的形成（自我领域）联系起来。这一观点为我们提出的理论框架提供了支持，即精神领域与自我领域和社会领域的联系更为紧密，而与物质领域的关联则相对疏远。

此外，伦理需求还与以下动机概念相一致：

- 威廉·麦克杜格尔的谦逊需求（need for modesty）。
- 史蒂文·赖斯的理想主义需求（need for idealism）。

与伦理需求相关的情绪表现

积极的、促进性的伦理需求往往与对当前实践的怀疑态度或质疑情绪相关，即觉得某些事情不太对劲或不合道理。满足这种需求通常会带来一种如释重负的感觉，同时会让人对那些纵容不道德行为的力量的性质产生些许持续性的怀疑。与此相对，消极的、预防性导向的伦理需求则表现为对可疑行为的义愤，其满足感虽然具有修复性，但会在人心中留下挥之不去的疑虑。

确定伦理需求的来源

伦理需求建立在对正义和公平需求的敏感性之上。正如我们在上文所见，伦理需求要求你从根本上以彻底无私的方式关心他人。

- 在先前提到的电车难题情境中，你会选择哪个选项——采取行动还是沉默不语？理由是什么？如果在现实生活中面对这种困境，你的选择会有所不同吗？在哪些方面会有不同？你会如何看待在这两种情境下牺牲一人、拯救五人的行为？你会如何描述做出这种决策的人？
- 你对伦理问题的敏感度如何？如果商店店员在结账时算错了小数点，只收取了实际价格的 1/10，你会指出这个错误还是认为自己"赚到了"？如果有无家可归者向你乞讨，你会怎么办？你是否会以有意义的方式捐助钱财？如果你试图尽可能节省自己的金钱和时间，那么金钱在你的伦理体系中占据什么位置？
- 在你人生的重大节点上，你是否受到了合乎伦理的对待？在你攻读本科或研究生学历的过程中，或在职业生涯的早期，你是否受益于客观和正义的标准？如果没有，是什么情况可能导致了不道德对待？
- 你多久会思考一次道德和伦理问题？你在做道德决策时，多大程度上依赖自己的感受，而不是通过分析权衡利弊？
- 在讨论认可需求时，涉及自尊、尊重、信任和敬畏等概念。这些概念可能与你的伦理需求有何关联？
- 道德选择与你对生活目标的观念可能有何联系？你会如何看待没有伦理基础的生活目标？

第 15 章
超越

> 超越自我意识的冲动,正如我所说,是灵魂的主要渴望。
> ——阿道司·赫胥黎(Aldous Huxley, 2010, p.67)

我母亲的故事。如果说我父亲的工作聚焦于正义与伦理问题,探讨关于自由意志与尽责性的终极命题,那么我母亲的一生则致力于个人伦理与精神超越的交叉领域。尽管听起来可能像一篇悼词,但我恳请读者耐心听我讲述我母亲的诸多成就——对于一个在 20 世纪 30~50 年代压抑环境中长大的女性来说,这些成就堪称非凡。我母亲辛西娅·斯特林·迪里·平卡斯·拉塞尔(Cynthia Sterling Deery Pincus Russell)曾先后就读于查宾学校、帕特尼中学和拉德克利夫学院,并在哥伦比亚大学和美国联合学院获得研究生学位。如前所述,正是在哥伦比亚大学,她和我父亲因一位共同的患者而相识。当我父亲成为耶鲁大学的神经学教授时,我母亲也加入了耶鲁大学的精神病学临床教职团队。在那里,她提出了"患者即教师"的概念,并将其贯彻在与伯尼·西格尔（Bernie Siegel）合作的"卓越的癌症患者"治疗组织以及心理神经免疫学的其他实践中。她出版了四本书，发表了数十篇文章、诗歌、非虚构和虚构作品。她曾在纽黑文交响乐团演奏双簧管，并同时担任斯特林社区中心的董事会成员和耶鲁神学院的受托人。在耶鲁神学院，她致力于保护斯特林神学方庭——这是她的祖辈叔伯约翰·W. 斯特林（John W. Sterling）赠予神学院的礼物之一。她向我听说过的每一个慈善组织都捐了款；作为她的遗产执行人，我至今仍能不断地收到这些组织的邮件。直到生命的最后一天，她始终坚定保持着独立，始终将精神置于物质之上。遵循她的遗愿，她被安葬在耶路撒冷郊外，与我父亲同在一处墓地。

在管理耶鲁大学妇女中心多年后，我母亲发现了意大利精神病学家罗伯托·阿萨吉欧利（Roberto Assagioli）的研究成果。阿萨吉欧利认为弗洛伊德的精神分析存在明显的局限，自己创立了心理综合疗法（psychosynthesis）。因为犹太人的身份，阿萨吉欧利于1940年因"为和平祈祷"的罪名被法西斯墨索里尼政府处以单独监禁。他家族在托斯卡纳的农场在战争中被摧毁，家人被迫躲在阿尔卑斯山中，直到战争结束；他唯一的孩子在流亡期间因肺病去世。在监禁期间，阿萨吉欧利每天进行深度冥想，探索内心世界的动态；正是在这一时期，他获得了心理综合疗法的灵感。心理综合疗法代表了一种新型的心理治疗形式，强调需要明确整合意志、爱、创造力和智慧等积极心理力量，以及人类基本的伦理和精神需求，这一主张为日后的人文主义运动奠定了基础。

我母亲逐渐将心理综合疗法的原则应用于她的心理咨询工作中，并最终创立了康涅狄格心理综合疗法研究所。那时，她搬进了她祖母位于康涅狄格州斯特拉特福的故居——一座由她的祖先于1792年建造的8000平方英尺（约743平方米）的殖民地风格建筑，许多祖先都安葬在后院旁的家庭墓地中。在这栋房子里，她建立了一个治疗师社区，对他们进行培训、指导，直到自己 80 多岁时仍继续教学。她在楼上的卧室里放了一个祈祷篮，里面装满了大大小小的祈祷信和愿望卡，祈求和平与治愈。她是我所认识的最具自我超越精神的人，安然放弃一切物质享受，只为短暂遁入无限与永恒。早在从功能性磁共振成像技术和药理学研究得到佐证之前，我就从母亲身上认识到了精神领域对于心理健康的重要性。至于学术界及其他领域中针对安全和熟悉事物的强烈偏见，母亲从不在意。她从未质疑过精神的重要性。她就是知道，而她完全正确。

定义超越

如果正如我们所见，对正义的需求关乎明辨善恶，对伦理的需求关乎定义并遵循道德原则，从而应对生活中的灰色地带，那么对超越的需求则关乎"完全跳出眼前的束缚"，从持续的情绪和感觉流动中获得视角和空间，超然脱身于我们对眼前欲望习以为常的屈从。

作为精神领域的更高追求层级，对超越的需求类似于自我领域中的自我实现需求、物质领域中的成功需求以及社会领域中的尊重需求。这些需求都代表了从各自领域的常规循环中脱离的起点。当你取得成功时，某种意义上，游戏就结束了；当你充分发挥潜能时，成长便让位于自我掌控（self-mastery）；当你成为他人敬畏的对象时，地位游戏就变得毫无意义。

在精神领域中，"拥有"意味着具备尽可能广阔的视野去认识和理解你周围的世界。自我超越是一种状态，其特征是对现实本质的顿悟——传统的分类被消解，而对立的两面，缘其差异的对立之因被洞见，得以化而一统。这就是阴阳的内涵——对立的力量实际上是相互联系的。随着我们从正义需求转向伦理需求，再上升到超越需求，精神的作用逐步显著：我们力图超越此时此地，超越自身物质存在的局限性，而（人的精神）对超越状态的追求也包括对与无限和普遍的神圣存在相交融统一的渴望，达到"天人合一"。

由于超越的概念对大多数人来说难以理解，我认为有必要暂时放下心理学专业术语（如敬畏、惊奇、开放、正念、神秘、高峰、心流、转换、顿悟等），借以威廉·布莱克（1791）简单押韵的诗，描绘一个非凡脱俗而又易于理解的图景。

> 致我的朋友巴茨，我写下
> 我第一次见到光的景象。
> 坐在黄色的沙滩上，
> 太阳正散发着
> 它闪耀的光芒，
> 从天际的高流中；
> 越过海洋，越过陆地，
> 我的目光延伸
> 进入无垠的天空，
> 远离一切忧虑，
> 进入火的领域，
> 远离欲望，
> 晨光装点着天堂的山脉。
> 在明亮的光线中，
> 光的宝石
> 清晰闪耀——
> 我惊讶又恐惧，
> 凝视每一束光，
> 震惊又惊奇，
> 因为每一束光都是一个人，
> 人形的样子；我快步跑起来，
> 因为他们向我招手，

远在海的那边……

我的目光继续延伸，

像一片无边的海洋，

继续延伸，

天堂在召唤，

直到光亮如宝石，

那天堂中闪耀的人群，

显现为那一个人，

他从容地开始

用金色的光芒

包裹我的四肢……

声音渐渐消失，

我仍像个孩子，

我所知会的一切

在我面前闪耀。

还有个对超越状态的完美描绘，来自村上春树（Haruki Murakami）的《奇鸟行状录》（*The Wind-Up Bird Chronicle*，1997，p.139）。

> 有时，当一个人默默地穿过如此荒凉的地貌时，有种叫人喘不过气的幻觉会使人感到自己，作为一个个体，正在逐渐瓦解。周围的空间如此广阔，而自己越来越难以保持对自我原先平衡的掌控。我不知道我是否把意思表达清楚了。心灵发散飞扬，填满风景的全貌，但失去了将其绑定在身体自我上的能力。这就是我在蒙古草原上的体验。这草原是如此辽阔！感觉更像是一片海洋，而不是沙漠。太阳从东方的地平线上升起，穿过空旷的天际，沉入西方的地平线。这是我们周围唯一可感知到的变化。而在太阳的运动中，我感受到一种我几乎难以名状的东西：某种巨大的、宇宙之爱。

马斯洛的超越理论

早在马斯洛将自我超越的概念正式确立为心理学研究的严肃议题之前,威廉·詹姆斯就已经将神秘体验描述为所有宗教之中不规则出现的重要现象。詹姆斯的观点被西格蒙德·弗洛伊德完全否定,弗洛伊德将其称为"无边无际的海洋般的感觉",并勉强承认这种现象发生在某些人身上,但不在他自己身上;弗洛伊德认为这些不过是一种想要回归母体的病态愿望。行为主义心理学家自然对这类问题毫无兴趣。不过,亚伯拉罕·马斯洛注意到,他所研究的自我实现者比其他人更可能经历这种体验,且向他汇报此体验的频率更高,而这促进了他的进一步研究。1969年,马斯洛发表了一篇文章,确定了超越状态的35种不同的但高度相关的特征。这些特征包括失去自我意识、超越自我、超越社会分类(如内群体和外群体)、调和对立面、超越物质存在、超越人性、经历高峰体验以及达到更高的意识状态。[1]加拿大心理学家保罗·王(Paul Wong)进一步指出,"超越"在心理学文献中以多种方式发挥着作用——被操作化(operationlized)为心理状态、人格特质、发展过程、价值取向、动机和世界观。[2]可以说,"超越"这一概念本身已经跨越了许多边界。

由于马斯洛需求层次不幸地被启发式习惯性地限制在自我实现的层面,许多研究动机的心理学家并没能意识到,马斯洛的模型实际上包含着超越自我实现的第六个层次,他称之为"自我超越"。由于马斯洛的理论体系是层次化的,要想实现超越,同样要求先前的所有需求得到满足。正如马斯洛所认为的,超越意味着成为你能成为的一切(自我实现),而后发挥你的全部能力,为全人类和所有生命的更高利益和更大潜能努力奋斗。

> 超越指的是人类意识、行为和关系的最高的、最包容的或最整体的层次，作为目的而非手段，指向自己、重要他人、全人类、其他物种、大自然乃至宇宙。[3]

就马斯洛的理论而言，考夫曼认为，超越的本质，在于对自身存在所有方面的建设性整合，代表一种能够调和某人同自我、他人、自然和宇宙关系的高远的成就。但这种超越如何实现呢？马斯洛写道，这类人通常经历了某种顿悟或洞察，他们对自己和周围世界的看法被改变，进而放下自我和物质需求，开始追求非物质的"元动机"或"存在价值"，例如真理、善良、美、正义、意义和目的，而这些都属于新柏拉图主义传统范畴的理想状态。[4]

超越的组成部分

心理学家们不禁将"超越"分解为可进行因子分析的独立组成部分，似乎认为主题化的还原主义研究方法能够帮助我们更好地理解这一复杂多面的概念。[5]

- 超越研究的梦之队：约翰斯·霍普金斯大学的戴维·亚登（David Yaden）、纽约大学的乔纳森·海特、田纳西大学的拉尔夫·胡德（Ralph Hood Jr.）、哈佛医学院的戴维·瓦戈（David Vago）以及托马斯·杰斐逊大学的安德鲁·纽伯格（Andrew Newberg）。通过查阅关于自我超越体验的文献，他们发现这些体验是多维的，与其他心理学构念（如正念和心流）、积极情绪（如爱、敬畏和惊奇）以及高峰体验和神秘体验具有共同特征。[6]
- 维克多·弗兰克尔的意义疗法视角。基于此视角，保罗·王描述了自我超越的三个组成部分：在非物质理想中寻求终极意义，在当下时刻寻求意义（结合正念、开放、好奇和同情），以及为更崇高的目标寻求个人使命。

- 科罗拉多大学博尔德分校的研究。由乔尔·菲什拜因（Joel Fishbein）组织的临床心理学家和神经科学家团队推出了"自我超越问卷"（the Questionaire on Self-Transcendence，QUEST），该问卷包含三个因素：以淡化自我情绪的方式，观察自己的思想、情绪和感觉的能力；自我与他人、众生和宇宙之间的联系感；以及理解一切无常、万物皆处于不断变化中的观念。
- 心理学家拉尔夫·皮德蒙特（Ralph Piedmont）的精神超越量表（Spiritual Transcendence Scale）。该量表在概念上具有相似性，同样由三个因素组成：从与有更高力量的个人的接触中感受到的喜悦和满足，相信所有生命共享一种共同的纽带，以及对逝者"愿望"的敏感性。
- 波兰心理学家雅罗斯瓦夫·彼得罗夫斯基（Jaroslaw Piotrowski）的精神超越量表（Scale of Spiritual Transcendence）。彼得罗夫斯基及其同事建立的此量表界定了超越的两个维度——精神开放性（包括接受矛盾、不参与评判、感恩、正念和明确生活目标）和真正的超越（包括以喜悦、力量、和平、联结和意义为特征的超越体验）。

在对"超越"这一概念进行操作化（operationalization）的若干过程中，存在着许多概念上的相似性。然而，超越的概念本身，似乎具有一种超越所有解构尝试的特质。

超越在正义与伦理中的基础

我们在前文提出，超越需求建立在正义和伦理准则的基础之上。这种观点认为，正义需求和伦理需求是超越需求发展的必要前提，下文将对此进行探讨。

乔纳森·爱德华兹（Jonathan Edwards）。作为第一次大觉醒运动中最突出的人物，爱德华兹被广泛认为是美国历史上最伟大的神学家。他指出，精神复兴的真实性只能通过其在道德思想和行为上带来的改善效果来判断。换句话说，判断精神觉醒是否代表真正的超越体验的唯一方法，是观察这种觉醒是否改变了人的思想、情绪、行为，从而促进了正义和道德的提升。由此可知，这些概念是层次化的。爱德华兹并不是说，没有自我超越就无法关注正义和道德；相反，他认为，没有对正义和伦理的关注，自我超越就无法存在。[7]

巴鲁赫·斯宾诺莎。斯宾诺莎明确地将超越需求与正义和伦理的层次联系起来，他提出当我们认识到（并珍视）自己的心灵属于自然和神圣整体的一部分时，就能实现最高的善（一个尤其伦理的概念）。

在斯宾诺莎的一元论（monism）中，一切都在一个巨大的网络中相互联结，这使得人的行为自动地产生回响，进而将正义需求和伦理需求与超越需求联系起来。当你对他人不友善时，你就在彼时彼刻惩罚自己，同时剥夺了自己获得内心平静和幸福的机会。斯宾诺莎认为，遵循公平法则和伦理规则是实现超越的必要条件，但并不足够。与我们的模型一致，他认为超越还需要满足社会需求（归属、爱、尊重）、物质需求（自主、参与、成功）和自我需求（健康/安全、真实性、成长），这些都是必要但不充分的条件。考虑到以上要求，只有那些具有道德意识的、自律的、进化的，并以平静的心态接受生活之一切的人才能获得幸福。

威廉·詹姆斯。詹姆斯呼应爱德华兹的观点，指出真正的精神动机只能通过其"道德助益"（moral helpfulness）来判断；换句话说，如果某个动机没有产生积极的道德效果，就不能视其具有精神层面的意义。可以认为，道德是超越的必要前提。詹姆斯进一步指出，超越性动机是位于道德动机之上的更高层次。

> 纯粹的道德承认并服从于它所发现的整体法则，但它可能以最沉重和最冷漠的心态服从它，并始终将其视为一种枷锁……沉闷的遵从被远远抛在身后，取而代之的是一种欣然迎接的情绪——可能介于愉快的宁静和热情的喜悦之间。[8]

劳伦斯·科尔伯格。正如在"正义"那章中简要提到的，科尔伯格的道德推理模型提出了一个最高层次，即超越层次。它与马斯洛的理论相似，但常常被教科书忽略。这一最高阶段的道德推理再次提出了"为什么要道德"的问题，但推理方式是限于理性思考的早期阶段（例如"因为我不想受到惩罚""因为权威这么说"或"因为这是定言命令"）无法企及的。超越状态下的道德完全不基于理性，而是基于科尔伯格所称的"宇宙"或"无限"视角。重要的是，这些视角植根于"非自我或非二元性的沉思体验"，表明这些体验脱离了自我、物质和社会领域的范畴，独属于永恒和无限之域。

对于超越概念的内部区分较为罕见，科尔伯格把对宇宙的关注和对人类的关注区分开来，后者在整体上被视为较低阶段的后习俗道德的一部分。[9]那么，什么是宇宙的关注？为了解释宇宙视角，科尔伯格引用了自然法的概念，援引苏格拉底、马可·奥勒留（Marcus Aurelius）、巴鲁赫·斯宾诺莎、亚伯拉罕·林肯和马丁·路德·金的著作，认为这些伦理巨匠都曾以某种方式指出，我们的心灵、自然、宇宙和神圣是某个整体系统或"场"（field）中不可分割的组成部分。为论证"整个宇宙不可分割的量子互联性"和"永不破裂的整体性"，科尔伯格引用了物理学在现阶段的理解，尤其是相对论和量子力学。[10]此外，这种对我们在宇宙中所处位置的理解，包含了一个内在的个人伦理启示：我们每个人都必须在永恒呈现的过程中扮演各自的角色，而不期盼任何回报。这一伦理标准被称为"无私之爱"，即最高形式的爱。这种爱鼓励自我牺牲——因为这是一种宽恕行为，故而并不可惧。

通过这种层级理论，科尔伯格将超越需求牢固地建立在世俗正义和伦理的基础之上。

整合理论（integral theory）**与螺旋动力学**（spiral dynamics）。在主流学术界之外，哲学家肯·威尔伯（Ken Wilber）创建了意识谱（the spectrum of consciousness）的七阶段进化模型，与皮亚杰、马斯洛和科尔伯格提出的许多阶段相呼应，被称为整合理论。威尔伯提出了一个线性的、等级的模型，从与生存需求相关的原始意识状态开始，上升到更高阶段的与自我超越意识相关的神秘体验，最终达到顶峰——属于后超越阶段的存在意识。联合学院心理学家克莱尔·格雷夫斯（Clare Graves）提出了类似的理论，他提出了一个八阶段理论，其中包括动机层级和相应的应对行为。同样从生理需求开始，依次上升到安全需求、自主性需求和伦理需求，物质需求（如沉浸和成功），社会需求（如归属、关怀和认可），真实性需求，最后是接受存在现实的需求。尽管这个框架有许多名称，但最广为人知的是螺旋动力学，通常被用作管理咨询的框架。

超越与目的

超越在根本上代表着从自我中心关注上升到无我（selflessness）状态——矛盾的是，这才是最真实的自我表现。通过超越自我，我们对自我和自我关注的定义扩展到包含他人、其他动物、自然、伦理和神圣的需求。如此一来，自我超越与更高的目的联系在一起；它是自我拓展的结果。考夫曼引用马斯洛的见解，认为超越者（transcender）通过追求更高层次的召唤代替对幸福的追求，"这是一种激励人们奋进的首要愿望，是人生意义的重要源泉"。[11]

目的与意义密不可分。正如达马西奥所解释的，"人类寻求生命意义的清晰性。有什么目的比我们的直接存在更重要？"[12]正如肯·帕加门特（Ken Pargament）所说，这是一种由于"人类局限性难题"而产生的需求，通常在我们面对自身或亲近之人的剧烈苦难或失落之情时被触发。

正如本部分开头简要描述的，对意义的追求是一种不可化约的人类需求，而这一观点与维克多·弗兰克尔的研究紧密关联。弗兰克尔意义疗法的核心理念是，要想解决心理冲突，特别是解决存在问题，关键在于赋予苦难以意义。当我们为苦难赋予更大的意义时，我们就能够从经验中后退一步，在服务于更高目的的宽阔视角下看待苦难。正如达马西奥所说，这可能涉及"从永恒而并非人的一生的角度反思生命"。[13]

让我们以一个失去职位、被迫接受基础性工作以维持生计的高管为例。一方面，他可能整天感到愤怒、怨恨和羞耻。另一方面，其生活秩序受到的打击可以被理解为对韧性的考验，或许为他人树立坚毅的榜样。这位高管可能会从伦理角度重新审视他以前的工作并质疑其价值，并乐于用更有意义的利他工作替代，即使薪酬较低。通过深入探寻生活的意义，一个人地位的变化可以使其从一种机械式的、日复一日的重复工作中走出来，转而追寻一种具有普遍意义，甚至是永恒目的的召唤。

意义、目的与苦难

发现人生的意义或目的与苦难密切相关。许多作者甚至断言，没有痛苦和苦难就不可能有成长，这一点马斯洛本人也提出过。正如人们所说，"最高的高峰来自最低的低谷"，已有许多著名人物对人性做出了这种观察。

没有付出就没有收获。——本杰明·富兰克林
逆境是通向真理的第一条路。——拜伦勋爵（Lord Byron）
没有什么教育比逆境更好。——本杰明·迪斯雷利（Benjamin Disraeli）

祸兮福之所倚，福兮祸之所伏。——老子

痛苦是每一件珍贵事物的代价。

逆境自有其妙处。——威廉·莎士比亚

患难生忍耐，忍耐生品格，品格生希望。——圣保罗（St. Paul）

但凡不能杀死我的，终将让我更强大。——弗里德里希·尼采

自我超越为人类的苦难提供了一个令人满意的答案。正如达马西奥所言："人类的救赎必须能够应对苦难带来的痛苦，再用喜悦取而代之，使我们得以适应未来的痛苦、悲伤和苦难。无论救赎是以现世此刻的安慰还是来世的回报呈现，其补偿的作用是相同的。"[14] 从这个意义上说，超越具有治疗作用，能够使人恢复因痛苦而失去的内稳态。保罗·布卢姆认为，正是生活的痛苦使得快乐的事令人愉悦，这是一种对比效应（contrast effect）：也正是困难本身赋予了生命中最有意义的时刻以意义。[15] 在与亨利·克拉布·罗宾逊（Henry Crabb Robinson）的对话中，威廉·布莱克（1791）也表达了同样的观点："天堂中也有痛苦，因为凡有能力享受快乐，就会有能力忍受痛苦。"

尽管"苦难对于认识到人生目的是绝对必要的"这种说法也许言过其实，但古人的智慧认为，苦难往往能带来更多的成长，也许此言非虚——这也是心理学家当前研究的主题之一，涉及逆境成长、创伤后成长和压力相关成长等多个领域。

超越：通往人类幸福之路

在本书中，我们多次提到，幸福是一种无法直接追求的状态。事实上，我们和许多其他人的研究表明，将幸福作为明确的价值或目标，往往是自我实现失败的标志，同时与意义和目的的缺失相关联。考夫曼引用了人本主义心理学家詹姆斯·布根塔尔（James Bugental）的话：

> 似乎只有神经质和闷闷不乐的人才会明确而直接地将注意力放在自身的幸福上……幸福是一种状态，当你试图将它紧握在手时，它反而会从指尖滑走。[16]

我们不能直接追求幸福。那么，我们该如何找到它呢？

马斯洛认为，通往自我实现和超越的这条道路本身为真正的幸福奠定了基础，这一观点得到了马丁·塞利格曼和泰勒·本-沙哈尔等积极心理学家的再次印证。通过服务他人来寻得个人幸福的想法，看起来也许有些反直觉。或许这种困惑源于"幸福"这个词本身；实现自我超越而萌发的幸福并非那种狂喜或陶醉的状态，而是一种更为持久的平静满足和喜悦，一种不断焕新的惊奇与感恩之情。这是斯宾诺莎所描述的最高形式的满足，他将其视为救赎，认为这取决于做出深思熟虑的选择，以及选择高尚的情绪而非自私的负面情绪，也就是他所谓的"幸福不是美德的回报，幸福本身就是美德"。[17]

此外，加州大学戴维斯分校的心理学家罗伯特·埃蒙斯探究了个人追求的本质与幸福状态之间的因果关系，这一重要研究能帮助我们更好地理解超越。通过证明目的的重要性，埃蒙斯发现，仅仅是拥有重要的人生目标，就与更高的幸福感相关；再进一步说，当生活目标充分整合（即不相互冲突）时，[18]幸福感会持续增加。埃蒙斯指导的肯农·谢尔登证明，当生活目标聚焦于成长（如存在的价值）而非弥补缺失时，我们的幸福感会得到提高；同时，当我们的目标与"真实的自己"一致，即拥有自洽目标（self-concordant goal）时，我们会从中受益，而不是强行追求"并非属于真正自己"的目标。证据表明，当我们确定了一个重要的人生目标（或正在发现它）时，我们的生活状态最佳；这个目标具有超越或精神性的本质，吸引着我们不断追求，同时代表了我们真实的自己，并与我们的目标矩阵融为一体。

我们反复强调的另一点是，拥有平衡的情绪需求极为有益。数据清晰显示，试图"跳过"基础型和体验型需求，直接获取每个领域最高层次的回报，总是意味着不成熟、缺乏安全感和目标整合不足。考虑到这一点，在未满足较低层次和相邻的情绪需求之前，追求更高目标是低效的，甚至是危险的。恐怖分子是一个典型例子，他们对更高的目的具有强烈的感觉，但缺乏平衡情绪需求的方法。考夫曼引用心理学家杰里米·弗里默（Jeremy Frimer）的研究发现，道德模范（如马丁·路德·金）倾向于平衡个人主体能动性（personal agency）和社会共融性（social communion）的需求，非道德典范则被评价为仅凭个人能动性行事，不考虑他人。[19]

超越的失败与再神圣化的必要性

马斯洛指出，那些已然达到人类发展顶峰的超越者往往倾向于将周围的世界神圣化。达马西奥也采信了斯宾诺莎的建议，即在平凡中寻找神圣：再神圣化（resacralizing）意味着愿意再次以"永恒的视角"看待一个人，通过"统一的感知看到神圣、永恒和象征的事物"。[20] 有人可能会问，这种神圣化的价值和目的是什么？

随着物质主义消费文化达到顶峰，人们对更高目的的追求逐渐成为焦点。这一趋势的推动力一方面来自现代社会教育水平的提升，以及正念冥想和瑜伽等"专注于意义"的活动的迅速普及；另一方面，突如其来的新冠疫情封控也加速了这一进程——我们的数据显示，因为被迫停下手中的工作，开始居家隔离，人们对目的的追求随之大幅增加。数据同时表明，"大辞职潮"（the Great Resignation）及其后续的"精神离职"（Quiet Quitting）现象，在根本上源于意义和目的的缺失。

这一变化将企业推入了一个陌生的未知领域，迫使它们"为某种抽象事物站队"。企业在道德议题上选边站队，这可能是员工和顾客的施压所致，也可能是对竞争对手行动的回应——无论是为了对标还是对抗。

不过，还有一条不那么商业化的路径。几十年来，很少有人质疑像匿名戒酒者协会（Alcoholics Anonymous）这样的项目所蕴含的精神内涵。[21] 再神圣化旨在将某些概念恢复到神圣状态，这是一场正在美国悄然进行的重要运动。在一定程度上，再神圣化是对现代化和数字化的回应，它涉及再一次赋予曾经被视为神圣的理念、行为或物体（如自然、知识、社区、婚姻或性）其独特的本质乃至神圣的地位。在学术界，这可能表现为对精神领域的研究，或者承认数学和物理学中可能存在某些超越人类理解能力的概念，又或者认真考虑智能设计论（intelligent design）是否真的为物种进化设定了条件和基本规则。在个人层面，参与神圣活动和制度为身份认同提供了新的途径。在社会层面，社区和特定关系也可以通过"变得神圣"来提升自身价值。甚至工作也可以变得神圣，只要它能为人类和自然带来真正的益处。

对于那些深切关注全球气候状况的人来说，自然的再神圣化有力地号召人们立即采取行动。世界各地的原住民将大自然视为神圣，大自然却在世俗化、物质主义和科学实践中被系统性地"亵渎"。巴塔哥尼亚（Patagonia）的创始人近期宣布，公司将交由信托管理，所有利润将用于保护地球，这一举动为我们提供了很好的例证："地球现在是我们唯一的股东……与其说我们'上市'，不如说我们'为某种目的和使命而战'。我们不会从自然中榨取价值并转化为投资者的财富，相反，我们要用巴塔哥尼亚创造的财富，保护所有真正财富的源泉"。

超越需求的关联因素

如前所述，超越需求与精神领域中的正义需求和伦理需求具有整体相似的关系模式，它们都与个人层面的变量相关，而这些变量聚焦于奉献他人和经历创伤。

超越的积极追求(positive aspirations for transcendence)。与正义需求和伦理需求类似,超越需求和参与慈善志愿服务、照顾有特殊需求的成年子女有关。同时,超越需求还与未被满足的关怀需求(这种需求被认为是一种强烈的压力)以及近期经历的创伤有关。同正义需求和伦理需求一致,超越需求与扮演"情人"角色显著相关(这一角色充满激情、忠贞不渝,富有人文关怀)。然而,有所不同的是,超越需求还与扮演"英雄"角色相关,代表着一种毫不畏惧地探索无限世界的欲望。这种开放感还体现在人们对沉浸体验的重视,以及对艺术表达和艺术探索的渴望上。与这些需求以及认可需求一致,超越需求还与缺乏情绪支持相关,这进一步加深了超越个人生活处境的需要。

对超越的追求与以自我为中心的特征呈负相关。这些特征包括神经质/焦虑特质、扮演"天真者"(innocent)角色[与"魔术师"(magician)角色截然相反]、感到不足,以及忽视与他人联系的重要性。与正义需求和伦理需求类似,这种对自我的过度关注使得超越需求无处生长。

努力克服物质主义感受。与该领域许多研究(尤其是乔纳森·海特的研究)一致,我们发现,对物质主义的"厌倦"情绪,与缺乏参与精神、个人成长活动或缺乏相关群体密切相关,因为这些人可能缺乏探寻意义的途径。与对超越的追求一致,我们还观察到照顾成年子女与感到缺乏支持之间的相关性。从就业的角度来看,努力克服这些感受的员工更容易面临职业倦怠风险,并且更可能在具有不健康、不道德文化的企业中工作。

在此基础上,追求解脱所带来的负面影响揭示了一系列保护性因素:未经历过冒名顶替综合征、积极投身于个人或职业发展。此外,还有一些体现幸福感的指标:更好的健康状况、更高的教育水平和更高的收入。

超越需求的其他视角

幸运的是，目前有许多关于超越的创新研究正在进行，其中一些涉及脑成像和/或精神药理学研究。我将重点介绍该领域的两位先驱研究者。

丽莎·米勒是哥伦比亚大学的临床心理学家，曾在宾夕法尼亚大学与马丁·塞利格曼共事，她比较了高度虔诚的人（就是那些将精神性融入日常生活的人）与不太重视精神性的人的脑部扫描结果。结果非同小可：在精神性高度活跃的人群中，大脑皮质在左右顶叶、枕叶、右半球的内侧额叶以及左半球楔叶和楔前叶区域更厚且更健康，这种影响在抑郁症高遗传风险和低遗传风险的人群中均可见。对于抑郁症高风险人群，这种差异尤为明显，尤其是在左半球内侧壁区域，而这一区域在抑郁症高风险人群中通常会出现显著变薄。米勒及其同事提出，高度关注精神性与神经保护作用相关，此类行为可能有利于建立神经储备，从而抵消皮质变薄风险，使得家族性抑郁症高风险人群可以预防疾病发展。[22]

如上所述，精神性具有神经保护作用的发现让我们更好地理解为什么重视精神性的人群在许多指标上体现了更高的幸福感。米勒引用了遗传流行病学家肯·肯德勒（Ken Kendler）进行的纵向双胞胎研究，该研究发现，上述脑扫描研究中识别的因素——个人在精神性方面的虔诚——约有30%是由家族基因遗传的，其他精神因素（如个人保守主义）则不然。[23] 个人虔诚的遗传贡献量随着年龄增长而增加，从童年到成年早期增加了50%。米勒认为，个人虔诚的强遗传性证明了人类天生是精神性动物。

心理学家戴维·亚登是另一位来自宾夕法尼亚大学的校友。他与约翰斯·霍普金斯大学迷幻与意识研究中心的精神药理学团队合作，使用相关物质诱导受试者进入强烈的自我超越状态。抑郁和焦虑状态通常源自对自我的强烈关注；因此研究的假设是，通过引发受试者的自我超越状态，使其降低对自我的关注，从而达到改善心理症状的效果。亚登报告称，他们在创造这种超越状态上取得了巨大成功。这种状态的特征包括一种广阔感、强烈的与他人及整个自然的联结感。此外，大量的随机对照研究结果支撑了上述假设：在 2 个月和 18 个月的随访中，受试者的幸福感显著提升，抑郁和成瘾行为水平降低，亲社会行为增加，对死亡的恐惧感减少。有趣的是，亚登表示，积极的治疗效果似乎与假设中的"自我消解"（ego dissolution）关系不大，反而与联结感增强更为相关。这种联结感的本质也出人意料；无数的社会心理学研究似乎表明，最重要的联结感应是与内群体的强烈联结感。然而，受试者反馈的感受是，他们与整个世界、全人类、所有生命有了更为强烈的联结感，但这种联结感的关注点与内群体截然不同，且更加广泛。毫无疑问，这是一项非常激动人心的研究。许多重要学术机构已经采纳此研究，其中包括哈佛医学院的迷幻神经科学中心。

与超越需求相关的情绪表现

对自我超越的积极追求通常与一种强烈的愿望相关，那就是超越自我和物质世界的局限，去窥见终极现实。这种体验常常表现为一种广阔的感受，或如弗洛伊德所言，是一种"无边无际的海洋般的感觉"。那么，这种愿望的动机是什么呢？它可能源于一种对存在的好奇心，一种对终极真理的渴望；然而更常见的是，这种需求源于当前境况（尤其是痛苦）带来的挫败感。与之相对的消极需求，侧重于防范的需求，通常表现为对表面事物、无意义的礼节、物质主义的不满，以及有意识地回避真实和真理的倾向。摆脱这种状态有一定的恢复作用，但就像大多数社会和精神需求一样，这种需求也会让人对物质主义现状的动机产生一种"不愉快的余味"。

确定超越需求的来源

超越需求建立在正义和伦理的框架之上，并且与这些需求一样，通常伴随着某种需要克服的痛苦。而无私一直是一个贯穿始终的主题，伴随着一种英雄般的意愿，即放下熟悉的事物，窥探永恒的广阔。

- 人们有时更愿意思考和谈论他们的更高目的，而不是自我超越（尽管这是两个高度相关的概念）。你同意吗？你认为可能的原因是什么？

- 你是否曾经有过超越性的体验，甚至不止一次？那时发生了什么，感觉如何？是什么促成了这种体验？那时，你是否正在经历某种危机？

- 你是否经历过特别有意义的巧合，或体会过一种几乎不可能偶然发生的指引感（sense of guidance）？那时你的生活发生了什么？

- 你认为什么样的人会经历自我超越？你会如何描述他们？这是你现在的状态或希望进入的状态吗？或者，你是否很难将自己与这种形象联系起来？如果确实难以做到，又是为什么？

- 你是认为我们的宇宙和星球只是偶然存在的，还是认为这背后有某种更高的超级智能或宇宙目的？你认为生命的终极目的可能是什么？存在本身又有什么目的？

- 你认为自己是一个具有精神性的人吗？这对你而言意味着什么？它如何影响你的日常选择？

- 你认为，自己生命的更高目的是什么？你平时会思考这个问题吗？在你的人生目的中，有多少与你在他人身上创造的情绪有关，而不是你自己内心的感受？

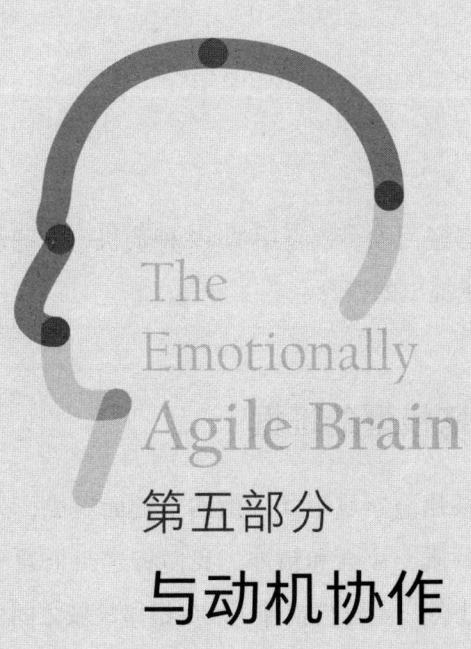

第五部分
与动机协作

第 16 章
动机如何协同作用

至此，我们已经回顾了模型中的 12 种动机，这些动机几乎涵盖了迄今所有动机理论提出的概念。

支持金字塔模型的证据

我们的模型采用金字塔形式，由四个侧面组成，分别代表四个人生领域：自我、物质、社会和精神。我们将这四个领域分为两组对立的概念（自我与社会，物质与精神），在相邻领域之间发现了较强的关联性（例如，自我—精神—社会），而非相邻、对立领域之间的联系较弱。迄今为止，学界在这些领域及其相对位置方面取得了大量理论成果，我们都已论及。此外，劳伦斯·科尔伯格和欧文·斯托布的研究也为此类理论打下了坚实的基础。[1]

对立的领域

哪些类型的目标会被神圣化？正如安妮特·马奥尼（Annette Mahoney）、肯·帕加门特和其他共事的学者所发现的，[2] 神圣化是一个连续的过程，不是非黑即白的。某些生活目标更有可能被神圣化，而其他目标被神圣化的可能性较低。

在自我领域中，安全动机可能极少涉及精神意义，例如身体安全或个人舒适，也可能涉及高度的精神意义。这种差异在真实性动机中也得以体现。对表达个人风格的追求通常可能没有精神意义，通过过一种简朴的苦行生活方式来表达个性则可能具有巨大的精神意义，例如穿戴独特的服饰。在潜在动机中，掌握某种艺术形式的追求可能本身没有精神内涵，但也可能富有充分的精神意义。

在社会领域中，归属动机可能几乎没有任何精神意义，但也可能具有巨大的精神意义。关怀动机亦如此，照顾宠物的付出可能反映了主人深厚的爱，但其中几乎没有精神性；而照顾临终的父母通常具有重要的精神意义。在认可动机中，获得同龄人认可的追求可能没有精神内涵，而在战区与无国界医生组织（Doctors Without Borders）一起工作，为他人树立良好榜样，则可能具有巨大的精神意义。

那么在物质领域中又是如何呢？为了探寻物质与精神领域之间对立关系的起源，我们必须引入二元论的概念，即物质自我（身体、大脑）与非物质（精神）的分离，以及一元论的概念，即人性的统一性和可还原性。[3]有大量的文化和实验先例表明，物质目标往往与精神目标不一致。事实上，物质与精神的对立是区分世界文化的两条基本轴线之一；这一对立通常与社会的工业化程度相关，工业化社会倾向于重视物质主义，传统社会则更加重视精神生活。[4]

此外，还有其他显著的例证。关于生活目标神圣化可能性的研究结果，为我们的模型提供了强有力的支持，尤其是在精神领域与其他三个领域的关系方面。

- 除了明确的宗教目标外，最有可能被神圣化的个人追求往往与社会领域（例如帮助他人、家庭联系）和自我领域（例如存在问题和其他与自我相关的问题）相关，而与物质领域无关。

- 在每个领域中，研究者发现，神圣化与特定类型的社会目标（例如利他主义）和某些自我导向的目标（例如存在主义目标）相关，但与其他目标无关。
  - 模糊的社会目标（例如无论距离相隔多远都与朋友保持联系）以及逐渐转向物质领域的自我提升目标（例如继续学习和追求学位）不太可能被神圣化。
  - 与外部事物和身体相关的目标（例如工作、金钱、锻炼、旅行和改善家居状况）最不可能被神圣化。
- 总之，这些研究成果表明，精神领域与社会和自我领域之间存在紧密的联系，但与物质领域无关。有句话一语中的：生命中最珍贵的，并非物质。

内在精神性与外在精神性。什么情况下物质需求与精神性需求之间会有更紧密的联系？传奇心理学家戈登·奥尔波特给出了答案。奥尔波特区分了外在和内在的信仰动机，他认为外在的信仰本质上是功利主义的，为我们带来一系列诸如社会联系、集体组织和他人认可之类的"好处"。相比之下，内在信仰动机则截然不同。那些受内在精神性动机驱动的人将信仰真正融入生活，赋予日常行为和平常时光深刻的精神性意义；尽管这些人可能获得与受外在动机驱动的人相同的功能性好处，但这些"好处"本身并不是他们的驱动力。相反，这是一种直接的精神性追求。在奥尔波特看来，以外在方式追求信仰的人，他们的精神性需求与物质追求之间必然是紧密相关的，因为两者归根结底都是工具性的。然而，对于以内在方式追求信仰的人而言，他们的精神性追求与物质目标是相互对立的。

不过，目前大量研究都未能遵循奥尔波特的以上区分方式，结果这些研究发现"精神性"和"非精神性"者在亲社会行为方面几乎没有差异。尽管如此，社会心理学家C.丹尼尔·巴特森（研究利他主义的顶尖专家）发现了强有力的证据，表明那些内在精神性者明显更有可能进行实际的帮助行为，并更有可能认为自己是富有同情心和爱心的。同时，内在精神性者尤其有可能进行提升自我和强化社交网络的利他行为，但并不是为了物质利益，这一点与我们的金字塔模型相契合。因此，就人们认真对待精神性而言，我们的金字塔模型取得了依据和基础。

社会需求与自我需求。自古希腊以来，自我利益与集体福祉之间的权衡一直是心理学家、经济学家、哲学家、政治科学家和进化生物学家关注的核心议题。[5] 因此，对自我需求与群体需求的侧重点不同，也成为区分世界文化的另一条基本轴线。[6] 大量研究表明，在社群主义社会中，幸福感往往源于群体需求的满足，而在个人主义社会中，幸福感源于自我需求的满足。[7]

去中心化（decentering）不仅是本书的核心主题，也是所有发展心理学和社会心理学理论的关键概念。它构成了皮亚杰认知发展理论的核心机制，即儿童如何逐步摆脱自我中心主义，转向一个与他人共享的现实世界。婴儿时期，我们尚未意识到世界并非自身的延伸；成长过程中，我们逐渐理解，物体与他人各自独立存在。而在这种认知转变的过程中，我们天生的社交本能引导我们偏爱友善胜过冷漠，进而趋向善而驱除恶——正如保罗·布卢姆的研究所示。这一理念也深植于马斯洛的需求层次理论：人类的成长轨迹始于对自身福祉的关注，随后扩展至所爱之人、更广泛的群体，最终可能关怀全人类乃至所有生命。因此，马斯洛将个人成就的最高层次——"人性能达到的境界"——定义为自我超越，即为更伟大的福祉奉献自我。

冒着流于迂腐的风险，我将引用一些研究结果来说明这一点。对真实性的需求或许是最能体现自我需求的例证，因为它完全围绕着"做自己"的能力。当我们分析不同图像集之间的关联模式时，相关性最弱的前十项几乎全是真实性需求与三种社会需求（归属需求、关怀需求和认可需求）之间的关联，这表明它们并不同步变化。换句话说，当一个人专注于自身时，往往就难以兼顾他人，反之亦然。在一项又一项研究中，当我们让统计数据自行构建一个二维感知空间时，[8]最主要的区分维度总是将所有与自我相关的图像归于一侧，而将所有与社会环境相关的图像归于另一侧，这再次印证了二者的对立性。

需要明确的是，我们并非否认社会地位与个人自尊之间存在极为重要的联系。考夫曼最近回顾了相关研究，结果一致表明，我们的自尊通常源于自我价值感和对自身掌控力的认知。他引用了社会心理学家马克·利里的研究，指出我们的自我价值感往往取决于我们对自身社会价值的感知。换言之，社会需求被满足的程度确实会反馈到我们的自尊，正如自主感的强弱和潜能实现的程度也会对自尊产生影响。那么，我们的观点与此有何不同？我们的模型强调，人们奋斗的重点在于满足自身最紧迫的、未得到满足的需求。从这个角度来看，对未得到满足的自我导向需求的高度关注，往往与对社会需求的高度关注相互冲突，两者之间存在内在的不可避免的权衡关系。例如，自恋者极度强调自我导向需求，以至于排斥社会需求；殉道者则走向另一个极端，将自身需求完全让位于社会需求。

同一领域内的动机

前文已经证明了我们金字塔模型的有效性，即精神领域与物质领域相对立，社会领域与自我领域相对立。不过，我们仍然需要解答一个问题：哪些动机通常会紧密协同作用。你可能会认为，同一领域内的相邻需求往往联系最为密切，我们的假设也如此，即每个领域内的三种需求都是按层次运作的。[9]

我们的数据证实了这一假设。

- 在评估图像的信度时，我们发现这些图像显然以领域作为分组的标准。[10]
- 将 12 种需求进行配对，总共形成了 66 对组合。在这 66 对组合中，前 10 对最强的典型相关关系包括社会领域内的 3 种需求（归属需求、关怀需求、认可需求）之间的相互关系，其次是物质领域内的三种需求（自主性需求、沉浸需求、成功需求）。
- 如前所述，由于一个人的身份（真实性）和道德基础（伦理）领域充当了整个动机矩阵活动的函数，自我领域和精神领域内的相互关联性略小于社会和物质领域，但仍然具有显著性。

关键在于，我们确实发现，有证据表明我们的需求在四个人生领域内是分层次的。比如说，如果我正在追求归属感，那么我也很可能已经开始追求关怀感（社会领域中的需求，属于下一个层次）。

尽管有研究表明，拥有一个分布均衡的需求模式对我们有所裨益，但专注于满足特定领域内的需求，从而尽可能地在该层次内获得满足，是同样重要的。也就是说，持续专注于满足自身的归属需求，体会到归属感后，再开始寻求爱情或争取社会认可，也许会更有效。例如，许多人通过朋友或熟人（即"归属"需求）遇见了他们的最终伴侣（即"关怀"需求）。然而，如果在交朋友、寻找伴侣和获得社会认可的多方面同时出击，"广撒网"的策略很可能使我们一无所获。另外，"不按顺序出牌"的方式也不太可能带来成功，因为拥有一个稳固的朋友圈不仅能为潜在伴侣提供重要的安全感，还能帮助我们拓宽交际和维护现有关系。"单打独斗"（如果真的有人这么做的话）也几乎不可能获得社会认可和赞誉，因为认可和赞誉是社会领域最高的层次。有句非洲谚语一针见血："独行者步疾，结伴者行远。"

这个逻辑也适用于其他三个领域。

- 自我领域中，在能够以真实的自我进行生活之前就尝试实现自己的潜能，或在获得心理安全感之前尝试以本真实的自我的形式进行生活，这在心理学上几乎是不可能的。试图同时实现这三者几乎是天方夜谭。正如齐格·齐格勒所说："你必须先成为某种人，才能做某件事；而你必须先做某件事，才能拥有某些东西。"

- 物质领域中，根据相关的定义，除非你真正理解手中的工具，也十分清楚自己应该做什么，同时有权做这件事，否则不可能进入心流状态。正如迪士尼的《魔法师的学徒》(*The Sorcerer's Apprentice*)中精彩描绘的，米老鼠进入了一种完全的心流状态，梦想着巨大的成功，但它因为缺乏经验差点儿溺水而亡。千钧一发之际，它被真正的魔法师救下，魔法师对米老鼠的鲁莽感到愤怒。同样，对于那些没有掌握技艺而在过程中迷失自我的人来说，取得成功是极不可能的。

- 精神领域中，超越是给那些已经承诺追求正义和伦理的人而准备的。乔纳森·爱德华兹可能会认同这点：真正的超越只能通过其对道德行为和正义的改善效果加以辨别；没有这种积极效果，就不是真正的超越。如果你致力于自我超越，那么你理应审视自己的日常行为是否足够正义和道德。要获得如此宝贵的回报（即超越），确实没有捷径可走。

相邻领域的关系

跨领域的运动也是层次化的。

不同领域的动机之间的相关性为以下论点提供了有力支持：去中心化过程是层次化的，从自我领域延伸到物质领域，再到社会领域，最后到精神领域。

- 在 66 对需求组合中，最强的相关性位于自我领域的顶点（实现潜能的需求）与物质领域的基础（追求自主的需求）之间，形成了一条连接的"阶梯"。

- 排名第 16 位的较强跨领域相关性（位居跨领域关系的第 8 位），表现为从物质成功到社会归属之间的桥梁。
- 从社会认可到正义的桥梁位于中间位置，总排名第 37 位（还不错）。但如果我们回顾尊重与良好行为（典型代表是伦理需求，比正义需求高一个层次）之间理论上的紧密关系，我们确实会发现这是较强的关系之一，总排名第 15 位，处于跨领域关系中的第 7 位。因此，可能存在一条让我们从社会需求过渡到精神需求的捷径。

如果我们的论述是正确的，那么除了四个领域内的需求存在自然向上的层次结构外，领域之间也存在层次。如果我们将这一观点与前文的讨论结合起来看，可以得出结论：要想有效地满足需求，前提是能识别出每个领域内的需求层次。对于许多人（甚至是大多数人）来说，精神领域的活动很有限，社会领域的活动较为有限，物质领域的活动较多，自我领域的活动则非常多。

这种模式中，隐藏着满足需求的关键。如果我们首先解决最以自我为中心的需求，我们将能更得心应手地处理逐渐去中心化的需求。当然，由于去中心化的诸多好处，我们应该尽快解决那些实际上阻碍我们在动机矩阵中前进的自我需求。

在金字塔的"角落"中，我们发现不同动机之间的关系给我们带来了诸多启示。

自我与物质

在描述自尊需求时，亚伯拉罕·马斯洛将自尊和自主性这两个概念结合在一起，它们分别源自自我领域和物质领域。当他提到自信和胜任感时，这些是心理安全（psychological safety）的标志；而胜任感、能力感、独立性和自由感更能体现自主性的需求。马斯洛正确地指出，心理安全至少部分依赖于强烈的自主性，但这并不意味着两者完全是一回事。我们的数据表明，这两种需求确实紧密相关，总体相关性排名第 10 位，跨领域相关性排名第 3 位。

基于上述分析，这可能意味着，当我们为实现向上的发展、追求真实性和发挥潜能而建立心理安全时，我们也在为物质领域的成长"种"下基础。需要注意的是，尽管存在理想化的逐步发展模式，有效的成长路径仍然是多样的。机会随时可能出现在动机矩阵的任何单元中，任何领域的进展都可能对当前主要需求的成长产生积极影响。也就是说，满足感可以从心理安全的层面向上扩展到真实性，同时也可以扩展到自主性的建立。

正如你所预期的那样，实现个人潜能也为物质层面的满足提供了直接的路径（实现个人潜能与建立自主性的密切关联证明了这一点）。追求个人潜能与自主性、沉浸和成功之间存在着紧密的联系。

当然，这并不意味着所有路径都同样有效。事实上，心理安全和潜能之间的关系并不适用于对真实性的需求，后者与物质领域的 3 种动机（自主性、沉浸和成功）的相关性最小，分别排在第 61 位、第 62 位和第 66 位。这表明，试图通过提升真实性来满足物质领域的需求是不明智的。这并不是真实性的自然发展路径；因为"做自己"并不意味着"我"已经准备好为实现物质成功所需的自主性和沉浸而奋斗。不过，追求真实性确实为其他的可能性打开了大门，我们将在下文中进一步探讨。

物质与社会

当我们观察物质领域和社会领域的交汇点时，我们发现社会认可需求与所有 3 种物质需求之间都存在非常紧密的关系（成功需求排名第 3 位，沉浸需求排名第 9 位，自主性需求排名第 11 位）。作为社会需求中最"物质化"的需求，认可需求与物质成功需求及其前置需求密切相关，这是合乎逻辑的。从某种意义上说，认可需求是成功需求的另一个侧面；对许多人来说，获得社会回报正是实现成功的核心要义。

当然，这种认可多以缺失为导向，是社交媒体和公共关系中常见的表现形式。而更高形式的认可，可能与精神领域的满足程度相关，尤其是在伦理成就方面，我们将在下一节中进一步探讨。

除了认可需求外，我们还发现关怀需求和归属需求与3种物质需求之间存在6种突出的关系。这些关系在相关性强度的排名中都相对靠前。如前所述，成功需求与归属需求之间的关系尤为紧密（排名第16位），这与我们跨领域层级关系的假设不谋而合。其他的突出关系还包括：自主性需求与关怀需求之间的联系（排名第13位），表明关怀需求的一个方面是提供能动性和自由；沉浸需求与归属需求之间的联系（排名第14位），表明在强大的社会支持下，沉浸需求更容易得到实现。

社会与精神

社会领域和精神领域之间有着深刻的相互联系。正义、伦理和更高目的几乎完全是相关的一组概念，无论是人与人之间、人与动物之间，还是人与组织之间。正义和伦理需求本质上通常是缺失性需要（deficiency need），主要表现为对安全、自主性或社会归属等基本需求的阻碍。同样，针对真实性、沉浸和关怀等更高层次需求的追求，往往会对正义和伦理需求产生影响，例如面对反异族通婚法、婚姻不平等和对性少数群体权利的剥夺时，人们往往会进行审视和反思。这些都是伦理问题，涉及对"什么是正确的"的讨论，而不考虑当前的法律情况如何。从科尔伯格的道德发展阶段理论来看，对这类问题的思考代表了更高形式的道德推理。对爱与伦理的需求是高度相互依存的。

因此，社会领域与精神领域之间最密切的关系体现在对良好伦理行为的需求上，这一需求与认可需求（排名第15位）、关怀需求（排名第30位）和正义需求（排名第37位）密切相关。关怀需求与超越需求之间的紧密联系（排名第 31 位）也可以视为伦理与超越之间关系的另一种体现，因为关怀与伦理是紧密相连的。正如埃里希·弗洛姆所指出的，[11] 人际之爱的前提是减少自我意识，并向人类本身敞开心扉。道德推理的基础在很大程度上是社会性的，因为亲社会行为等同于道德行为，而反社会行为等同于不道德行为。在一项最近的研究中，受试者被要求用形容词来描述一个良好品格的人和一个不良品格的人。在描述良好品格的形容词列表中，排名靠前的包括善良、温暖、有爱心、诚实和公平，这些都是高度社会化的属性。相对地，不良品格的形容词包括刻薄、冷漠、自私和不诚实，这些都反映了反社会的人格特征。

下一组较强的联系涉及正义需求，这是一个高度亲社会的概念。正义需求与归属需求（排名第 34 位）、关怀需求（排名第 38 位）以及前述的认可需求（排名第 37 位）之间的关联最为密切。对正义、公平和平等的渴望本质上是亲社会的，它与关怀需求和归属需求密切相关。而更高层次的认可需求——对真正善良或伟大的真诚敬畏——也理应与对公平正义的关注密切相关。

作为最高层次的追求，超越需求与其他需求的关系都不密切。这是可以理解的，因为超越需求的"稀薄空气"（rarified air）应当为一种独特的体验所保留，而这种体验与较低层次的需求有着本质的不同。因此，我们看到超越需求与其余社会需求的相关性排名较低，认可需求排在第 42 位，归属需求排在第 59 位。

自我与精神

尽管自我领域和精神领域代表了"中心化—去中心化"这个连续体的两端，但这两个领域是可以高度相互依存的。自我领域和精神领域之间最强烈的关联，是超越需求与实现潜能需求之间的关系，总体相关性排名第 17 位，跨领域相关性排名第 10 位。[12] 作为精神领域的最终状态，追求超越代表了精神领域的最高层次；而实现潜能的需求代表了自我发展的最高阶段。正如马斯洛所指出的，自我实现的最高层次与超越自我之间存在一种内在的矛盾。这也是我们在下文关于金字塔顶点的讨论中将要探究的一个有趣的、对立统一的解决方案。

接下来最紧密的关系是安全需求与正义需求之间的联系，排名第20位。由于法治、公平和正义是个人安全的基石，这些概念之间的高度相关性是可以预见的。此外，证据表明安全需求与超越需求之间也存在较强的关联，排名第24位。从某种程度上来说，自我超越依赖于内在和谐与内心的安宁，而这些正是安全需求得以满足的关键因素，因此这一联系合乎逻辑。而神秘主义（mysticism）的冲动往往源于个人焦虑和痛苦。

你可能会好奇，真实性需求与物质领域的关系为何如此薄弱。请注意，金字塔模型不仅有"正向"连接，也存在"反向"连接。安全需求和潜能需求通过"正向"方式与物质需求建立了明显的联系，真实性需求则通过"反向"方式与精神领域相连。在精神领域中，真实性需求同超越需求的联系最为紧密，排名第27位，其次是同伦理需求的联系，排名第29位。正如马斯洛所指出的，每个伦理选择都是一次关乎成长的选择，并会反作用于我们的自我概念之中。A. 贝尔·库珀（A. Bell Cooper）及其同事的最新研究表明，当我们拥有良好的社会关系、感到快乐，并遵循伦理和群体的规范行事时，我们能最真实地感受到"自己"。[13] 换句话说，我们在做正确的事情，服务于更高的群体目的时最能体会到真实性，而这与我们承认错误时常说的"这并不是我的本意"形成鲜明对比。

"真正的自我"是伦理的、道德的，甚至是神圣的，这一古老观念在梵语词"Atman"中得到了体现，这个词源自古印度的《吠陀经》和《薄伽梵歌》，指的是更高层次的神圣自我。这一概念也被称作"梵"（Brahman），即构成所有物质、能量和意识的终极实在。类似的思想也体现在卡巴拉学派中的"无限之光"（Or Ein Sof），即存在的完满与虚无的深邃时刻交织，共生共融。面对这种完全超越的状态，我们直觉上认为它代表了最真实的自我，这恰恰说明了真实性需求与更高层次的精神需求之间的紧密联系。拉尔夫·沃尔多·爱默生曾在其作品《超灵》(The Over-Soul)中慷慨陈述，我们常常误将狭隘的"自我"（ego）认同为真正的"自我"（self）。真正的自我是一种神圣的力量，连接着所有存在着的每个事物。[14] 他写道："人之内在是整体的灵魂，是智慧的沉默，是普遍的美。它与每部分甚至微粒都平等相关，是永恒的'整体'。"换句话说，超越狭隘自我的自我，才是真正的自我。

排名较低的需求关系包括：安全感需求与伦理需求（排名第 51 位）、正义需求与潜能需求（排名第 52 位）、正义需求与真实性需求（排名第 60 位），以及潜能需求与伦理需求（排名第 64 位），以上需求关系均表现出了"关注错位"（mismatches in focus）。尽管安全需求和正义需求同为基础性的、缺失性的需求，彼此高度相关，但相比之下，帮助个体实现潜能的成长性驱动力与伦理需求之间可能需要一定的权衡与取舍。

金字塔的顶点

正如金字塔的形状所示，不同领域的需求最终在最高层次的追求上，汇聚于同一点。曾经划分人生领域的边界逐渐消失，各领域融合为一个整体。需要注意的是，金字塔顶端的协同作用，并非经典意义上通过引入第三维度使得前两个事物实现融合，同时保持它们独立性的方式。相反，它使四个领域的意义发生了转变甚至拓展，从而能够同时与其他领域相容。在更宏大的情境中，处于对立关系的领域也会发生结合，例如当你的工作或娱乐追求成为更高意义与自我超越的源泉，或者在实际行动中，你实现了生命的意义和目的；当你为自己所做的事情同时惠及他人，而你对他人的期望又反过来滋养了你的自我概念时，对立领域就合二为一了。理想状态下的追求，最终演变为4个领域与12种需求协同作用的"元需求"（metaneed）。[15] 这种"对立统一"的概念既古老（如阴阳家的"阴阳"、道家的形而上学），又现代[如亚瑟·库斯勒（Arthur Koestler）的"全子"理论]。既属于哲学范畴（如黑格尔的辩证一元论），也属于心理学范畴（如荣格的"对立转化"理论）。

关于这一思想的许多阐述往往陷入诗意的辞藻或夸张的表达，甚至是只有个别小圈子的人才能理解的神秘行话。而我的目标恰恰相反，我要用平实的语言描述领域融合的概念。

让我们看看漫威电影宇宙中惊奇队长的一句话，它很好地总结了这一协同作用："善良不是一种称号，而是实实在在的行动"。

惊奇队长这句话的核心理念是实现（actualization），也就是将潜在的意向在各个人生领域中付诸实践。当我们以平衡的方式追求所有需求，并在所有12种需求上都达到一定程度的满足时，奇妙之事就会发生：我们的追求逐渐整合，它们变得浅显易懂、相互协调、易于实现。

让我们举个例子。杰夫（Jeff）长期致力于自我提升，获得了心理上的安全感；他带着真实性生活，并逐渐建立起对自身能力的掌控感，拓展了个人潜能的边界。他充分融入了自己最重要的社群，拥有几段深厚的互惠关系，受到他人的尊重。随着他的社会地位逐步融入其自我概念，而其自我概念日益成为社会人格的组成部分，他身上曾经"对立"的需求开始融为一体。他开始对社会正义和伦理行为问题愈发敏感，因为他的自我概念不断拓展，将他人眼中的那个形象也包括在内。他感到自己有能力做好工作，因为他在"心流"状态下全情投入，不仅收获了个人成长，而且为他人带来了显著回报。随着他对世界的关注度提升，对原则的理解加深，他做出了一个重要决定：辞去手上的投资管理职务，因为这些投资面向的都是污染物、军火、烟草、成瘾药物、从亚马孙流域开采的黄金等一系列存在道德问题的产品和服务；他意识到，无法一边认为自己是个品行正直之人，一边却又支持这些行为。此时他认识到，美德并非一种已经达成的状态，而是一种去不断追求的理想，因此自己不能满足于现状。他创立了一家精品投资公司，将资金引流至解决全球冲突、环境可持续发展，以及赋权弱势群体的项目。如今，他的事业与理想深度契合，这种一致性反过来又滋养了他的自我概念和社会声誉。欢迎来到金字塔的顶端，杰夫。至此，任何一种需求的满足都会推动所有其他需求的实现。他的目标变得和谐统一，所有情绪需求领域的努力都变得相辅相成，而非相互制约。

　　听起来很美好，不是吗？但这真的可以实现吗？马斯洛认为，这种需求的统一是所有自我实现者的共同特征，因此它绝非遥不可及。在我看来，对大多数人而言，满足需求的种子一直存在。只要细细观察，就会发现，每个领域中总是闪烁着其他领域的影子。这便是"阴阳"的概念——每一要素都深藏于其对立面中。正如之前提到的，自我概念在很大程度上依赖于"镜中我"的映射。无论个人经历或社会状况如何，内心深处那微弱而坚定的声音（良知之声）始终在对我们说话——那是真实的自我的回响。而在物质追求中，我们也会感受到良心的刺痛，意识到倘若纯粹沉浸在任务之中，那不过是在苍白无力地模仿神圣、神秘的超越状态罢了。我们渴望一种整合。我们期待，自己的辛勤付出可以实现善，期待日复一日的"砍柴挑水"可以让我们凭实干走向开悟。

第17章
与情绪需求共处

正如前文所述，包括大卫·休谟、巴鲁赫·斯宾诺莎、拉尔夫·沃尔多·爱默生、威廉·詹姆斯、西格蒙德·弗洛伊德以及许多当代实验神经科学家和社会心理学家在内，这些人性观察家一致认为，我们的情绪在引导（作为情绪后续反应的）思想和行为中占据主导地位。换句话说，我们的情绪系统首先（在潜意识中）被激活，接着显现为有意识的情绪，进而影响甚至决定我们的思想，最终作用到我们的行为。[1]这是否意味着我们完全被情绪所支配？幸运的是，答案是否定的，这正是系统2——理性机能的职责所在。然而，现实没那么简单；很多人处于"情绪自动驾驶"状态，像提线木偶一样对情绪信号做出反应。现今存在很多情绪失调问题，表现形式多样：成瘾、强迫、犯罪、精神病态、虐待、忽视、路怒、狂热、冲动，等等。可以说，情绪管理问题是很多问题的根源。那么，该如何利用意图来帮助我们控制情绪，从而调节我们的行为呢？有几种方法可以尝试，而所有方法都要我们首先意识到自己的情绪，再准确标记出情绪，给自己一些空间或距离，以便与这些情绪共处。

主流心理学认为，有两种不同的方法可以调节情绪，分别代表着"从特质出发"与"从状态出发"两种不同的逻辑。其中较为知名的

（至少在学术界之外广为流传的）一种是"情商"的传统方法，它将对自己和他人情绪的感知与有效应对的能力视作个体差异，和外向或内向这类性格特征类似。情商已被广泛操作化并加以研究，常常同丹尼尔·戈尔曼的著作联系起来。另一种传统方法是情绪管理，这是一种基于状态的方法，试图分解情绪表现的过程。该方法最常与詹姆斯·J. 格罗斯（James J. Gross）的研究相联系。在格罗斯的情绪调节过程模型中，第一步是针对情境前因条件、个体注意力焦点、情境评估以及支配最终反应的社会规则进行明确。[2] 情绪调节过程模型非常注重应对压力的策略，包括回避、否认、聚焦问题、外化、分心等。对某些应对机制的依赖可以体现出某种人格特质，例如，高度神经质的人倾向于使用回避和否认作为应对压力的策略。由于状态和特质必然相互作用——例如具有某些特质的人会发现自己被某些状态所吸引——可以想见，这两个系统可以协调运作。

最近，格罗斯与欧洲心理学家艾尼兹·萨里奥南（Ainize Sarrionandia）和莫伊拉·米科拉伊恰克（Moira Mikolajczak）的一项元分析采用了上述思路，整合了特质与状态的两种视角，得到两个关键发现。[3]

- 首先，高情商的个体在情绪过程中会尽早开始调节情绪，并采用多种不同的应对策略。
- 其次，这些个体能够根据需要调节情绪，但保留足够的灵活性，允许其他情绪的出现。

令人惊讶的是，在这两种理论传统中，对于情绪实际内容的讨论并不多。情商理论问的是"你处理情绪的能力如何"，而情绪调节理论问的是"你通过什么过程处理情绪"。我们希望填补这一空白，问问"你究竟感觉如何"和"你试图满足怎样的情绪需求"。带着这一目标，让我们探索一个理想化的情绪应对过程（见图 17-1）。

第 17 章 与情绪需求共处

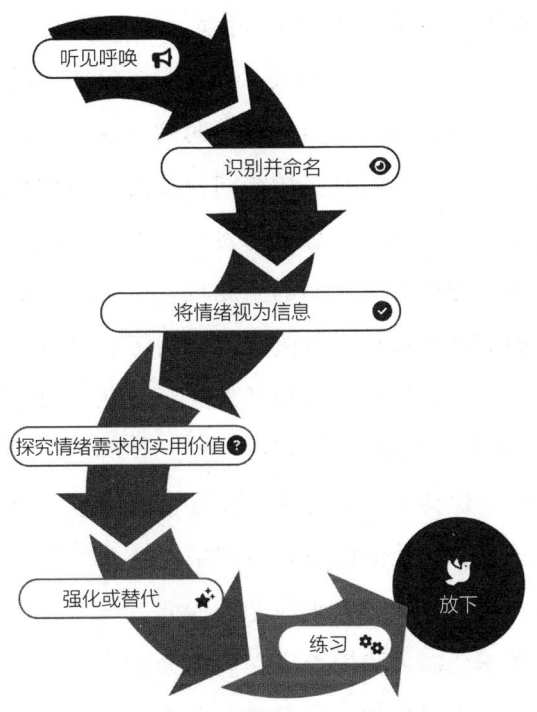

图 17-1 理想化的情绪应对过程

资料来源：J. D. Pincus and Sara Ravesi.

听见呼唤

如前所述，当我们遭遇内稳态失衡时，情绪便会被激发，这种失衡表现为"现状"与"应有状态"之间的差距。这些情绪在我们的体验中成为感受，而感受负责指引，把我们从失衡状态拉回正轨。

一个常见的误解是，"情绪只是情绪"，它们只会干扰理性思维。但实际上，情绪是一种重要的认知结果。情绪引导我们的注意力，为身体行动做好准备，提醒我们局势的紧迫性，并告诉我们应该接近还是回避，这些都是超越情绪本身的重要功能。情绪"可不会像木头一样待在那里什么也不做"——它们会告诉你该做什么，并推动你朝某个方向前进。它们是在"呼唤"某种回应。

我们的意识思维需要处理这些"呼唤",迅速决定如何应对。如果所需的回应明确、有效且成本较低,我们应该信任自己的感受并采取行动。不过,如果情况复杂、微妙或不明确,我们就要停下,再三思考自己的感受,而非贸然行动。情绪同样在此给我们指引。如果我们感到情绪正在接管并影响我们思想与意图的方向,就必须及时认识到这一点,有意识地夺回行为机制的主动权。然而,如果我们否认自己的情绪,对它们的潜在作用置若罔闻,我们将难以对抗它们带来的不利影响。只要我们对情绪保持一种开放甚至是敬畏的态度,积极倾听它们在说什么,就能一直把握前进的方向。

我们要对情绪保持开放的心态,允许情绪发生,即使它们带来的是不适甚至是痛苦。在我们的成长过程中,总有一种力量要求我们压抑自己的情绪,对男孩和男人来说尤为如此。然而,这种"教育"极具破坏性。情绪不会因为我们希望它们消失而消失。情绪是由我们无法控制的潜意识过程产生的。它们的存在本身就是不可避免的,我们只能学会应对。应对情绪的第一步,是注意到情绪"读数"在身体中显现的具体形式——心率的加快或降低、肠道和血液中肾上腺素等激素的分泌、眼睛的反应(紧张或流泪)、面部肌肉的反应(紧绷或放松)、皮肤表面的反应(发热、脸红、起鸡皮疙瘩),以及手、脚和身体的出汗。正如达马西奥所提出的,情绪的存在主要是为了告诉我们身体的状态。倾听情绪之声,是明智之举。

识别并命名

意识分析思维的一个重要优势,是能够为我们在自身和压迫性情境之间拉开距离。实现这一点的主要方式是分类和命名。正如漫画角色露西·范·佩尔特(Lucy Van Pelt)告诉查理·布朗(Charlie Brown)的:"如果我们能找出你害怕什么,我们就能给它贴上标签。"[4]

将情绪用语言表达出来的过程被称为"情绪标记"（affect labeling）。近年来针对这一领域的研究层出不穷，其中的主导力量是加州大学洛杉矶分校社会认知神经科学实验室的社会神经科学家马修·利伯曼（Matthew Lieberman）及其同事。他们的开创性研究（名为"将感觉化为语言"的文章）表明，标记情绪对于人的心理具有显著的益处——尤其是在降低杏仁核（大脑的"战斗-逃跑"应急反应中心）的激活水平的同时，提升了腹外侧前额叶皮质的激活水平；相较之下，在未标记情绪时，面对相同的刺激，大脑未能做出如上反应。[5] 这种作用在情绪标记的过程中尤为明显。另外，这种作用在其他类型的视觉刺激分类中并未出现，包括性别标记（gender labeling）、情感匹配（affect matching，匹配显示相同表情的面孔）或几何形状匹配（matching geometric shape）等。

上述神经学作用在如下方面（主观体验、心理反应、行为表现）也有所体现。

- 在主观体验方面，那些能够标记自己情绪的人，无论是标记积极情绪还是消极情绪，都报告了较低的情绪强度，并且在观看令人不安的图像时，经历的痛苦和出现的身体症状也更少。
- 在生理反应方面，能够标记情绪的人在心率、心排血量、皮肤温度、电导率以及嗓音的音调方面都表现出下降的信号，这些与较低的唤起水平相关。这些效果会立即显现，更重要的是，它们似乎具有持久性。一周后再次暴露于相同刺激时，这些人仍然表现出较低的唤起水平。这一发现也在被诊断患有蜘蛛恐惧症和公众演讲焦虑症的患者中得到了重复验证。
- 在行为表现方面，那些能够标记情绪的患者（如蜘蛛恐惧症患者）可以更靠近蜘蛛，而对数学考试感到焦虑的人在数学测试中的成绩也有所提高。这些行为变化伴随着相应的主观体验：他们能够更好地描述自己的感受，并报告了较低的焦虑水平。[6]

有趣的是，当受试者被问及情绪标记的可能效果时，他们普遍表达了外行的预测，即标记负面情绪会让他们感觉更糟。这表明，情绪标记的改善作用是自动发生的，且超出了意识范围，甚至与预期相反。

尽管这些效果已在精心设计的实验中得到验证，但总体发现并不新鲜，即密切关注自己的情绪对健康有益。

- C 型人格（这种人格结构与患癌症的风险增加有关）的显著特征：情绪的否认与压抑（例如"我从未真正感到愤怒"或"没有人能让我难过"），以及缺乏对情绪的认识（例如"我从未仔细想过自己的感受"）。[7]
- 最近的研究还表明，情商较弱（尤其是准确评估自己情绪的能力）与冠心病、糖尿病以及肥胖的发病存在显著关联。[8]

述情障碍（alexithymia）。研究还关注了缺乏识别或描述情绪能力的患者，这种情况被称为述情障碍。在主观体验方面，述情障碍患者通常比没有抒情障碍的人报告更高的痛苦水平，至少说明这种状况可能对心理产生负面影响。尽管这是一个相对较新的研究领域，但通过相关报告，我们已经发现了一些有趣的关联。例如，接受血液透析的述情障碍患者的死亡率较高，并且在后续的疗程中，治疗效果较差。[9]

已有大量记录表明，准确标记和理解情绪能有效促进身心健康。不论具体原因是述情障碍、情商问题，还是仅仅在一瞬间因为冲动对糟糕现实的否认或回避，只要没能准确地识别情绪，带来的不利影响都实实在在且代价高昂。相反，证据表明，有意识地觉察情绪、适当分类并通过与他人的讨论来把这些情绪社会化，许多重要的保护性益处就会显现。

将情绪视为信息

在以开放心态接受情绪之后，我们已经体验到它们的出现，随后做了识别和标记。现在是时候处理情绪的重要意义了。情绪的强度如何？它是愉快的还是不愉快的？我们感受到的是威胁还是机遇？情绪是在"召唤"我们接近还是远离某种情况？我们能有效应对吗？所有这些问题都可以通过情绪本身的内容迅速找到答案——这就是情绪的美妙之处——一旦我们感受到它们，就知道它们在告诉我们什么，至少一定程度上如此。[10] 我们通常知道自己感到兴奋、愤怒、惊讶、悲伤、恐惧等，一旦这些情绪被有意识地识别，我们通常也能知道背后的原因。这里有一个重要观点：这些情绪可以被视为"表现出来的情绪"或"症状"，它们表明某种情绪需求正在得到满足或受到阻碍。当我们追求一个目标时——例如我的狗期待尝到零食，它全神贯注地盯着我——当我们有能力实现目标时（给我的狗喂零食，零食被吃掉），我们就会感到幸福、快乐或满足等积极情绪。而如果目标的实现受阻（例如，接到一通重要电话，我没能马上给狗喂食），我们就会感受到失望、怨恨和愤怒等负面情绪。[11] 这些情绪是特定目标实现或受阻的症状，它们并不等同于情绪需求或目标本身。我们需要识别出内稳态失衡的真正原因，而不是将精力花在处理症状上。

那么，如何从即时情绪的局部症状着手，探寻它们在情绪需求中的真正根本原因，窥见全貌呢？如果我在一个满是陌生人的鸡尾酒会上试图加入对话，并且受到了热情欢迎，我的心情肯定不错；如果我被他们当作没看见，或被粗暴地排斥在外，我就会感到失落。感觉好或不好，是表现出来的症状。然而，我的目标是获得一种社会归属感和联结感。如果我仍然拘泥于这些症状性情绪，而不是更大的情绪目标，我很可能会得出结论：在"被包容"的情况下，这是一个很好的派对，办得很好，我玩得很开心；而在"被排斥"的情况下，这就是一个糟糕的派对，办得很差，我一秒钟也待不下去。我们的大脑总是高度警觉地理解情况，而且往往是以美化的方式实现自洽；如果我们对情绪的理解一直停留在局部的、症状性的层面，我们就有可能束缚了自己追求真正情绪需求的能力。

如果我不再过度关注"感到被排斥"的局部症状性情绪，而是将这种经历视为"暂时的挫折"——也许是时机不对，或者那场对话本来就很私密等——并有意识地重新专注于更大的情绪目标，我就会有动力再次尝试接触不同的人群，并最终取得成功。通过将注意力从局部症状性情绪转移到更大的情绪目标上，我们就找到了一条通往韧性的道路。

探究情绪需求的实用价值

在体验了局部症状性情绪，将其与更大的情绪需求联系起来后，现在是时候看看它们的实用性了。仅仅因为我有一个情绪需求，这并不意味着它值得被满足。正如弗洛伊德、荣格和马斯洛所理解的那样，许多不健康的渴望情绪背后，实际上隐藏着大量的痛苦、悲伤和恐惧。达马西奥曾提出，我们的主观幸福感实际上是非常好的指南，告诉我们什么对我们有益。如果你感到一种欲望，感觉它在某种程度上像一种病态、一种瘾，或是让你不得不伸手去抓的痒，明智的做法是停下来识别这种情绪。同样重要的是，要给这些负面的潜在特征进行命名。几十年来，这类情绪需求被描述为"神经症"（neuroses），即神经系统的紊乱。虽然这一命名对我们帮助不大，但其中依然蕴藏了一些智慧，因为它表明：这些情绪需求是我们真实需求的病态扭曲。马斯洛恰当地将神经症描述为"个人成长的失败……一种朝着健康状态笨拙地摸索前进的方式"，同样精准概括了这一点。

在经历了某些戏剧性的失败或创伤后，我们的大脑试图恢复内在平衡，但以失败告终。这导致了"钙化"（calcification）现象的出现：心理创伤被暂时冻结，但随着不健康的情绪日积月累，这些创伤会以病态的形式"康复"，悄然重现。这也是暴力循环不断延续的机制。我们可怜的大脑试图让我们感觉更好，却拿错了药方。诀窍在于，允许自己感受到那些伴随不健康追求而来的消极暗流，将自己沉浸到这些暗流中去，直到它们在自己眼中不再陌生。无疑，这种不愉快的体验令人厌恶，但我们需要坚持下去，直到我们更好地理解负面情绪暗流的特征、我们回想到的人或事、具体的创伤体验以及这些暗流扭曲我们感知的确切方式。这些正是历史上人们试图从"被附身者"身体中驱除的"恶魔"。注意，古老的规则是：如果你知道并能说出恶魔的名字，你就获得了控制它的能力。通过识别和命名这些恶魔，我们将它们带入光明，它们对我们的操控便被瓦解。用马斯洛的话来说，"这与心理治疗中的过程相似——用批判、审视或客观的眼光，在经历的同时观察自己的体验，这样我们就可以批判、允许或反对它，并掌握控制权。如此一来，就有了改变它们的可能性。"[12]

强化或替代

对于毫无益处的情绪需求，我们该如何处理？我们可以从斯宾诺莎的作品里找到答案："一种情绪只能被比它更强烈且与之相反的情绪所抑制或中和。"[13] 斯宾诺莎的观点是，一旦我们识别出某种情绪需求并确认它可能对自己或他人有害，我们就应该尝试用另一种相反的感受来替代它。不仅替代后的情绪需要与有害情绪不同，这两种情绪还必须不相容，而替代的情绪要比初始情绪更具影响力，并且能够通过理性触发。听起来非常吸引人，但我们究竟能在哪里找到如此有效的替代情绪目标呢？

莱纳佩人（Lenape）有一个古老的故事，关于一对祖孙。祖父解释说，每个人的心里都住着两头狼。一头代表消极情绪：愤怒、傲慢、邪恶、怨恨、悔恨、贪婪、妄自尊大、自怜自伤和其他谎言。另一头代表积极情绪：喜悦、和平、宁静、同情、谦逊、同理心和求真。这两头狼将厮杀到底。男孩问："哪头狼会赢？"祖父的回答很简单："你喂养的那只。"

斯宾诺莎认为，这些积极情绪是我们的精神性情操。伊曼纽尔·康德试图用"纯粹理性"替代人类的情感，而斯宾诺莎则认为，用道德情绪替代不健康的情绪更为妥当，这样可以促使我们产生不可抗拒的亲社会动机。[14] 这一理念的核心是，在我们快要怒发冲冠之时，我们有能力并且理应停下来，意识到我们的情绪归根结底是无益的。随后，努力恢复自己的善良与崇高，让有益的情绪回归，替代负面感受。在应对风格和人格特质的层面上，我们可以将情绪需求视作心理习惯。我们是在心理习惯的允许和驱动下追求某些目标的。而我们都知道，改变习惯并非易事。

这正是宽恕的核心智慧。怨恨是一种习惯性的慢性负面情绪目标。当我们心存怨恨时，我们实际上把自己束缚在了一个有害的情绪目标上，一心想让使我们受挫的人遭受不好的结果，尝到负面的体验。我们可能会先将自己定义为遭遇不公的受害者，让受伤感与愤怒情绪持续增长，并且将这种情绪不恰当地带入其他情境。怨恨感限制了我们享受生活的能力。通过放弃这种负面情绪目标，我们就能放下痛苦，进而自由地追求更有益的目标。正如斯宾诺莎所建议的，我们甚至可以努力用同情与理解来替代对伤害我们之人的怨恨，用美德来替代敌意。马斯洛则更进一步，认为我们可以完全接受我们所经历的一切，将其视为我们行为的自然后果，并"与必然到来的死亡、痛苦等达成和解"。[15]

练习

在本章应对情绪的指南中，我提倡一种自我超越的方式，即能够从情绪中抽离出来，从一定的距离看待它们。所有形式的自我超越都需要准备、勤奋与练习，我们的方案也不例外——只有经过长时间、高强度的准备，才能修得正果，这和力量或灵活性训练是一个道理。而第一步，是有意识地决定做出改变并坚持下去。这并不容易，但回报巨大。你将会形成一种新的习惯。在情绪过程中加入你的意识意味着要提前规划，而不是寄希望于眼前的最佳结果。你将努力打破情绪自动触发点与潜意识中的情绪启动机制之间的联系。就像演奏乐器一样，你需要准备、练习和排练，识别你的触发点并重新构建你对它们的反应，从而建立起耐受力。达马西奥将这一过程称为"心理免疫学"（mental immunology）——防治有害情绪习惯的"疫苗"。

想象自己是一个汽车修理工，将你的大脑放在升降机上。你小心地将"引擎"从行为"传动系统"中断开，检查其内部工作原理。你可以看到，未加区分的"燃料"（情绪能量）被注入"化油器"，发生小爆炸。接着，（由你的习惯引发的）活塞运动开始。你拿出一个装有12种"燃料"的燃油喷射系统，每种燃料代表你更高级的情绪需求。车辆的仪表盘上显示着"燃料源"，代表的是每种需求的强度及其当前的满足程度。你面前还有一个旋转旋钮，让你有意识地控制每种燃料。你瞬间就能明白，哪些燃料在哪些情境下对你有益，而在其他情境下则不然。到了这一步，你知道了自己真正想要的是什么，哪些更高的情绪需求需要被满足，只有这些需求会为你的生活带来真正的成就。你可以按照自己的意思选择它们。你不再是情绪的奴隶，而是驾驶员。

放下

经过多年的刻苦练习和自我反思，你应该能够自信地"松开缰绳"。你充分认识到了自己的情绪需求，掌握了评估、修改或替代这些需求的有效工具，获得了对情绪触发点的控制。至此，你可以自如地让情绪需求在你建立的体系内发生，同时确信该系统能稳健地促进有效、健康的动机。实现这种状态会带来无限的好处，马斯洛将其描述为自我实现和超越，为通向更高意识状态和成长开辟了道路。这种状态的决定性特征，是对于可能性的开放态度，以及恐惧感的减弱。有人曾将生命比作一座又高又窄的桥——我们立于桥上，承担风险，消除内心的恐惧。这是一个超越了"感到恐惧但直面去做"的追求阶段。在这个层次上，我们已经放下了恐惧，向未知前进。

除了减少恐惧的能力外，"放下"还意味着放下压力，同时不再一味地主动追求——从主动的姿态转变为放松接受的被动姿态，我们不需要做得太多，只是允许事件自然发生。我们从强烈的挣扎的姿态转变为一种类似于投降的模式——在精神生物学看来，这是我们完成分娩、排尿、排便、性唤起、入睡和漂浮在水中等行为所必须达到的要求，一种自信地让事情发生而不加以干预的精神。

第 18 章
测量动机

几十年来,情绪研究不得不依赖于贫乏的数据来源。试图收集"大量"情绪数据的尝试因过度依赖理性思维而受到限制,而替代方法拘泥于两个维度:积极或消极感受,以及强烈或微弱感受。

为什么不直接问他们

在 20 世纪中叶,情绪通常通过自我报告来测量。人们通常使用一组"对立"情绪,如快乐/悲伤、爱/恨等,有时使用图标代替文字,并在单一维度(如喜欢/不喜欢)上进行连续的即时评分。然而,所有自我报告法的主要缺点都在于自我报告本身的局限性。由于自我报告需要对情绪反应进行有意识的内省,这种方法必然会受到情绪识别和/或情绪标记失准的影响。自我报告法还容易因受试者自身的认知扭曲而失准,例如受试者倾向于给出符合社会期望的答案。我们将以上这两种局限性称为"没法说"和"不愿说"的障碍。

"没法说"

大量文献表明，情绪可能是无意识的，因此人们不可能报告情绪。耶鲁大学的约翰·巴奇及其合作同事（2011）曾确凿地指出，在意识之外运作的情绪可能会对受试者的思想、社会判断和行为产生重大影响，但受试者却无法通过内省的方式觉察到这些情绪，因此无法做出准确报告。类似的结果也在直接涉及消费者行为的研究中得到了验证，例如，在对口渴的受试者进行研究后，研究者发现，在潜意识中接触到快乐或愤怒的面部表情后，看到快乐表情的受试者明显更有可能服用陌生饮料，并为此花更多的钱。[1] 受试者无法觉察和报告情绪的现象也得到了功能性大脑生理学的支持。相关证据表明，情绪的力量在大脑中运作的区域与负责理性思维和语言的神经中枢距离相对较远。组织情绪的大脑结构群位于中脑深处（边缘系统），而负责分析思维和语言的大脑结构位于更远的大脑外层，集中在新皮质的左半球（尤其是与语言理解相关的韦尼克区和与语音表达相关的布罗卡区）。

"不愿说"

受试者以自我报告的方式感受情绪体验时之所以出现"不愿说"，主要是因为大脑中负责语言的理性机能同时也负责我们的自我呈现（self-presentation）——本质上是"合理化"。人们往往会积极经营自己在他人眼中留下的印象，这是社会心理学研究中的一个重要领域，被称为印象管理。[2] 积极管理自身形象的现象被称为社会期望偏差，它可能会扭曲定量调查和定性访谈的研究结果。印象管理和社会期望偏差的心理过程，是受试者主动对可能将自己置于负面评判（例如冲动、愚蠢、自私等）之下的信息进行审查的过程，而这一过程势必影响自我报告数据的有效性。一个相关现象是"说好话",即倾向于向他人说一些对方爱听的话,达到取悦的目的。

倾听身体的声音

为了避免自我报告法的局限性,针对情绪反应,传播学研究人员采用精神生理学测量法,对包括眼动、皮肤电反应、心率、呼吸或其他生理通道在内的生物特征进行衡量与分析。生理测量法的内在优势在于能够被动收集数据,无须受试者有意识地参与,并且能够实时测量,使受试者的反应与精确的刺激相吻合。不过,采用这种方法的主要缺点是难以对不同类型的情绪反应做出区分。大多研究都仅限于反应强度(高或低),部分研究"理论上"能够区分积极和消极情绪。对皮肤电导和皮肤电位的测量结果无法区分积极和消极的情绪唤起;而循环系统测量法虽然可以区分积极和消极的情绪唤起,但无法对积极和消极情绪内部的不同种类进行区分;瞳孔测量法能够衡量与情绪处理相关的心理活动强度,但它的研究对象主要是认知活动。或许,生理测量法的最大缺点是,它需要与受试者面对面的实验室数据收集,但这成本高昂,不适用于大规模的、经过统计验证的定量研究。

表达行为

无论是借助计算机算法还是通过训练有素的评分者,将人类的非语言行为进行标记或编码的研究思路可以追溯到查尔斯·达尔文(1872)的《人和动物的情感表达》一书。各种类型的表达行为已被标记为情绪性指标,包括面部表情、姿势、接近度、步态和音高。尽管这种标记在理论上能够区分定性不同的负面情绪(如悲伤、厌恶、恐惧、愤怒、轻蔑),但问题是在记录积极情绪方面却没有同样的能力,只能根据"杜兴式微笑"（Duchenne smile，露出笑容时眼部会现出皱纹）标记出受试者"由衷的快乐"。另一个主要问题是：表达行为仅限于"呈现情绪"，但无法成为体现更高情绪需求或动机的指标，这大大限制了它们的实用性。

脑电图和脑成像

在直接测量情绪反应的神经特征方面，专家最早的尝试是使用脑电图技术。通过测量 β 波的相对存在，研究者可以看到活跃的认知活动，通过测量 α 波，可以知晓心理活动的放松状态。然而，这主要停留在认知指标层面。威斯康星大学麦迪逊分校的理查德·戴维森及其同事的突破性研究发现，大脑活动的侧化与情绪反应存在紧密关联——左前额叶的激活更多与"接近"反应相关，右前额叶的激活则更多与"回避"反应相关。可惜的是，这种联系只体现在上述情况之中，我们对神经特征与其余情绪指标的关联知之甚少。

得益于功能性磁共振成像、正电子发射断层成像和脑磁图等成像技术，神经学研究的焦点从颅外移到了颅内，进一步揭示了大脑内部的情绪运作方式。这些技术可以检测到大脑中的血液氧合和/或磁活动变化，提供高空间和时间分辨率，记录大脑对相关情绪刺激的反应。然而，由于大脑固有的复杂性，从这些数据中将情绪反应分离出来非常困难，成功的例子极为罕见。伏隔核的激活似乎与奖励回路的激活显著相关，而岛叶皮质某些区域的激活似乎与身体或心理疼痛的体验显著相关。尽管这些发现让我们看到了希望，但此类以神经活动测量情绪反应的新尝试仍存在严重的局限性。从我们的角度来看，最严重的问题是它们同样无法测量高阶的情绪需求或动机。

神经科学还能提供什么

神经科学数据通常包括大脑不同区域的血液氧合水平变化情况。这能有效地说明神经活动发生的具体位置，但难以告诉我们活动是如何发生的，或者它引发的具体思想、感受和行为。因此可以说，至少在目前，神经科学仍需心理学理论的帮助，借助心理过程背后的模型进行理解——这些模型涉及所有传统主题：注意力、记忆、认知、情绪、动机、学习、语言等。神经科学能识别并详细描述某些过程（特别是与情绪相关的过程）的运行方式，这对于心理学有所助益。

视觉情绪感知的时间过程

脑磁图在揭示长时间神经变化方面格外有效。借助于这一复杂的脑成像技术，神经科学家详细记录了人脑针对视觉图像产生情绪反应的神经"展开"过程。[3] 他们发现了这一过程的共同规律：从图像在视皮层中进行处理的那一刻起，到情绪反应被首次测量到，这一过程大约发生在 0.5 秒左右。达马西奥（2010）评论道：

> 这些研究表明，对刺激的情绪反应最早发生在 1 秒以内——大约 500 毫秒……在"有意识的思维时间"里，（这个时间）……介于我们意识到感知模式所需的几百毫秒和处理概念所需的七八百毫秒之间。[4]

基于这一研究，我们定义了一个时间测量框架，从 400 毫秒开始，到 1500 毫秒结束。1500 毫秒的上限与神经时间过程的功能相符：纯粹的情绪反应发生在 750 毫秒内，加上视觉辨别（例如鼠标点击）的 550 毫秒平均运动反应时间，[5] 以及使用 4G 和 5G 移动网络的 200 毫秒延迟。[6]

在此期间，对图像产生的反应主要（甚至可能完全地）与情绪相关的大脑活动存在紧密联系，因为认知重新处理在此时间段之后才会发生。[7] 因此，理论上，这些反应不会受到社会期望等有意识过滤（conscious filtering）造成的认知扭曲的影响。另外，这也有可能揭示大脑在前意识（preconscious）阶段的情绪反应情况，因为受试者在如此短暂的时间范围内必须做出反应，没有机会进行意识层面的思考。通过这种方式，我们绕过了依赖自我报告来发现和识别情绪的其他研究方法所带来的挑战。与此同时，相较于生理学或神经学的测量方式，我们也能在情绪研究本身获得更大的成果。

考虑到上述方法依赖于速度和神经学原理，我们将这个基于图像的技术称为 AgileBrain®（敏捷大脑）。这项技术建立在使用图像进行内隐动机研究的传统方法之上[8]——通常，受试者会看到一系列标准化的图像，他们要对眼前的场景进行解释，随后研究者会对这些解释进行编码和评分。为了避免这种开放式研究法带来的信度和效度问题，我们开发了一组图像，分别代表我们模型中的 12 种动机概念，其中既包括动机的积极的、促进性的视觉表达（即人们可能希望更多体验到的状态），也包括动机的消极的、预防性的视觉表达（即人们可能希望更少感受到的状态）。在开发图像的过程中，我们筛选了数百张图片，获得了数千名受试者的参与，最终形成了与各动机结构相对应的独特图像集。

在我们"快速观察、快速反应"的测试模式中，受试者被要求选择那些代表他们更希望体验的情绪状态的图像，来填满一个不完整的句子（在另一个独立的测试中，规则变为，受试者选择代表他们不想要体验的情绪状态的图像），与此同时，受试者要避免选择那些不符合他们感受（即难以填满句子）的图像。由于这项练习易于上手，收集了受试者针对图像的一系列二元（选择或不选择）数据，我们的测试避免了评分量表研究法带来的许多心理测量方面的障碍，同时为我们收集了一种"近似直觉"（gut-level）的情绪反应。

为了使测试可以在如此短的时间内完成，我们只能要求受试者提供"是"或"否"的反馈。因此，我们需要建立一个易于情绪唤起的图像库，而这些图像能够反映具体的情绪需求。这些图像需要通过无须认知思考的方式传达出情绪含义，从而使不同人群做出一致的理解。有了这样的图像库，我们就可以评估情绪需求的强度。为此，我们需要一个情绪需求的分类体系，而这正是本书的主题——人类动机的统一金字塔。

图像验证

我们使用动机矩阵作为情绪图像库的验证标准，随后咨询了图像方面的专家，最终确定了能够最佳地传达 12 种情绪需求（包括积极情绪和消极情绪）的图像特征。根据相应的指导原则，我们收集了数百张图像，将这些图像分类到动机矩阵的 12 个单元中。为了完成每张图像的评估，我们为受试者（中大型公司的全职员工）提供了一个情境，使他们能够快速评估我们展示的情绪图像。为此，我们选择了一个不完整的句子作为参考框架，例如，"在我的工作中，我希望我能感受到更多的＿＿＿＿"。然后，我们按照上述时间要求，快速连续地展示图像。受试者通过简单地点击鼠标或触摸屏幕来选择那些为他们"补全句子"的情绪内容图像。这种创建参考框架的策略源于"启动"效应：即在任务开始前向受试者提供刺激，从而在测试当中激活其大脑中的图式或心态。

"歌德曾写道：'我个人希望完全放弃言语，像有机自然一样，用草图（图像）传达我要说的一切……'一个能够解读这些含义的人很快就能完全摒弃书面或口头语言。"（Huxley, 1956, pp.73-74）可以想见，赫胥黎应该会认同我们的方法。

实际测试

将上述元素结合在一起，我们就得到了以下测试步骤。

1. 受试者需集中注意力思考对他们来说熟悉且具有重要情绪意义的事物——例如他们的工作。

2. 告知受试者，随后的任务旨在"告诉我们你对这个（概念）的感受"。

3. 测试以"补全句子"的形式进行：

受试者将看到一系列图片。

每张图片都会给你一种感觉。

如果这种感觉能完整地表达这句话，请选择它。

多选或少选几张都可以。

4. 向受试者展示积极情绪图像集。

5. 向受试者提供消极情绪图像的说明，接着对消极情绪图像集重复以上过程。

情绪需求评分

AgileBrain® 使用的评分算法综合考虑了两点：按情绪需求类别选择图像的频率，以及选择图像的速度，这两个因素共同构成了每个情绪类别的个体分数。测试结果是个人的积极和消极情绪概况，可与任何情境相关，也可按照任何其他变量（例如员工类别、人口数据等）进行汇总。

测试有效吗

简而言之，我们的测试确实奏效，而且成果十分显著。经过 6 轮大规模的调查研究，我们验证了 AgileBrain® 的可行性，同时，已有来自五大洲的不同教练和治疗师实际使用了 AgileBrain®。它被用来衡量员工敬业度和公司文化，以及协助定制线上体验。它"以优异成绩"通过了所有标准心理测量挑战，包括克隆巴赫系数（内部信度）、重测信度、收敛效度（我们的测量模式与类似心理空间的现有测量高度一致）和同时效度（我们的测量在统计学上预测出了预期结果）。

在每个假设中，AgileBrain® 都表现出强大的同时效度，表明此技术能有效区分各异的动机状态。

- 社交孤立的员工明显表现出缓解被排斥感的需求。
- 关怀需求未得满足的员工明显表现出缓解不安全感的需求。
- "维持必要民生的工作人员"明显表现出更多的正义的需求。
- 支持开展新的激励项目的员工明显表现出更多的认可的需求。

它比直接询问更好吗

我们针对 AgileBrain® 数据和传统调查数据进行了评估，将这两种数据单独和共同作为结果变量的潜在预测因子，其中包括：

- 远程工作的挑战。
- 对自身心理健康的关注。
- 对家人和朋友心理健康的关注。
- 对自身身体健康的关注。
- 对家人和朋友身体健康的关注。
- 潜在的收入损失或失业。
- 获得食物和药品等必需品的途径。
- 对容易成瘾的恐惧。

在这些例子中，参与度变量的表现符合预期，通常解释了不到 10% 的方差。然而，情绪变量能够解释显著性水平更高的方差。同时，情绪变量的解释力是传统调查项目的 2~5 倍，远远超出了通常情况下新方法所能带来的增量收益。因此，情绪测量发挥着重要作用，为我们的最佳预测模型奠定了基础。

窥见高阶情绪需求的窗口

AgileBrain® 似乎满足了情绪测量中对信度和效度的所有要求。除了情绪测量带来的显著提高的解释力之外，以下变量为我们提供了独特的观察视角，帮助我们理解促成最高和最低水平结果的不同动机 – 情绪意义。

- 心理健康状况不佳的最强预测因子是负面情绪的存在，即感觉自己不被他人关心。这一发现为试图改善人口心理健康的干涉主义者带来了明确的启示。候选干预措施的目标，应是使目标人群感受到他人的关怀，而不是满足其他几种情绪需求。同样，最能区分对于家庭心理健康关心程度的变量，仍然是感受到他人的关怀；紧随其后的是正义感和目的感。这表明，旨在改善家庭心理健康的干预措施需要考虑到家庭内部的精神动态情况，并与后两者相协调。
- 容易成瘾的最强预测因子是特定积极情绪的缺失，即丧失了真实的自我的感觉（忠于自己、自由表达个性的特质），许多成瘾者表达了这种恐惧，认为他们被剥夺了人格。通过理解这一发现并将其灵活用于实处，干涉主义者可以利用对真实的自我的感觉的需求来防止人们陷入新瘾，并使成瘾者恢复健康的习惯。
- 当受试者在充满压力的工作环境下感到困难和挑战，传统调查项目（例如员工是否拥有必要的资源和是否有一位负责的经理等）能够解释约 20% 的方差，但 AgileBrain® 能够解释超过两倍的方差。这表明，员工的韧性主要受到情绪的调节而非思维的调控，因此，测量员工情绪对于有效的管理至关重要。当员工遇到了困难，其中最具预测性的情绪包括觉得自己受到了限制（无法充分发挥潜力）、不安全、不被关心和缺乏目的；结合具体指标时，这种测试思路所带来的益处完全胜过了局限于理性层面的评估方式。最近我们向一位福利顾问展示了这类发现，他的客户计划启动一项提高员工士气的认可激励计划；当这位顾问看到测量结果显示社会认可完全不能预测实际效果时，他意识到，干预方式需要做出改变。

我们希望 AgileBrain® 能够代表情绪需求测量模式的新方向。我们运用了神经科学的研究成果，设计了一种让受试者在极为有限的时间内做出反应的评估方式，借此推出一种测量真实情绪的手段，而非再现自我报告法。借助与统一动机模型相关的经过验证的图像库，我们能够在概念层面解释情绪数据，这是其他测量方法难以实现的。更重要的是，由于我们的情绪分类体系与动机本身密切相关，根据我们的测量法所收集的成果可能被更直接地转化为干预策略——最终目标是激励人们采取有益和健康的行动。当然，为使我们的测量法广泛投入应用，需要研究人员、学者、治疗师、顾问和管理者的思维发生转变，认同我们的观点：快速展示的图像比文字能更有效地传递信息与内涵。正如阿道司·赫胥黎所描述的挑战："语言主义者对非语言持怀疑态度；而理性主义者害怕给定的、非理性的事实。"（p.77）

结束语

我们每个人都有一种倾向，即通过外部世界来决定我们应该如何感受、应该想要什么以及应该做什么。遗憾的是，从消费文化和社交媒体中得到的答案是，我们应该感到不满足；毕竟，你开的车可能不是玛莎拉蒂，没有住在曼哈顿的亿万富翁大道上，没有像顶级模特那样倾国倾城的容貌，可能也没有像宣传册中描绘的那样完美的家庭和朋友。而解决这些问题的办法，往往是为某种产品或服务买单。物质主义是西方文化给出的答案。但万幸的是，这并不是唯一可以依赖的外部途径。重视自我的人可能会去书店找励志书籍阅读。关爱社区的人可能会密切关注其他家庭成员或邻居的一举一动，为自己内心的疑惑寻找答案。然而，这些途径都无法为你提供最真实、最有帮助的答案。

- "你应该如何感受"的答案是，你真实感受的情况。
- "你应该想要什么"的答案是，你真正想要的东西。
- "你应该做什么"的答案是，沿着能满足你独特情绪需求的路走下去。

卡尔·荣格曾写道："内在的心理规则是，当某种内在情境未被意识到，它将以外部的形式发生，表现为命运。也就是说，当个体保持未分化的状态，未能意识到内在的对立面时，外部世界将不得不扮演冲突的角色，世界因此会被撕裂成对立的两半。"[1] 这几句看似晦涩难懂，其内涵却清晰直接：潜意识中的冲突和对立只有通过将其带入意识才能得到建设性的解决，否则，这些内心的冲突将在你与周围世界的互动中，以无法控制的方式表现出来，并可能带来毁灭性的后果。

将本书所有论述汇成一个观点：有意识地理解内心的对立关系，我们将获益匪浅。情绪在无意识中运作，因此我们只能在情绪进入意识时感知到它们的末端——这个系统无时无刻不在运行，影响着我们的所思所想和所作所为，但它却如同魅影，难以捉摸。这个系统是为了驱使我们走向自己真正想要的东西；与那些进入我们意识的、眼前短暂的干扰相反，它会指引我们走向终极的情绪目标和价值。

我们主张，无论是通过消除障碍还是追求更高的目标，人类真正渴望的终极状态只有 12 种。指明终极欲望的地图是极为有用的工具，它让我们看到未完旅程的全貌，以及我们所处的位置。对许多人来说，有些地方他们并不感兴趣，认为只要通过积累足够多的金钱、物质或社交媒体上的粉丝量，他们的内心需求就能得到完全满足。他们大错特错。这 12 种需求是普遍的，潜藏在每个人心中，等待着被激活。

过上美好的生活可以被视为体验和解决这 12 种对立关系的必经之路。有些人值得我们的敬仰，马斯洛称之为"超越者"——他们泰然自得，忠于真实性地生活，发挥并超越他们的潜能（在此过程中扩展它们），自主地行动，沉浸在工作中，找到成功（无论成功如何定义），接纳并与他人建立深刻的联系，形成持久的、相互支持的亲密关系，赢得他人的尊重甚至敬畏，关注正义并为普遍的正义而努力，愿意承认、敢于面对艰难的伦理决策，始终努力做出正确的选择，并对生活的更大意义和目的持完全开放的态度。他们尊重这一切，尊重所有的喧嚣，尊重繁华下的混沌，将生活视为一种无法言喻的美丽和无瑕。

我希望，你在识别自己的隐藏情绪需求并逐一满足和整合它们的过程中，取得有效的进展。

附录 A
进化能否带来更高层次的动机

现在我们已经到达本书的结尾，是时候提出这个问题了："就这样了吗？人类的情绪需求真的只有 12 种吗？"以下讨论是理论性和推测性的，但秉持着突破边界的精神，我相信我们不应该害怕做出有根据的猜测——基于人类的集体智慧和对自然的观察。

亚伯拉罕·马斯洛的一个基本假设是，人类动机是"永无止境的，随着条件的改善，它会不断向更高层次发展……因为人们总是焦躁不安地感到事物可以比此刻更加完美"。[1] 在我们周围和我们内心深处，有足够的证据表明这个假设是正确的——但那些不再追求任何事物的人在哪里？

那么，当人们的所有 12 种需求都得到满足时，他们会希望得到什么？答案取决于我们意识的内容。安东尼奥·达马西奥曾写道，人类意识只是进化的最新发展，但它远非"生物进化的巅峰"。[2] 认为人类在当前的进化状态下代表了最高的、最发达的形式，是极其自负和天真的。

> 我将意识视为生物发展的中介，而非顶峰。伦理与法律、科学与技术、灵感之神的作品与人性的恻隐，这些才是我所选择的生物学巅峰……意识是日出，而非正午的太阳，更非日落。（1999, p.21）

由于意识代表了我们情绪感知系统的自然结果或增强之物，使我们能够持续了解身体的状态，因此我们的进化问题既涉及意识，也涉及情绪，因为它们建立在相同的基础系统之上。如果我们的意识和情绪需求并非进化彻底的完全体，它们可能会走向何方？

为了回答这个问题，我们可以从心理学家、哲学家和涉及其他思想传统的著作中寻找各种潜在的线索。

- 在心理学中，马斯洛关于 Z 理论（Theory Z）的著作对人类可能达到的更高层次进行了推测，这些层次以超人类元动机为特征，以宇宙意志取代个人意志，同时使人持续地体验到神圣。达到这种状态的人几乎拥有超人的能力，能够接触并体验绝对的、柏拉图式的现实。因此，马斯洛认为，这些人可以为全人类服务。
- 在哲学中，我们有卡尔·波普尔（Karl Popper），他是证伪主义（falsificationism）的创始人，将现实的本体论分为三个逐步发展的进化"世界"：物理世界、主观精神世界和客观知识世界。除了波普尔的"三个世界"理论，我们可以再加入柏拉图的理想形式（ideal forms）概念——一个独立于人类思想或创造（例如，科学定律、美德理想、美学原则）而存在的第四世界。
- 在新柏拉图主义卡巴拉学派的思想传统中，我们发现了类似的观点，即同时存在四个世界：行动世界、情绪世界、思想世界和意志世界。
- 在霍皮人（Hopi）和纳瓦霍人（Navajo）的神话中，我们发现了四个世界逐步向更复杂的方向演化的类似概念。
- 在创世故事中，我们发现了类似转变——从无知的天真到有意识的认知。这在亚当和夏娃堕落的故事中有所记述，[3] 约翰·弥尔顿的《失乐园》也对此进行了详细描述。值得注意的是，亚当和夏娃被逐出伊甸园，既是因为他们通过不正当手段知晓了善恶，也是为了阻止他们尝到另一棵禁树——生命树的果实。这寓言性地暗示了，世界上存在着更高层次的理解，但对于当下的人类而言是不可触碰的。

纵观这些不同的本体论和认识论体系，我们发现了一系列去中心化的层次，这些层次从物质主义和自我中心主义开始，向上延伸到无形力量、思想、抽象概念和观念构成的精神世界。粗略地说，我们可以将这四个反复出现的层次描述为看待现实的不同视角，如下所示。

1. 我们所知的现实。
2. 我们可能想象到甚至可能偶然瞥见的现实。
3. 我们难以想象或者只有极少数人可能瞥见的现实。
4. 人类无法感知、理解或想象的现实。

"存在"的一个特征与我们情绪需求的未来走向相关，那就是周期性。自然界中的一切都具有节律性和周期性（例如，生命周期、迁徙、潮汐、市场、季节、天气规律等）。这些循环往往可以用数学中的分形来描述，即模式在不同尺度上不断重复（例如，人体血管、叶脉、河流的支流等事物之间的自相似性）。我们在此借用这种在不同尺度上循环重复的概念。本书反复提及的基本模式，便是去中心化，即从特殊到普遍的演化运动。

第一层次。 我们已经探讨了每个人生领域中发生的去中心化过程——基础型需求不断突出；这类需求得到满足之后，体验型需求被激活；体验型需求得到满足后，愿景型需求渴望得到满足。同时，我们探讨了以下渐进式运动——从关注自我到与物质领域的互动，再到对社会领域的关注，最后到达非物质的精神领域。在讨论12种动机的过程中，我们也论及了每种动机内部都存在渐进层次，例如，认可、真实性、成功或超越需求内部的高级与低级形式。因此，我们同时面对着多重动态关系，这些关系存在于12种需求之中，存在于四个领域之中，同时横跨多领域。让我们把正常的存在层次称为第一层次，这也是本书到目前为止所讨论的内容。

现在设想一下，去中心化的循环在更高的存在层次上演。正如我们的金字塔模型所示，动机不会止步于精神层面，而是再次回到自我层面，由此开启一个新的演化平台（第二层次）。如果第一层次的最高成就是自我超越，那么自我超越定义了第二层次循环的"基础"。正如斯科特·巴里·考夫曼所写："目的实际上是通向人性更高境界的桥梁。"[4] 基于此见解，我们可以推知自己在每个重复领域中的奋斗之路。

正如我们将看到的，需求向更高层次进化的一个重要特征是马斯洛所称的"统一的意识"（unitive consciousness），即边界逐渐消失，不同类型的需求在融合和整合的过程中合而为一。[5] 迈向统一意识的关键一步是真正的顿悟体验——对深刻真理的启示或领悟——它会永久改变感知者，成为他们心中的核心真理。正如马斯洛所说："他无法再像以前那样天真、无辜或无知。他不会再'看不见'。他再也回不到盲目的状态了。"[6]

一个历史性的顿悟：当美国人开始意识到黑人与他们一样是人类时，废奴主义就成为一种永久的心态，并最终引发了内战这一"不可抑制的冲突"。这类顿悟的下一个层次，是理解全人类乃至所有生命在本质上是一体的，并且都是神圣的。

一个改变生活的顿悟：理解当下即永恒，不存在过去或未来（那些尚未意识到这一点的人倾向于将过去和未来理解为一种概念，即"可以到达的地方"）。

威廉·布莱克的著名诗句早已道出这层含义。

> 一沙一世界，一花一天堂。无限置掌心，瞬间即永恒。（Blake, 1977, p.506）
>
> 谁若将喜悦束缚于心，便会摧毁那飞翔的生命；但若有人在喜悦飞逝时轻吻它，便能活在永恒的曙光中。（Blake, 1977, p.153）

试试意外收获的顿悟：下次你仰望夜空时，沉下心，停顿几分钟，慢慢意识到你并不是在"向上"看（比如，视线"远离地面飞向九霄云外"），事实上，你是在向外看，望向太空；一旦你获得了这种体验，你将不再会以先前的方式望向夜空。你可能还有双重顿悟：既然你已经体验了向外看，现在是时候意识到你实际上是在向内看，望向创世的中心，望向古老的过去。注入你眼睛的星光来自肉眼可见的最远恒星——仙后座的红超巨星华盖三（V762 Cas），这束光已在宇宙空间旅行了超过 16300 光年才抵达你的所在。这束光射出的时间，大约是人类在冰河时代的欧洲首次开始进行洞穴壁画，或世界上第一只狗被驯化之时。如果你能看到仙女座星系，那么到达你的星光已经有 250 万年历史，比人类出现的时间还早。

第二层次。 如果我们从超越的层次开始看，对自我的关注将会变成什么？对自我的关注会扩展为对人类、自然和生命的关注。也就是认为，生命本身具有内在重要性或某种不可知的宇宙意义。我们仍然可以有"自私的"或"以自我为中心"的关注，但它们不再是个人的；它们可能是以物种为中心的，甚至是以生命为中心的。换句话说，在第二层次，我们可能会关注人类、自然乃至生命整体的安全；我们可能渴望自然和人类能够按照其真实本性共生；我们还可能希望生命继续向更高的可能性进化。

在第二层次，对物质的关注也变得更加广泛，关乎更大的群体。这种关注包括了我们对艺术、自然乃至世上万物的热爱；我们关注这些事物在数学、物理和化学理论中蕴藏的深层结构；同时，坚信它们具有内在的重要意义。对自主的关注则表现为对所有生物自由的关切，认为基因应该得到自由表达；认为每一种生物都能够沉浸地和自然地体验生活（告别工厂化养殖）；认为所有生命都能享受自身劳动的成果。

对社会的关注不断拓宽，容纳所有的生命形式，在自然中寻求一种共融，其中一个物种不会再非必要地剥夺另一个物种的资源。对归属的关注变得全球化和普遍化，朝着无国界的社会迈进，并对先前未知的生命形式持谨慎欢迎的态度。关怀也从熟悉和狭隘的范围不断扩展。在这一层次,对认可的需求让位于一种希望,希望所有生灵能给予彼此深切的尊重。

即使在第一层次,精神关注也是去中心化程度最高的领域,但现在,这一关注拓展到了放弃所有区分标准的地步。在第二层次,对受保护或弱势群体的关注让位于对每一个个体的关注。正义成为基于普遍原则对全人类乃至所有动物的公平和正义。伦理将融合所有剩余的情绪需求原则,并适用于每一个个体,超越个人善恶的概念,把集体效用纳入重要考量。[7] 在这一层次,超越不再指超越自我,而是超越物种,甚至超越我们对生命的理解,强调存在本身,以此作为最高原则。

需要强调的是,第二层次仍然保留了我们习惯感受到的一些情绪特征,我们仍然有所追求,但注意力主要汇聚在集体上。在下一层次,这将消失。此时,我们进入了马斯洛所称的"矛盾的、不合逻辑的、神秘的东西,模糊的、模棱两可的、古旧的、无意识的和其他一切难以言传的存在方面"[8] 的领域。

第三层次。在超脱于生命的层次,我们进入了一个"道"的领域,这个领域尊重所有物质,甚至包括非物质。这一观点与量子力学高度一致,量子力学已经明确证明,所有物质都是由电子云组成的,这些电子云只是暂时呈现出我们所看到的形状。由于电子云几乎完全由真空组成,我们的身体可以被压缩装进一粒铅尘之中,而全人类可以被装进一个糖块中。中微子和暗物质会穿过我们,无视我们的存在。

至此,对自我的关注抽象到了存在的层次。这理解起来有些困难。有一种对宇宙存在本身的深深尊重,它超越宇宙中的任何具体事物或生命。在这里,物质完全遵循其本性而行,这本身即被视为完美。无须也不想改变任何事物,这使潜能的概念显得多余。尽管如此,进化的大门依然敞开,新的元素、分子和生命形式继续被孕育而生。

对物质的关注在这一层次也扩展到了存在的极限。最合适的衡量标准可能是以下原则:任何遵循"道"的事物都应被视为自然的,因而是合乎伦理的，而任何限制或改变"道"的事物都是人为的、武断的、违背自然之力的。自主动机将扩展到无生命的事物，例如钢琴弦的振动或巨石从山坡上滚落。同样，沉浸动机将扩展到每一个原子自由地按照其本性运动而不受干扰，成功则意味着所有过程都可以自由完成，形成永无止境的连锁反应。

在这一层次，"社会"的概念似乎变得陌生，因为人们逐渐认识到，所有生命和所有物质之间存在着统一性。物体之间依然分离，但对社会的关注延伸到所有物质，重点在于欣赏物质之间的联系——例如，毕达哥拉斯（Pythagoras）提出的"音乐宇宙"（musica universalis）、"天体音乐"（music of the spheres）或雨滴落入池塘激起涟漪的交织之美。对归属的关注则抽象到所有物质，允许它们自由结合和重新成型。关怀和认可开始融为一体，向所有物质形式在世间的独特作用致以敬意。

在第三层次，我们再次借用"道"的概念，即宇宙以一种神秘的、不可知的力量流动，这就是终极现实。而正义和伦理的首要原则是，表象之下，万物都是一体的，对这一事实的遗忘将会导致伦理方面的问题。这是斯宾诺莎关于神圣的概念，即宇宙的单一实体。在这一层次，"情绪"追求已经让位于对抽象规则的承认，认识到事物的本来面貌即它们应有的样子，并且必须如此。

正如你可能已经注意到的，我们的自我、物质、社会和精神（纵向的列）以及存在、行动和拥有（横向的行）已经开始瓦解，因为存在状态以及对立面已经统一为更高层次的、包罗万象的概念。"自我"的概念已经扩大到包括其他三个领域，而存在、行动和拥有这三个概念，及其彼此之间的区别也消散了，因为拥有和行动已经成为存在的不同方式，反之亦然。

第四层次。正如诸多思想流派所暗示的那样，存在的最高层次几乎难以捉摸，因为它超出了人类理解的范围。道家思想认为，存在最高层次的真实本质不可言传。卡巴拉学派学者的观点与此如出一辙，认为这一领域位于"帷幕的另一端"，对人类来说是不可知的。我认为这是意识的一次飞跃，我们的意识不再充当认识生命的工具，而向更高阶意识进行量子跃迁，只有后者才能对生命的源头有所认识。我的猜测是，要实现这一跃迁，首先需要放弃"理性的阶梯"。

在这一层次，我们所知的现实让位于柏拉图式的理想现实，真理、善、美、统一、生命、意义、秩序和正义等价值，化为单一的无差别概念。当我们尽力体验这一点，将自己定义为它的一部分时，我们就将成为这个概念，这个概念也成为我们——我们属于宇宙，并与它合而为一。从现象学的角度来看，我能做得最接近的类比是问自己，"如果宇宙从未存在过，会发生什么"，并强迫自己尽可能长时间地停留在那个"宇宙空间"里。我们至少存在于三维空间，所以我们难以承受无尽的真空。我们受目的所驱动，因此我们无法忍受虚无的概念。此时，我们可以从意识到我们并非处于虚无状态中得到安慰——我们处于一个充满物质存在的宇宙中，这是我们的家。组成我们身体的元素，和恒星与行星的元素完全一致。

这些是第四层次的概念，而我们的进化尚未完全，无法进入这一层次。我们还不能直接接触到这类"理念"。我们可以把这一层次类比为我们与已知宇宙大部分区域（距离地球180亿光年以外的区域）之间的屏障，我们从遥远宇宙的光谱红移中知道，深空离我们太远（并且越来越远），即使我们以光速追赶，也永远无法接近。我们可以想象自己能到达那里，但实际上我们永远做不到。

在本书中，我试图表明，自我、物质、社会和精神领域可以被视为同一个统一的宇宙源头的不同方面。我试图强调，我们引以为傲的理性意识过于注重分析、元素和分类，却无法真正感知或欣赏始终存在于我们周围的更高层次的现实。

我们所能做的只是尽力尝试。

附录 B
生活的八条法则

摘自罗杰斯(Rogers,2022)的一篇文章。

幸福生活的诀窍是什么

1. 戒酒。那些说自己喝醉时很快乐的人,实际上和那些负债累累却说自己很有钱的人没什么两样。

2. 远离社交媒体。这比六位数的收入更能带来快乐。我可没胡说。这是有科学依据的。不断将自己与他人精心策划的、反复编辑的"精彩、有钱又开心"的生活照做比较,只会慢慢侵蚀你的心理健康。

3. 不要把快乐与幸福混为一谈。快乐是花钱消费带来的极易上瘾却转瞬即逝的感觉。你早晚会想要"加大剂量"。你想要更多的车子、钞票、房子,还想更久地刷手机。幸福是内心的平静。知足常乐。不对任何事物持有执念。

4. 为你所信仰的东西而奋斗。如果你想快乐,那就找到一个宽广的、为之燃烧激情的人生目的。目的是你生活的关键核心。你希望自己为了什么而活?要找到生活的目的,可以问问自己……你什么时候感觉最好?你真正擅长做什么?什么人或什么东西激励着你?你相信什么？你看到什么问题时会心生愤怒，想要做些什么？当我们追求着比自己更伟大的东西时，我们才是最幸福的。

5. 做墓碑测试 [Head Stone Test，特此感谢维克·斯特雷彻（Vic Stretcher）]。想想终将到来的死亡。想象你一年后就会死去。你希望自己的墓碑上写着什么？你在这个星球上的时间是有限的。为什么要花时间与他人比较？为什么要花时间做你讨厌的工作？为什么要为琐事争吵？为什么要为没有焦点的、缺乏强烈目的的人生而活？如果眼下的情况只能让你和身边的人变得更弱，为什么还要继续浪费时间？

6. 冥想。就像办卡去健身房一样，冥想是每个人都说自己会做但从不会"想要去做"的事情。难怪我们看到人们身上有越来越多的心理问题。

7. 多多锻炼。你的身体机能、运动水平以及锻炼身体的方式，都直接影响你的心理状态。摆脱情绪低落的最快方式，是做波比跳或者爬山，练到感觉自己快爆炸了再停下。让你最快陷入抑郁的，是整天坐在笔记本电脑前，肩膀耷拉，边看电视剧边吃多力多滋玉米片。

8. 实现财务自由，安排更多个人时间。是的，金钱确实可以买到幸福——如果用之有道的话。如果你花钱是为了博得他人的目光（新的豪车、超大的房子、用来在社交媒体上炫耀的假期……），你的内心会很痛苦。但如果你用金钱来腾出更多时间，在闲暇时间上富有，你会成为一个真正快乐的人。

参考文献

第 1 章

1. 在这一研究领域中，名叫丹尼尔（Daniel）的作者比例异常之高，原因不明。尽管这个名字在男婴中使用率不足 0.5%，但在我们筛选出的顶尖学者名单中，丹尼尔却占据了近 1/4。
2. Crescendo Agency (2017).
3. Hern (2021).
4. 我们暂且同意忽略任意"子"（以及任何其他最近发现的新兴准粒子）。
5. Buck (1988).
6. Ryle & Tanney (2009), p. 93. Parentheses added.
7. 波士顿神经科学家安德鲁·布德森（Andrew Budson）、肯·里奇曼（Ken Richman）、伊丽莎白·肯辛格（Elizabeth Kensinger）提出了一种全新的理论，用以解释情绪反应为何快于思维过程："这一理论的全新之处在于，它认为我们并非直接感知世界、做决策或采取行动，而是先在无意识中完成这些过程，然后大约半秒钟后才在意识中回忆起它们……我们早已知道，意识处理速度太慢，无法直接参与音乐、体育等需要瞬间反应的活动。但如果意识并未介入这些过程，那么就需要一个更合理的解释来说明它的作用。"（DiGravio，2022）
8. Damasio (1999), p. 35.
9. 左额叶更强的激活与接近行为相关，右额叶更强的激活则与回避或退缩行为相关。
10. Damasio (2012), p. 276.
11. Damasio (1999), p. 47.
12. Branco et al. (2023).
13. Bradley & Lang (1999).

第 2 章

1. 可观察的行为并不等同于动机，这也是为什么动机从不会由特定行为来定义。（我们稍后会回到这一点。）
2. 祭司在古代的三重祝福中祝祷百姓（Numbers 6:24–26），这一祝福与三种层次的努力相契合：①基础层面，潜在性，面向未来；②体验层面，能量，关注当下；③追求层面，现实性，回顾过去。
3. Pincus (2022a).
4. James (1890), p.329.

第 3 章

1. 金字塔模型的 3D 图可在 vimeo 上找到示例。
2. 请注意，清洁作为一种价值观或道德基础具有精神层面的影响，而对身体清洁的需求则不具备这种影响。
3. "性是一种我们用来满足心理需求的策略，而本身并不是一种需求。"（Manson，2024）
4. 在海特对道德的定义中，他包含了"价值观、美德、规范……以及共同作用于抑制或调节个人利益，使合作社会成为可能的进化心理机制"。这一定义与我们的观点一致，即这些因素可以被视为动机，同样具有调节和引导行为的作用。
5. 你可能会好奇，道德需求在这个列表中处于何种位置。我认为，道德需求是其他 11 种需求在道德视角下的综合体。这与真我或认可需求非常相似，从自我概念的角度来看，后者本身就是个体在剩余 11 种需求中满足程度的集合。
6. 心理学家乔治·米勒（George Miller，1956）将此称为"神奇的数字 7"。
7. 对于那些对神秘主义感兴趣的人来说，以西结（Ezekiel）关于四活物的形象的异象与我们的模型高度契合。我们的模型提出了"内在（自我）与外在（社会）"的轴线，对应狮子的面孔（内在力量与勇气）和人的面孔（理性、社会秩序与文明）。此外，我们还提出了"高（精神）与低（物质）"的轴线，对应鹰的面孔（高层次）和牛的面孔（低层次）。约瑟夫·坎贝尔（Joseph Campbell，1988）解释道，在东方和美洲原住民的神秘主义中，这一轴线由灵性的飞鹰与大地之蛇的冲突所代表，而它们的结合体则是长有翅膀的蛇——龙，而这恰好也是中美洲神祇羽蛇神（奎兹尔科亚特尔）所化身的形态。

第一部分

第 4 章

1. 马斯洛对成长性需求的唯一候选项是他所提出的最高级的两种动机：自我实现和超越。相比之下，我认为每种动机都可以受到预防性和促进性两种驱动力的影响，这两者可以同时存在，也可以独立发挥作用。我认为，马斯洛的观点关注的是每种动机最具代表性的例子，而不是认为所有动机都只能通过"匮乏"或"成长"之一来运作。

2. We Are Wellbeing (2020).
3. 这一趋势既强烈又普遍。即便是美国疾病控制与预防中心也排除了"精神福祉"这一类别，尽管已有大量数据表明精神福祉与整体健康之间存在极其密切的联系。(National Center for Chronic Disease Prevention and Health, 2022)
4. Edwards Air Force Base (2024).
5. "心理"这一修饰语反映了该术语的组织学根源，并将其与其他商业概念区分开来。然而，在我们的框架中，所有 12 个概念都可加上类似的修饰，因此我们省略了这一限定词。
6. 另一个区分"信任"和"心理安全感"这两个概念的因素是时间。信任通常随着时间的推移逐渐建立，心理安全感则更倾向于一种即时的、当下的体验。
7. 巧合的是，情绪表达的感知完全依赖于体验相应情绪的能力，这正是我 1993 年博士论文的核心内容。我在研究中通过普通大学生作为受试者验证了这一点。
8. Substance Abuse and Mental Health Services Administration (2022).
9. Stoll et al. (1992).
10. Jones (2021).
11. Ainsworth & Bell (1970).
12. Blatz (1940, 1966); Bowlby (1969).

第 5 章

1. Brenner, G. H. (2018); Cooper et al. (2018).
2. 库利（1902）更深入地探讨了"镜中我"对情感交流的影响，尤其是对共情能力发展的作用："促使我们感到自豪或羞愧的，并非对自身的机械反应，而是一种推测的情感，即我们想象这种反应对他人心理所产生的影响。"（p.184）

第 6 章

1. 马斯洛提出的理念成为其另一重要贡献，即对超越需求的识别与描述，这一概念广受认可。本书末尾的章节将专门探讨这一需求。
2. 马斯洛引用了尼采的呼吁："成为你自己！"
3. 可推知某人相信阴谋论的第二大预测因素，是其正在承受的压力水平。压力最大的人最有可能"崩溃"并转向这些虚假的自我保护信念。下次你遇到宣扬阴谋论的人时，可能是练习共情的好机会。很可能，这个人正承受着极大的压力，迫切渴望某种解脱。通过帮助他识别压力的真实来源，并与他一起制订应对计划，你将帮助他回归现实。

4. 这一概念也被称为"对偶修辞法",即通过列举一组对立面的词来暗示整体的修辞手法。
5. 这种模式有一些显著的例外:那些在这一领域对缓解负面情绪有强烈需求的人,更可能表现出特质焦虑(trait anxiety)并对雇主持有负面态度,尽管这种差异大多归因于这类人总是"关注负面事物"。

第二部分

1. 同样,我们发现那些将幸福视作优先价值的人,往往最不可能找到幸福。成功与幸福,像所有重要的结果一样,无法被直接追求,因为它们是对基础型和体验型目标进行有效追求所带来的副产物。

第 7 章

1. 皮亚杰和维果茨基之间的一个关键区别在于个体发展中的自主性。皮亚杰关注发展中的内部认知因素,强调个体天生具有自主发展的能力;维果茨基则认为,发展在很大程度上(甚至可能完全)受到社会经验和语言发展的调节。
2. 歌德的小说《少年维特之烦恼》(The Sorrows of Young Werther)的出版,引发了 18 世纪末欧洲青少年的一波自杀模仿浪潮。

第 8 章

1. 正如我们稍后将讨论的,也存在虚假的、人造的、商业化形式的超越体验,它们的目标是直接将参与者"运送"到冥想状态中。
2. 我们在其他地方已经证明,所有员工敬业度的定义中都包括动机的概念,而且所有的概念都可以用金字塔模型解释,不过我们在这里谈论的重点是沉浸。感兴趣的读者可以参考平卡斯的理论(Pincus, 2022b)。
3. 在目前的模型中,需求的分化发展过程体现在各行中。每行从每个领域的以保护为中心、以缺失为基础的需求(安全、自主、归属、公正)开始,随着需求的复杂性逐渐增长,最终朝着更高的抱负发展。到了金字塔的顶端,所有类别都会融合在一起。

第 9 章

1. 熊彼特(Schumpeter)认为,资本主义不会因工人革命崩溃,而会因其内部的缺陷逐渐虚弱直至崩溃。由于财富必然集中在富人手中,随着时间的推移,贫富差距会逐渐拉大;越来越多的社会财富会造就教育水平越来越高的一个群体,反资本主义的知识分子阶层将崛起,并要求对企业家进行限制,通过形成以工人为导向的"自由资本主义"来推动财富再分配。随着科技领域的亿万富翁增多，公众对日益加剧的不平等普遍不满，熊彼特的分析似乎具有一定前瞻性。
2. 这个名字来源于圣经中的先知，他因逃避上帝的命令而被一条大鱼吞噬。

第三部分

1. 该表格是罗斯·巴克（Ross Buck）提出的表格的详细说明 (1988, p.528)。
2. 所谓"镜像神经元"在推动同理心方面的核心作用已被逐步驳斥。见 Bloom（2014），Chapter2，"Empathy and Compassion"。
3. Murphy, K. (2019).
4. Gebeloff et al. (2022).
5. Saunders & Panchal (2023).
6. Holland et al. (2017).
7. 然而，精神领域中的正义、伦理和更高目的的驱动力常常用于对恐怖主义进行合理化或是辩解。

第 10 章

1. Schmader & Sedikides (2018). Strohminger, Knobe, & Newman (2017).
2. 鲁道夫的故事同样也关于真实性，主人公们正是因为不合常规才被排除在外：鲁道夫闪亮的鼻子、精灵赫尔梅（Hermey）渴望成为牙医而非玩具制造商（这个原因由失落玩具岛的居民同样不合常规而被强化）。
3. 在美国，独居的比例自 1980 年以来增加了 30%。
4. Holt-Lunstad et al. (2015).
5. Putnam (1995), p. 678.
6. 请注意，这个逻辑也适用于性伴侣。
7. Arendt (1973).
8. 哈佛大学的心理学家马修·基林斯沃思（Matthew Killingsworth）和丹尼尔·吉尔伯特（Daniel Gilbert）通过研究表明，走神与负面情绪密切相关，人们在完全沉浸于当下时最为幸福，尤其是在性爱、锻炼或交谈时（Killingsworth & Gilbert, 2010）。
9. 米德甚至进一步提出，思想本身就是一种社会建构。

第 11 章

1. 在由黛安娜·贝里（Diane Berry）和莱斯利·泽布罗维茨·麦克阿瑟（Leslie Zebrowitz McArthur）进行的一系列实验中，所有其他变量都维持一致的情况下，具有"娃娃脸"特征的成年人往往被判定为更天真、更诚实，犯罪的嫌疑更低并在定罪时会得到更多的宽恕。

2. 遵从和支配表现反映了对认可需求的一种运作方式，这一需求属于社会领域的抱负水平。
3. 关于内隐联想的文献提供了无数支持这一观点的证据。
4. 这是斯廷（Sting）建议的本质："如果你爱某个人，就要学会放手。"更高形式的爱包括放弃得到需求，在行为上表现为不再试图控制或改变伴侣。在爱达到最成熟的层次时，按照马斯洛的话说，所爱的那个人"可能已经被视为完美，因此任何改变（更不必说改善）都是不可能的，甚至是一种亵渎"。
5. 需要注意的是，衡量一个人识别和使用情感的能力与衡量某一时刻的情绪状态是完全不同的。情商是一种一般能力，情绪状态的衡量则高度依赖于特定的参照物和特定的时刻。

第12章

1. Maslow (1971), p. 228.
2. 正如威尔·斯托尔（Will Storr）在《地位游戏：人类生活与如何参与其中》（*The Status Game: On Human Life and How to Play It*）一书中所说，我们的地位检测系统始终处于开启状态并且自动运作，即使是对尊重程度的微小差异也非常敏感。我们的感知系统非常精细，能够检测感受到的眼神交流不足、话轮转换、保持社交距离以及不公平的资源分配等轻微的不公平的征兆。
3. 作为一个继续进化的物种，我将此视为未来的希望。
4. 这个名单还可以加上威尔·斯托尔所称的当代"美德超级明星"——米歇尔·奥巴马（Michelle Obama）、特蕾莎修女（Mother Teresa）、戴安娜王妃（Princess Diana）等。
5. 这类要求"服从更高权力"的人通常会被拥有权力地位的人利用，无论是酋长、军阀还是教父，而事实上他们并未做出任何伟大的牺牲。
6. Eibl-Eibesfeldt (2017).
7. 这个观点的推论是，每一个欲望无论多么微小都包含着道德的价值。我们感受到的所有对欲望的追求，不是带有善良和健康的倾向，就是带有邪恶和不健康的倾向。在这种观点中，欲望不可能是中立的。
8. "自恋"一词的来源是古希腊神话中的那喀索斯（Narcissus），他过于迷恋自己的美貌，拒绝了所有的恋爱机会，最终爱上了自己在水中的倒影。为此那喀索斯一直凝视着水面，直到生命的尽头。
9. Broer et al. (2014).
10. Marmot (2004).
11. 威尔·斯托尔遵循亚当·斯密的观点，认为地位只能基于三件事：统治地位、在某些领域中特别出色或者具有美德（也有可能是兼有）。

第四部分

1. 亚伯拉罕·马斯洛和劳伦斯·科尔伯格都是 20 世纪美国心理学界的巨擘，分别将超越需求作为需求层次的最高阶段、道德发展的最高阶段。大多数主流心理学教材和课程通常忽视这一最高层级，反映了大多数心理学系的世俗正统思想。
2. Park (2013).
3. Frankl (1985), p. 121.
4. 对于许多人，也许是大多数人来说，他们人生的首要目标是"幸福"。事实证明，意义和目的对体验真正的幸福至关重要，真正的幸福只有通过愉悦与意义的交汇才能实现（Ben-Shahar, 2007; Seligman, 2004; Bono, Emmons & Mc Cullough, 2004）。这是一行禅师（Thích Nhất Hanh）那句著名的话的更深刻的含义："世上没有通往幸福的路，幸福就是你所走的这条路本身。"换句话说，幸福不是一个终点，而是有意义的生活的自然结果。
5. Allport & Ross (1967).
6. Park & Edmondson (2011).
7. Statistics Canada (2012).

第 13 章

1. 保罗·布卢姆（2014）讨论了所谓的"镜像神经元"与共情过程的微弱关联。这些神经元位于人类大脑中与学习运动动作和语言识别相关的部分，与社交协调无关。
2. Bloom (2014).
3. 婴儿的偏好是通过是否有伸手行为和注视角色的时间长短推断的。
4. 我的儿子本很小的时候会要求 IHOP 餐厅的服务员将儿童菜单中标准的"微笑脸"煎饼换成"生气脸"煎饼，因为他认为吃一个充满敌意的煎饼从道德上可以接受，而吃一个友善的煎饼则不可。
5. 丹尼尔·卡尼曼的名言"坏比好更有影响力"再次得到印证。布卢姆的团队报告称，婴儿三个月大时就开始抗拒"坏行为"，但是要到六个月大时才能辨别出"好行为"。他还引用了彼得·布莱克（Peter Blake）及其同事的最新研究，表明儿童更容易受到父母的不良行为而非良好行为的影响。
6. Sagi & Hoffman (1976); Pincus (1993).
7. Bloom (2014), p. 31.
8. 尽管皮亚杰的认知发展理论是颠覆性的，但最新的使用注视时间法（looking-time method）的研究证明，婴儿对物理世界、主观意图和心智理论的直觉理解比皮亚杰认为的要复杂得多。

9. 他律（heteronomous）意味着"基于他人的规则"。
10. 作为这一结果导向的附带结果，皮亚杰发现幼童同样认为公平最终由结果平等（而非分配程序的公平性）决定，并且认为偏离真相的程度决定了谎言的严重性。比如说一个高个子的人"像长颈鹿一样高"比说他"像大象一样高"更严重。
11. 布卢姆指出，从哲学角度来看，公平的观念是建立在不偏不倚的逻辑上的，即没有人是特殊的，每个人都应该有以一切正当理由为自己辩护的权利；身处相同环境的人都应当拥有行动的自由。这种从自我导向到群体导向的转变是去中心化的本质。
12. Haidt (2012).
13. 布卢姆引用了 19 世纪历史学家威廉·莱基（William Lecky）的话，莱基是早期个体去中心化（也就是将对于自我的关注扩张到家庭、团体、国家乃至全人类的个体发展）的倡导者。布卢姆将这一过程称为"扩展的圈子"（expanding circle）。
14. David Pizzaro, quoted in Bloom (2014), p. 100.
15. Lerner (1977).
16. Lerner (2003).
17. Rainie & Madden (2015).
18. 美国司法部的数据表明，黑人嫌疑人比白人嫌疑人更容易在警察手中死亡，按人均计算是白人的五倍。引自 Correll 等人（2007）。
19. Correll et al. (2007).

第 14 章

1. Robertson et al. (2007); Yoder & Decety (2014).
2. 1964 年 3 月 13 日凌晨，28 岁的姬蒂·吉诺维斯（Kitty Genovese）在自己位于纽约市皇后区的公寓附近遭到暴徒持刀袭击。第一次袭击始于凌晨 3 点 15 分。她的呼救声惊动了几位邻居，后者向施暴者喊叫，但无人报警。施暴者随后返回现场，在走廊里找到姬蒂，对她进行强奸并继续用刀向她捅刺。一小时后，救护车抵达，但姬蒂在被送往医院的途中死亡。人们相信，没有任何目击者报警求助。
3. 爱因斯坦于 1932 年写信给弗洛伊德，询问如何避免即将到来的第二次世界大战。弗洛伊德回答说，他给不了任何建议，因为破坏性冲动，或者说"死的本能"，是人类固有的特质。幸运的是，当前的研究表明，道德敏感性（moral sensibility）是天生的，而破坏性精神病态（destructive psychopathy）则不然。
4. Abramson (2017).

5. Bloom (2014), p. 176.
6. 达马西奥认为，通过伦理内稳态，群体内部对良好行为的贯彻可能是群体执行力和生存能力的关键："伦理行为的执行可能是另一个重要因素，并可能有助于……那些成功施行道德规范的群体中个体的生存"。
7. de Spinoza (2020), proposition 18, part 4.
8. 布卢姆引用了亚里士多德的理想学说，即真正美德的标志是将有意的善行转化为无意识的、毫不费力的习惯。
9. James (1917), p. 485–86.
10. Sanfey et al. (2003).
11. Schnall et al. (2008).
12. Haidt (2012), p. 24.
13. Hodson & Costello (2007).
14. 研究表明，消除这种刻板印象的关键是通过将外群体人格化，了解个体的生活、认识个体的面孔和名字，最重要的是真正认识外群体的成员。这在社会心理学中被称为"接触假说"（contact hypothesis）。
15. Kahneman (2011).
16. 我从文献中收集了12个例子，清楚地证明了理性判断甚至依赖于不相关的情绪背景。
17. Singer et al. (2006). Also see Guo et al. (2012).
18. Weinberg (2020).
19. 然而，受试者更有可能按下按钮，打开一个陷阱门，让这个人掉到轨道下方，因为它带来的即时情绪波动较弱。
20. 更远离个人情感的按钮场景与背外侧前额叶皮质的激活增加有关。该区域与一般执行功能（如理性思考）相关（Greene, 2014）。
21. 《冰封》这部话剧的背后还有很多故事，涉及剧作家马尔科姆·格拉德威尔（他曾在《纽约客》上对这对夫妇进行了专访）、剽窃指控以及剧本最终的结局。我真心希望没有迪士尼《冰雪奇缘》的粉丝误打误撞地出现在演出中，这可不是一回事。
22. 我父亲和多萝西·奥特诺·刘易斯的发现之一：未曾遭受过虐待的儿童在看见其他同伴经历痛苦时，会相应地做出痛苦的样子，起到安慰同伴的作用；然而，与此形成鲜明对比的是，受过虐待的儿童更有可能要求那些处于痛苦中的孩子停止哭泣，"拍打"这种安慰行为很快会变成对同伴的殴打。
23. 在一个令人不寒而栗的案例中，工作人员向一位女性精神病患者展示了面部表情的照片，要求这名患者给相应的情绪命名。显然，她无法识别恐惧的表情，因为这是一种她从未感受过的情绪。最后，她突然脱口而出："哦，我想起来了，这是我在刺伤人们之前，他们脸上的表情。"

24. Prentice et al. (2019).
25. 自主、胜任和关系是自我决定理论所假设的三种动机。
26. Martela & Ryan (2016).
27. Batson et al. (2003).
28. Staub (2005), p.35.
29. Staub (2005).

第 15 章

1. 特此感谢斯科特·巴里·考夫曼在其 2020 年的著作《超越》中对马斯洛超越概念的分析。
2. Wong (2016).
3. Maslow (1972), p. 269.
4. 新柏拉图主义认为，通过我们的感官，我们只能体验到理想现实的复制品，而理想现实是非物质的。尽管这一概念早于公元 1 世纪，但通过我们大脑中的类比"地图"重新创造世界的观念已成为科学界对感觉和知觉的主流观点。新柏拉图主义的理想现实状态——不受空间和时间感知限制的纯粹现实——由伊曼纽尔·康德引入原始心理学（protopsychology）中（康德的"理想"是启发式原则，新柏拉图主义的"纯粹现实"是存在论实体）。
5. 有趣的是，提出"15 项单因素自我超越量表"（旨在评估个人边界的扩展，例如在经历中找到意义、寻求分享智慧、接受他人的帮助、自我接纳、放下负面经历、适应变化和接受死亡）的并非心理学家，而是一名注册护士，名叫帕梅拉·里德（Pamela Reed）。
6. Yaden et al. (2017).
7. 爱德华兹（1741）。该演讲于 1741 年 9 月 10 日作为耶鲁学院的毕业致辞发表。爱德华兹是耶鲁校友，12 岁时入学。
8. James (1917), p. 46.
9. Kohlberg (1973), pp. 55–56.
10. 科尔伯格和鲍尔（1981）。并非巧合的是，阿尔伯特·爱因斯坦于 1920 年参观了斯宾诺莎的家。
11. Kaufman (2021), p. 155.
12. Damasio (2003), p. 268.
13. Damasio (2018), p. 275.
14. Damasio (2018), p. 271.
15. Bloom (2021).

16. Kaufman (2021), p. 155.
17. 也就是说，美德的感觉，就是幸福。
18. 回到目的的精神维度，存在明确的精神目标时，目标往往能更好地整合；当精神目标缺失时，目标之间往往存在更多冲突，这表明精神目标充当了整合较低目标的超级"主目标"（master goal）。施尼策尔（Schnitker）和埃蒙斯还指出，精神追求可以采取接近目标或回避目标的形式，分别预测了较高和较低的幸福感。
19. 乔纳森·海特提出了类似的二维结构，借鉴了心理学家西蒙·巴伦-科恩（Simon Baron-Cohen）的观点，对系统化倾向（高、低）和共情倾向（高、低）作了区分。同时，他推测道德典范在这两个维度上都会得分很高。
20. Damasio (2003), p. 239.
21. 有趣的是，匿名互诫会的创始人比尔·威尔逊（Bill Wilson）将威廉·詹姆斯视为该计划的联合创始人。
22. Miller et al. (2013).
23. Kendler et al. (1997).

第五部分

第 16 章

1. Kohlberg & Power (1981); Staub (2005).
2. Mahoney et al. (2005).
3. VanderStoep & Norris (2005).
4. Oishi (2000); Sheldon & Elliot (1999); Chirkov et al. (2003).
5. 部分名单包括亚当·斯密、约翰·洛克（John Locke）、让－雅克·卢梭（Jean-Jacques Rousseau）、詹姆斯·麦迪逊（James Madison）、约翰·斯图尔特·穆勒（John Stuart Mill）、托马斯·阿奎那（Thomas Aquinas）、尼科洛·马基雅维利（Niccolò Machiavelli）、约翰·梅纳德·凯恩斯（John Maynard Keynes）、约翰·罗尔斯（John Rawls）等。
6. 一条是物质与精神的轴。
7. Oishi & Diener (2009); Kitayama et al. (2000); Kitayama & Markus (2000); Markus & Kitayama (1991).
8. 使用对应分析或判别分析来定义和映射空间。
9. 有关使用验证性因子分析对金字塔模型的完整验证，参见平卡斯（2023b）。
10. 克隆巴赫系数是一种用于测试或量表的关于内部一致性的信度系数。它表示为 0~1 之间的数字，数字越高表示信度越高。在我们的测量系统 AgileBrain® 中，我们看到每个领域的 alpha 水平均大于 0.90。

11. Fromm (1956).
12. 与此超越形成鲜明对比的是，超越性动机与物质成功需求（超越与物质成功需求本身就是对立的）的相关性要低得多，排在第 46 位。
13. Cooper et al. (2018).
14. 历史学家指出，爱默生深受《吠陀经》《薄伽梵歌》以及包括伊曼纽尔·斯韦登堡在内的一系列西方新柏拉图主义者的影响，而斯韦登堡又受到卡巴拉学派的启发。
15. 一个有趣的巧合是弥尔顿（2005）对天使之间的协同、神圣的性爱的描述："如果天使相拥，它们将完全结合，比起空气与空气，纯洁欲望之间的交融更为容易，肉体与肉体、灵魂与灵魂合而为一时，克制的表达全然消散。"（*Paradise Lost*, book 8，lines 626–629）

第 17 章

1. 现代心理学家对动机的情绪、认知和行为表现及其在意识中出现的顺序所做的三重区分，早在公元前 7 世纪的《申命记》中就有预示。
2. 作为一个综合模型，情绪调节过程模型包括当前未被满足的情绪需求范围以外的因素。这些因素包括：对某些情境的选择（回避或对抗）、对修改情境的尝试（支配或克制或将冲突社会化）、注意力的焦点（沉思、分心或乐观）、对情境的评估（机会或威胁）以及反应的性质（内化或外化、健康或不健康）。在当前分析中，我们假设感知者发现自己处于一种情绪需求状态，他们必须直接或间接地做出反应。
3. Sarrionandia et al. (2015).
4. Mendelson & Melendez (1965).
5. 研究表明，右腹外侧前额叶皮质参与了情绪标记过程，当该区域受损时，情绪标记能力会相应受到影响。正是前额叶皮质的这一特定区域下调了杏仁核的反应性。
6. 鉴于情绪标记强大且迅速的镇静作用，它已成为美国联邦调查局人质谈判策略的核心。
7. Rymarczyk et al. (2020).
8. Vlachakis et al. (2018).
9. Kojima et al. (2012).
10. 斯坦利·沙赫特（Stanley Schachter）和杰罗姆·辛格（Jerome Singer）的实验证明，在某些条件下，可以通过将情绪唤起进行错误归因，达到欺骗意识大脑的效果。
11. 耶鲁社会心理学家约翰·多拉德（John Dollard）、伦纳德·杜布（Leonard Doob）、尼尔·米勒（Neal Miller）、O. H. 莫勒（O. H. Mowrer）和

罗伯特·西尔斯（Robert Sears）（1939）提出的"挫折-攻击"假说（"frustration–aggression" hypothesis）明确指出了这一点，跨物种的"疼痛-攻击"反应（"pain–attack" reaction）也是如此。

12. Maslow (1972), p. 260.
13. de Spinoza (1988), p. 702.
14. 斯宾诺莎的一生非常传奇，包括教授年轻的克里斯蒂安·惠更斯（Christiaan Huygens）代数，为他磨制望远镜镜片；允许伦勃朗（Rembrandt）画作中的大卫使用他的容貌；并深刻影响了戈特弗里德·莱布尼茨（Gottfried Leibniz）、歌德、塞缪尔·泰勒·柯勒律治（Samuel Taylor Coleridge）、威廉·华兹华斯（William Wordsworth）、珀西·雪莱（Percy Shelley）、阿尔弗雷德·劳德·丁尼生（Alfred Lord Tennyson）、乔治·艾略特（George Eliot）、孟德斯鸠（Montesquieu）、格奥尔格·黑格尔（Georg Hegel）、约翰·洛克、威廉·冯特（Wilhelm Wundt）、赫尔曼·冯·亥姆霍兹（Hermann von Helmholtz）、克劳德·伯纳德（Claude Bernard）、恩斯特·海克尔（Ernst Haeckel）、伊波利特·泰纳（Hippolyte Taine）、阿尔弗雷德·华莱士（Alfred Wallace）和查尔斯·达尔文的思想。
15. Maslow (1971), p. 261.

第18章

1. Winkielman, Berridge, & Wilbarger (2005).
2. Jones (1964); Jones & Pittman (1982); Goffman (1959).
3. Damasio (2012); Rudrauf et al. (2008, 2009); Cunningham & Zelazo (2007); Cunningham et al. (2007).
4. Damasio (2010), p. 122.
5. Woods et al. (2015).
6. Holden et al. (2019).
7. Cunningham & Zelazo (2007).
8. Murray (1938); McClelland (1999); Lundy (1988); Winter (1992); Exner (1995); Weiner (2005); Schultheiss & Pang (2007).

结束语

1. Jung (1948), pp. 70–71, paragraph 126.

附录 A

1. Maslow (1971), p. 232.
2. Damasio (1999), pp. 4, 28.

3. 用达马西奥的话说,"我承认,我们可能因为拥有意识而被逐出伊甸园"(1999,p.206)。
4. 考夫曼(2021,p.184)。有趣的是,英国心理学家迈克尔·普莱斯(Michael Price)最近提出了超越性动机的一种进化功能:在一个大部分不适合居住的宇宙中寻找或建立宜居空间。他认为,这有助于生命在宇宙自然选择的背景下,确保自身的长期生存(Price,2019)。
5. Maslow (1971), p. 246.
6. Ibid., p. 265.
7. 个体的特定需求(如伦理需求)能够概括全体12种需求,证明我们的需求具有分形的性质。每种需求都暗含其他的需求,无论是在更小/更局部的层面,还是在更大/更普遍的层面,都能形成一种无限回归的关系。
8. Maslow (1966).